Georg Piltz

Schlösser sah ich und Türme …

Georg Piltz

Schlösser sah ich und Türme ...

Historische Kunstlandschaften unserer Heimat

Verlag Neues Leben Berlin

Zeichnungen von Werner Ruhner

ISBN 3-355-00613-0

„...*erwirb es, um es zu besitzen*“

In Georgenthal am Nordrand des Thüringer Waldes, ungefähr 17 Kilometer südlich von Gotha, stand einst ein großes Kloster. Es war schon im 13. Jahrhundert so reich, daß es den Landgrafen von Thüringen bedeutende Summen leihen konnte. Viele hundert Bauern mußten den Mönchen Abgaben zahlen und Frondienste leisten. Aber im Frühjahr 1525 schlug die Stunde der Vergeltung. Die Bauern von Georgenthal griffen zu den Waffen: Sie schlossen sich dem Aufstand des Thüringer Landvolks an und brannten das Kloster nieder. Die geflohenen Mönche kehrten nie zurück, und die kurfürstlich-sächsischen Hauptleute, die das Amt Georgenthal verwalteten, kümmerten sich nicht um die Ruine. Ihre Mauern zerbröckelten und stürzten ein, bis schließlich nur ein paar von Gestrüpp überwucherte Reste übrigblieben. Erst im 19. Jahrhundert wurden die Fundamente des Bauwerks freigelegt und die wenigen Teile, die noch standen, vor weiterem Verfall gesichert. Aber niemand dachte daran, die Ruine systematisch zu erforschen und dabei auch einmal nachzuschauen, ob etwas unter der Erdoberfläche verborgen lag.

Als ich Georgenthal vor einigen Jahren besuchte, fand ich im Ostteil der Ruine drei Jungen im Alter von etwa vierzehn Jahren damit beschäftigt, einen Graben zu ziehen. Ein Mann stand daneben: Er nahm in Empfang, was Hacke und Spaten zutage förderten, und trug jeden Fund, ob Scherbe oder Steinbrocken, in sein Notizbuch ein. Wir kamen ins Gespräch. Dabei stellte sich heraus, daß er von Beruf Geschichtslehrer war und seit siebzehn Jahren die Georgenthaler Arbeitsgemeinschaft Junger Historiker leitete. Die drei Ausgräber ließen sich von uns nicht stören. Wenn sie etwas entdeckten, brachten sie es herbei – und Roland Scharff beantwortete ihre Fragen mit ebensoviel Geduld wie Sachkenntnis. Einer der Jungen hatte zum Beispiel einen Stein gefunden und wollte nun wissen, ob er von dem Klosterbau stammt. Der Lehrer machte ihn auf die feinen parallelen Rillen aufmerksam, die einen Teil der Oberfläche bedeckten, und erklärte ihm dann, daß diese Spuren von einem Zahneisen herrühren, also von einem Werkzeug, das die Steinmetzen des hohen Mittelalters zum Glätten der Blöcke benutzten. Der Stein erzählte plötzlich eine kleine Geschichte...

Das Ziel solcher mühevollen Kleinarbeit besteht darin, die Zeugen der Geschichte zum Sprechen zu bringen – und eben das haben die Georgenthaler erreicht. Wenn die Jungen in ihrer Freizeit auf dem Gelände des Klosters Suchgräben ausschachteten, so taten sie dies, weil es ihnen Spaß machte, sich von den Dingen, die sie hier fanden, etwas erzählen zu lassen und den Geheimnissen der Vergangenheit auf die Spur zu kommen.

Georgenthal ist nur ein Beispiel unter vielen. Im September 1977 trafen sich in Rostock Denkmalpfleger aus allen Ländern Europas. Die Tagung stand unter der Schirmherrschaft der UNESCO, einer Körperschaft der Vereinten Nationen, die sich mit Fragen der Erziehung, Wissenschaft und Kultur beschäftigt, und sie behandelte das Thema „Der Beitrag der Jugend zur Pflege und Erschließung historischer Stadtzentren". Die Fachleute aus den kapitalistischen Staaten kamen aus dem Staunen nicht heraus. Schon unser vorbildliches Denkmalpflegegesetz und die Tatsache, daß die Regierung unserer Republik mehr Geld für die Erhaltung alter Kunstdenkmäler ausgibt als die Regierung des fünfmal größeren Frankreichs, erregten ihre Bewunderung. Aber noch überraschter waren sie, als sie erfuhren, wie viele wertvolle Objekte von jungen Arbeitern, Studenten und Schülern betreut werden. Lehrlinge der Volkswerft Stralsund bauen nach Feierabend gotische Bürgerhäuser aus, Studenten der Ingenieurschule erforschen den mittelalterlichen Stadtkern von Wismar, die Jungen Historiker des Hauses der Pioniere in Rostock helfen den Denkmalpflegern, einen kunsthistorischen Lehrpfad zu erarbeiten.

Wladimir Iljitsch Lenin (1870–1924) stellte den Kommunisten die Aufgabe, sich „alles, was in der mehr als zweitausendjährigen Entwicklung des menschlichen Denkens und der menschlichen Kultur wertvoll war"*, anzueignen und es zu verarbeiten. Den jungen Kommunisten, den Komsomolzen des Jahres 1920, gab er den Rat mit auf den Weg: „Wir brauchen das Büffeln nicht, aber wir müssen das Gedächtnis jedes Lernenden durch die Kenntnis der grundlegenden Tatsachen entwickeln und vervollkommnen, denn der Kommunismus wird zu einer hohlen Phrase, zu einem bloßen Aushängeschild und der Kommunist zu einem eitlen Prahlhans, wenn er nicht alle erworbenen Kenntnisse in seinem Bewußtsein verarbeitet. Ihr sollt sie euch nicht nur aneignen, ihr sollt sie euch kritisch aneignen, damit ihr euer Denken nicht mit unnützem Kram belastet, sondern es durch die Kenntnis aller Tatsachen bereichert, die für einen modernen gebildeten Menschen unerläßlich sind. ... Wenn ich weiß, daß ich wenig weiß, dann werde ich danach trachten, mehr zu wissen; wenn aber jemand erklärt, daß er ein Kom-

* W. I. Lenin, Werke, Bd. 31, Berlin 1966, S. 308

munist ist und kein solides Wissen zu haben braucht, dann wird aus ihm alles andere werden denn ein Kommunist."*

Alle Mädchen und Jungen, die sich in ihrer Freizeit damit beschäftigen, einen bestimmten Abschnitt der Vergangenheit zu erforschen oder Baudenkmäler zu pflegen, sind diesem Rat gefolgt. Statt die Hinterlassenschaft der Geschichte einfach hinzunehmen, haben sie sie durch ihre Arbeit erschlossen und so zu einem Teil unserer Gegenwart gemacht. Indem sie Fragen stellten und beantworteten, erweckten sie das Tote zum Leben. Sie erwarben das Erbe ihrer Väter und können nun sagen, daß sie es tatsächlich besitzen.

Nur wer die Vergangenheit eines Volkes kennt, vermag seine Gegenwart zu verstehen. Die Beschäftigung mit dem kulturellen Erbe macht uns bewußt, wie tief der Sozialismus in den Traditionen unseres Volkes wurzelt. Unsere Republik ist das Werk vieler Generationen. Daraus erwächst uns die Verpflichtung, alles zu bewahren, was unsere Vorfahren im Laufe der Jahrhunderte an Gutem und Schönem geschaffen haben. Vieles von dem, was uns die Kunst der Vergangenheit lehrt, läßt sich auch auf die Kunst der Gegenwart anwenden. Wer eine romanische Apostelfigur oder eine gotische Madonna zu deuten versteht, sieht eine Plastik von Fritz Cremer (geb. 1906) mit anderen Augen an als jemand, dem die Kunstgeschichte ein Buch mit sieben Siegeln ist.

Immer mehr Mädchen und Jungen finden Freude daran, die Schönheiten unserer Heimat zu entdecken – Schönheiten, an denen sie früher oft vorübergegangen sind, ohne sie wahrzunehmen. Die touristische Massenaktion „Meine Heimat DDR", ausgelöst und geleitet von der Freien Deutschen Jugend, hat sehr viel dazu beigetragen, Kenntnisse zu verbreiten, die vor vier, fünf Jahren noch nicht zum geistigen Allgemeinbesitz gehörten. Die Begegnung mit den Werken der Vergangenheit weckte den Wunsch, mehr über sie zu erfahren. Junge Kunstfreunde sind gut beraten, wenn sie sich nach der Empfehlung des Dichters Bertolt Brecht

* ebenda, S. 277

(1898–1956) richten: „Laß dir nichts einreden / Sieh selber nach! / Was du nicht selber weißt / Weißt du nicht / ... Lege den Finger auf jeden Posten / Frage: Wie kommt er hierher?“*

Jedes Kunstwerk ist zunächst einmal Ergebnis menschlicher Arbeit, also Resultat eines Produktionsprozesses, der unter bestimmten gesellschaftlichen Bedingungen ablief. So sagen alle historischen Gebäude, mag es sich nun um Burgen, Schlösser, Stadttore oder Kirchen handeln, etwas über den Stand der Produktivkräfte und den Charakter der Produktionsverhältnisse aus. Ein junger Maurer, der die schon im 10. Jahrhundert erbaute Stiftskirche in Gernrode besucht, sieht zum Beispiel auf den ersten Blick, daß das fachliche Können der frühmittelalterlichen Bauarbeiter, vom heutigen Standpunkt aus betrachtet, viel zu wünschen übrigließ. Um die Frage nach dem Warum zu beantworten, braucht er keine besonderen kunsthistorischen Kenntnisse. Es genügt, wenn er von seinen Arbeitserfahrungen ausgeht und sie mit den Verhältnissen vergleicht, die auf den Bauplätzen des frühen Mittelalters herrschten. Dann erkennt er, daß die Eigentümlichkeiten der romanischen Bauten nicht Ergebnis einer freien Entscheidung, sondern Ausdruck einer Notwendigkeit sind: Der noch sehr niedrige Stand der Produktivkräfte und die Tatsache, daß die Masse der Bauhandwerker aus der unfreien Bauernschaft kam, also unter Zwang arbeitete, schränkten die Möglichkeiten der Baumeister ein. So betrachtet, wird auch der Übergang von der Romanik zur Gotik verständlich: Die Formen wandelten sich, weil sich das Verhältnis des Arbeiters zu seiner Arbeit gewandelt hatte. Die freien Handwerker der gotischen Bauhütten verlangten, daß man sie für jeden Stein, den sie in den Mauerverband einfügten, bezahlte, und die Höhe ihres Lohns hing unter anderem auch von der Qualität ihrer Leistungen ab. Nur unter diesen Bedingungen konnten Werke entstehen, die ein viel komplizierteres Gefüge besitzen als die Schöpfungen der

* Bertolt Brecht, Gedichte, Bd. III, Aufbau-Verlag, Berlin und Weimar 1978, S. 70

romanischen Zeit. Die Kunst läßt sichtbar werden, wie unser Volk trotz des Drucks der Klassenherrschaft, der auf ihm lastete, unaufhaltsam voranschritt.

Wir leben in einem Land mit einer mehr als tausendjährigen Geschichte, die überall, in den Dörfern wie in den Städten und manchmal auch auf den Kuppen der Berge, ihre Spuren hinterlassen hat. In jeder Landschaft, mag sie noch so entlegen sein, finden wir Kunstwerke aus längst vergangenen Zeiten, darunter solche von sehr hohem Rang. Dieser Reichtum wartet darauf, von uns erschlossen und genutzt zu werden.

In mehreren Landschaften unserer Republik hat die Kunstgeschichte Werke hervorgebracht, die gewisse Eigenarten zeigen – nicht zufällig und schon gar nicht, weil die Menschen, die hier einst lebten, anders fühlten und dachten als ihre Nachbarn. Das Besondere ist stets Ergebnis einer Entwicklung, deren wirtschaftliche, soziale und politische Voraussetzungen sich von denen anderer Gebiete unterschieden. Wer zum Beispiel die verworrenen politischen Verhältnisse kennt, die während des 14. und 15. Jahrhunderts im Werratal herrschten, wundert sich nicht darüber, daß die Bauern dieses Landstrichs zur Selbsthilfe griffen, indem sie ihre Kirchen zu Burgen ausbauten. Etwa 200 Kilometer weiter östlich, im Erzgebirge, erlebte die Kunst zwei Blütezeiten – die eine im frühen 13. Jahrhundert, die andere an der Wende vom 15. zum 16. Jahrhundert. Wer diese Besonderheit erklären will, muß statt der Kunstgeschichte zunächst einmal die Wirtschaftsgeschichte befragen. Die Beziehungen der Kunstwerke zu den gesellschaftlichen Verhältnissen ihrer Zeit treten also in solchen Landschaften viel deutlicher zutage als anderswo – und ebendarum wollen wir uns einige von ihnen etwas genauer anschauen.

Wir lernen dabei neben Bekanntem auch vieles Unbekannte kennen – Werke, die so versteckt liegen, so weit abseits der großen Straßen, daß bisher fast nur Fachleute den Weg zu ihnen gefunden haben. Wer von den vielen Tausenden, die alljährlich Dresden besuchen, weiß schon, was ihn in den kleinen Nachbarorten Rammenau, Reinhardtsgrimma oder Neschwitz erwartet? Junge Kunstfreunde, die Ungewöhnliches aufspüren wollen, brauchen nicht in fremde Länder zu fahren. Sie finden es vor ihrer Haustür...

Wuchtige Mauern und tanzende Engel

Tausendjährige Kirchen am Nordrand des Harzes

Denkmäler aus der Frühzeit der deutschen Baukunst finden wir auch in Thüringen und in der Altmark, aber in keiner anderen Landschaft unserer Republik stehen sie so dicht beieinander wie in dem Gebiet nördlich des Harzes. Einige von ihnen sind allgemein bekannt: Fast jeder, der seinen Urlaub im Harz verbringt, besucht Quedlinburg, Gernrode oder auch Halberstadt. Doch wer kennt schon die romanischen Bauten in Drübeck, Frose und Hecklingen? Wer die tief im Wald verborgene Klosterkirche Huysburg? Wer Hamersleben, Gröningen und die Konradsburg? Hier erwartet den Touristen kein redegewandter Führer, der auf jede Frage eine Antwort weiß. Im Gegenteil, oft muß der Wißbegierige erst das Mißtrauen des Küsters besiegen, bevor man ihm endlich den Kirchenschlüssel aushändigt. Aber die Schätze, die wir entdecken werden, lohnen die Mühe.

Alle genannten Bauten waren ihrer ursprünglichen Bestimmung nach Kloster- oder Stiftskirchen, das heißt, die Gemeinden, die früher hier ihren Gottesdienst abhielten, setzten sich aus Mönchen oder Nonnen, Stiftsherren oder Stiftsdamen zusammen. Die verschiedenen Bezeichnungen weisen auf soziale Unterschiede hin: Die „Damen" und „Herren" der Stifte kamen in der Regel aus dem Hochadel, die Mönche und Nonnen aus der Schicht der Dienstmannen oder Ministerialen, aus der später der niedere Adel hervorging. Auch in der Lebensführung wichen Klöster und Stifte voneinander ab: Während in den Klöstern meist eine so strenge Disziplin herrschte, daß niemand aus der Reihe zu tanzen wagte, konnten die Stiftsdamen und -herren nach ihrer eigenen Fasson selig werden. Die Bewohnerinnen des Quedlinburger Stiftes verbrachten ihre Tage durchaus nicht mit Beten und Fasten: Sie ritten zur Jagd, besuchten Verwandte und benahmen sich manchmal so, daß schon die Zeitgenossen

Zweifel daran hatten, ob der Titel einer „Vereinigung gottgeweihter Jungfrauen“ im letzten Teil zu Recht bestand. Wer diese ungebärdigen Sprößlinge des Hochadels halbwegs im Zaum halten wollte, mußte einen höheren Rang besitzen als sie: Die erste Äbtissin von Quedlinburg war eine Königinwitwe, die zweite eine Kaisertochter...

Die meisten dieser Stifte und Klöster wurden im 10. oder im frühen 11. Jahrhundert gegründet. Das Gründungsdatum ist nicht in jedem Fall mit dem Baudatum identisch. Die 959 zum erstenmal urkundlich erwähnte Stiftskirche in Frose stammt zum Beispiel aus der zweiten Hälfte des 12. Jahrhunderts, die Kirche des ehemaligen Nonnenklosters in Hadmersleben sogar aus der Zeit der Frühgotik. Die ersten Konvente, wie man die Gesamtheit der Insassen eines Klosters oder Stifts nennt, waren klein. Wenn sich die Zahl ihrer Mitglieder vergrößerte, mußten die Anlagen sozusagen mitwachsen: Die alten Kirchen wurden abgerissen und durch neue ersetzt. Außerdem gab es im hohen Mittelalter schon so etwas wie ein architektonisches „Modebewußtsein“. Als zu Beginn des 13. Jahrhunderts die Gotik den romanischen Stil ablöste, ließ mancher Bischof und mancher Abt die seiner Obhut anvertrauten Bauten modernisieren, ohne daß eine materielle Notwendigkeit für einen solchen Umbau vorlag. Aber dies alles ändert nichts daran, daß die Landschaft nördlich des Harzes im 10. und frühen 11. Jahrhundert eine Gründerzeit erlebt hat. Weil wir uns ja nicht damit begnügen wollen, Tatsachen zu registrieren, fragen wir nach dem Warum.

Ein Übermaß an Frömmigkeit scheidet als Ursache aus. Die herrschende Klasse berief sich zwar auf das Christentum – besonders im Kampf gegen die slawischen „Heiden“ östlich der Elbe –, aber sie reagierte ausgesprochen unfreundlich, wenn einer ihrer Angehörigen zu erkennen gab, daß er das christliche Gebot der Nächstenliebe ernst nahm. Mathilde (gest. 968), die Witwe Heinrichs I. (um 876–936), wurde wegen ihrer allzu großen Mildtätigkeit gegen Arme und Kranke von ihren eigenen Söhnen der „Verschwendung des königlichen Erbgutes“ angeklagt und für einige Zeit aus Quedlinburg vertrieben. Im übrigen war die Gründung eines Klosters nicht so einfach. Da die Mönche und Nonnen des frühen Mittelalters den Acker nicht selbst bestellten, mußte der Stifter für ihren Lebensunterhalt sorgen. Es war erforderlich, das neue Kloster mit Land und Leuten auszustatten, mit hörigen Bauern, deren Mehrprodukt sich die Insassen aneigneten. Jede Gründung setzte daher umfangreiche Eigentumsübertragungen voraus, und diese berührten oft genug die Interessen anderer Feudalherren, so daß es vor Unterzeichnung der Dokumente meist zu langwierigen Verhandlungen kam. Solche Beschwerlichkeiten nahm die herrschende Klasse nur auf sich, wenn dabei für sie etwas heraussprang.

Ein Satz von Karl Marx (1818–1883) und Friedrich Engels (1820–1895) hilft uns, die Zusammenhänge zu begreifen: „Die einzelnen Individuen bilden nur insofern eine Klasse, als sie einen gemeinsamen Kampf gegen eine andre Klasse zu führen haben; im übrigen stehen sie einander selbst in der Konkurrenz wieder feindlich gegenüber.“* Die Feudalherren waren sich einig, wenn es darum ging, die freie Bauernschaft als Klasse zu beseitigen und die Bauern in Hörige zu verwandeln. Die Zähigkeit des bäuerlichen Widerstands bewog sie, sich ein Oberhaupt zu wählen. Seine wichtigste Aufgabe bestand darin, die Kräfte der Feudalklasse zusammenzufassen und den „Klassenkampf von oben“ so zu führen, daß die Bauern es schließlich aufgeben mußten, ihre Freiheit mit Waffengewalt zu verteidigen. Was jedoch die Aufteilung der Beute betraf, so hatten die Feudalherren grundverschiedene Vorstellungen. Jeder von ihnen strebte danach, seinen Machtbereich zu erweitern und die Macht seines Nachbarn einzuschränken. Die Autorität des Staatsoberhaupts stand auf sehr schwachen Füßen. Der geringste Versuch, sie zu stärken, rief die heftigste Gegenwehr hervor. Wenn der

* Karl Marx/Friedrich Engels, Werke, Bd. 3, Berlin 1978, S. 54

Herrscher tatsächlich herrschen wollte, mußte er sich etwas Neues einfallen lassen.

In Kaiser Otto I. (912–973) aus dem Hause der Sachsen hatten die rebellischen Großen des Reiches endlich ihren Meister gefunden. Sachsen war das mächtigste Stammesherzogtum im Verband des frühfeudalen deutschen Staates. Es erstreckte sich von den Ufern der Nordsee bis an den Rand des Thüringer Waldes und grenzte im Westen an den Rhein, im Osten an die Elbe. Trotz der bedeutenden militärischen Leistungsfähigkeit seines Herrschaftsgebiets geriet Otto mehrmals in Bedrängnis: Schon die Adelsaufstände in Bayern (938) und in Franken (939) konnten nur mit Mühe unterdrückt werden, und die Empörung der großen Feudalherren von Schwaben und Lothringen (953/54) brachte das Reich in tödliche Gefahr, weil zur gleichen Zeit die Reiterheere der Ungarn über die Grenzen fluteten. Das alte politische Mittel, den möglichen Gegner durch Familienbande an sich zu fesseln, erwies sich als wirkungslos. Wenn es um die Macht ging, kämpfte der Sohn gegen den Vater, der Bruder gegen den Bruder. Kaiser Otto brauchte zuverlässige Verbündete. Er fand sie, indem er die inneren Widersprüche der Feudalordnung ausnutzte – vor allem die Gegensätze zwischen den weltlichen und den geistlichen Feudalherren.

Die Kirche war, nach einem Wort von Friedrich Engels, „der größte aller Feudalherrn, denn mindestens der dritte Teil alles katholischen Grundbesitzes gehörte ihr“*. Aber dieser Besitz bildete nur in Ausnahmefällen ein zusammenhängendes Herrschaftsgebiet. In der Regel lagen die kirchlichen Feudalgüter sehr weit voneinander entfernt, und dies bedeutete, daß sie im Fall eines Konflikts nicht oder nur mit unzureichenden Mitteln verteidigt werden konnten. Die Kirche hatte also ein Interesse daran, daß Friede im Land herrschte. Sie unterstützte die Zentralgewalt, weil jedes Paktieren mit den weltlichen Großen einem politischen Selbstmord gleichgekommen wäre. Zudem galt der Kaiser

* Karl Marx/Friedrich Engels, Werke, Bd. 22, Berlin 1977, S. 299

– und nicht etwa der Papst in Rom – als „Vertreter Christi“ auf Erden: Er allein setzte die Würdenträger der Kirche in ihre Ämter ein, und wenn ein Papst sich unbotmäßig zeigte, machte er mit ihm kurzen Prozeß. Johann XII. (936–964), ein skandalumwitterter Wüstling, gab 963 Fersengeld. Er starb bald darauf, dem Vernehmen nach an den Folgen einer Tracht Prügel, verabreicht von einem betrogenen Ehemann. Benedikt V. wurde als Gefangener nach Hamburg gebracht und mußte dort bis zu seinem Tode (966) als Hilfsgeistlicher Dienst tun.

Hinzu kam, daß die hohen Geistlichen im Zölibat lebten. Zölibat bedeutet Ehelosigkeit – nicht, wie mancher glaubt, Keuschheit. Keusch konnte man die Bischöfe, Äbte und Prälaten des Mittelalters wirklich nicht nennen, aber die vielen Kinder, die sie mit ihren Beischläferinnen zeugten, galten als unehelich und hatten daher keinen Anspruch auf das väterliche Erbe. Das einem Kloster oder einem Stift zur Nutzung überlassene Feudalgut fiel beim Tode des Lehensträgers wieder an die Krone zurück, und allein der Herrscher bestimmte, wer die Nachfolge des Verstorbenen antrat. Natürlich gab er solchen Bewerbern den Vorzug, deren politische Zuverlässigkeit außer jedem Zweifel stand. So bildete sich im Kampf gegen die weltlichen Großen allmählich ein System gegenseitiger Abhängigkeit heraus, von dem beide Bündnispartner profitierten. Die Kirche brauchte den Kaiser ebenso wie der Kaiser die Kirche. Ihre Interessengemeinschaft verlieh dem frühfeudalen deutschen Staat Festigkeit nach innen und außen.

Die Landschaft nördlich des Harzes, Kernland des sächsischen Stammesherzogtums, war sozusagen das Experimentierfeld dieses Reichskirchensystems. Otto und seine Nachfolger konnten über ihr Erbgut frei verfügen. Niemand redete ihnen hinein, wenn sie einem neugegründeten Kloster oder Stift Land und Leute und dazu noch Privilegien übereigneten, zum Beispiel die Gerichtsbarkeit, Markt-, Münz- und Zollrechte, auch das Recht der Immunität, das insofern

Bedeutung hatte, als es jede Einmischung in die inneren Angelegenheiten des geistlichen Feudalgebiets für ungesetzlich erklärte. Aber der Herrscher gab nichts umsonst, im Gegenteil: Je reicher die Neugründung ausgestattet wurde, desto größere Leistungen mußte sie erbringen, vor allem auf den Gebieten der staatlichen Verwaltung, des diplomatischen Dienstes und des Heerwesens. Die geistlichen Feudalherren stellten einen beträchtlichen Teil des kaiserlichen Panzerreiteraufgebots, sie sorgten dafür, daß in der Kanzlei des Hofes Ordnung herrschte, sie reisten als Gesandte in ferne Länder, entwarfen Staatsverträge und gaben Urkunden eine rechtlich einwandfreie Form. Das Bildungsgut jener Zeit konzentrierte sich in den Klöstern. Die weltlichen Großen waren in der Regel Analphabeten...

Eine Fahrt in das Harzvorland ist eine Reise in die ferne Vergangenheit unseres Volkes. Natürlich gibt es hier auch noch etwas anderes zu sehen als romanische Kirchen. Nirgends sonst in unserer Republik, das Werratal einmal ausgenommen, finden wir so viele bunte Fachwerkbauten wie in den kleinen Städten zwischen Osterwieck und Aschersleben. Wer Halberstadt besucht, sollte sich nach der romanischen Liebfrauenkirche den gotischen Dom anschauen, ein Riesenwerk, begonnen im 13. Jahrhundert und erst abgeschlossen, als sich das Mittelalter seinem Ende zuneigte. Doch der stärkste Eindruck geht von jenen Kunstdenkmälern aus, welche zwischen dem 10. und dem späten 12. Jahrhundert, also in der Periode des romanischen Stils, entstanden sind. Diese Werke beantworten uns viele Fragen, die sonst offenbleiben würden. Es kommt lediglich darauf an, die Sprache der Steine in Worte zu übersetzen. Die Quadern von Quedlinburg und Gernrode sind nicht so schweigsam, wie es bei einem flüchtigen Besuch scheinen mag.

Die Krypta der Wipertikirche zu Quedlinburg galt lange Zeit als eines der ältesten Baudenkmäler auf deutschem Boden. Richard Hamann (1879–1961), der nach 1945 an der Humboldt-Universität zu Berlin Kunstgeschichte lehrte,

Krypta der Wipertikirche in Quedlinburg

datierte sie mit dem 9. und 10. Jahrhundert. Andere namhafte Wissenschaftler glaubten sogar an ein noch höheres Alter. Heute neigen immer mehr Fachleute zu der Ansicht, daß dieser unter dem Chor der Kirche verborgene (griech. kryptein = verbergen) kleine Raum erst um 1020 entstanden ist. Wie kam es zu diesen doch recht unterschiedlichen Datierungen? Es gehört schließlich nicht zur Regel, daß sich Gelehrte von Rang gleich um zwei- oder dreihundert Jahre irren. Hatten die älteren Kunsthistoriker irgend etwas übersehen, was für die zeitliche Bestimmung von Belang war? Die Krypta, 8 Meter lang und 6 Meter breit, macht in der Tat einen sehr altertümlichen Eindruck. Ihre schmucklosen Pfeiler und Säulen, ihre pilz- und kelchförmigen Kapitelle (Säulenköpfe), ihre Tonnengewölbe wirken unbeholfen. Wer die Auffassung vertrat, daß sich die Kunst gleichmäßig vom Niederen zum Höheren entwickelt hat, mußte zwangsläufig zu einer Datierung kommen, die bis zu den Ursprüngen der mitteleuropäischen Architektur zurückreichte.

Datierungsfragen sind für den Laien im allgemeinen nicht besonders interessant. Der Schweizer Kulturhistoriker Jacob Burckhardt (1818—1897) sprach einmal boshaft von den kunsthistorischen „Täufern und Wiedertäufern", die ein Werk alle paar Jahre einem anderen Meister zuschreiben oder mit einer anderen Zeitangabe versehen. Die Datierung der Wipertikrypta macht eine Ausnahme: Hier ist nicht nur ein Datum, sondern auch eine Auffassung korrigiert worden. Die Kunst entwickelt sich eben nicht gleichmäßig vom Niederen zum Höheren, etwa so, daß die nächste Generation alle Errungenschaften der vorausgegangenen benutzt und weiterbildet. Ihre Entwicklung vollzieht sich in Sprüngen, und manchmal kommt es vor, daß sie rückwärts springt, überwiegend aus materiellen Ursachen – weil die Produktivkräfte nicht überall den gleichen Stand erreicht haben –, oft aber auch, weil den Meistern bestimmte Erfahrungen fehlen und sie sich daher unsicher fühlen. Es scheint, daß in der Wipertikrypta Bauleute am Werk waren, die über geringere Kenntnisse verfügten als etwa jene Handwerker, welche zu Beginn des 11. Jahrhunderts am Westwerk der Halberstädter Liebfrauenkirche arbeiteten. Die Gründe hierfür lassen sich nicht mehr ermitteln. Vermutlich nahm der Bau der Stiftskirche auf dem Burgberg die wenigen ausreichend geschulten Kräfte dermaßen in Anspruch, daß die Geistlichen des Wipertistifts gezwungen waren, sich mit dem zu begnügen, was übrigblieb.

Wer die frühromanische Baukunst verstehen will, muß

sich darauf besinnen, unter welchen Bedingungen sie entstanden ist. Unsere Heimat sah im 10. und 11. Jahrhundert ganz anders aus als heute. Es gab noch viel ungerodetes Land und nur wenige, morastige Wege, die Dörfer und Feudalgüter lagen weit voneinander entfernt, und da sie fast alles, was sie brauchten, selbst produzierten, spielte der Warenaustausch eine untergeordnete Rolle. Ideen quälten sich ebenso mühsam vorwärts wie die mit Luxusgütern beladenen Karren der wenigen Kaufleute, und wenn sie irgendeinen Ort erreichten, war es durchaus nicht sicher, daß dort ein Mensch wohnte, der sie begriff. Allein in den Klöstern lebten Leute, welche die Probleme der Kunst zu erfassen vermochten und zudem einige praktische Erfahrungen besaßen, auch auf dem Spezialgebiet der Architektur. Aber selbst der begabteste und erfahrenste Architekt kann nicht gegen seine Zeit arbeiten. Er muß sich im Gegenteil den vorhandenen materiellen Bedingungen anpassen. Wenn diese Bedingungen so beschaffen sind, daß nur das Einfache Aussicht auf Verwirklichung hat, ist er eben gezwungen, einfach zu bauen. Hochfliegende Pläne scheitern, weil sie nicht berücksichtigen, daß die Architektur neben kundigen Architekten auch geschulte Maurer, Steinmetzen und Mörtelmischer benötigt.

Es ist bekannt, daß die Klöster Architekten und Kunsthandwerker untereinander austauschten. Trotz dieser gelegentlichen Hilfsaktionen waren die Klosterwerkstätten klein. Sie setzten sich aus Spezialisten zusammen und stellten in keinem Fall mehr als etwa ein Zehntel der auf dem Bauplatz Tätigen. Die Masse der Arbeitskräfte kam aus der unfreien Bauernschaft – und für die Bauern bedeutete die Errichtung einer Kirche nur, daß sie jahrzehntelang über das gewöhnliche Maß hinaus unbezahlte Frondienste leisten mußten. Doch wer arbeitet schon mit Lust und Liebe, wenn er dafür lediglich einen „Gotteslohn“ erhält? Die Klosterwerkstatt befand sich in der Lage eines Generalstabs, der ein Heer kommandiert, dessen Soldaten passiven Widerstand leisten und vom Geist der Meuterei angesteckt sind. Wie sehr es damals unter den Bauern gärte, belegt ein Ausspruch des Abtes von St. Gallen: Die Knechte machen sich breit, wenn nicht Furcht sie beengt! Die Bauernschaft beugte sich dem Druck, aber selbst Peitschenhiebe konnten sie nicht dazu bewegen, daß sie gern tat, was zu tun sie gezwungen war.

Diese Bedingungen erklären, warum in der Frühzeit des romanischen Stils nicht jeder Plan so exakt, so millimetergenau verwirklicht wurde wie in späteren Jahrhunderten. Auch die 961 gegründete Stiftskirche in Gernrode, eines der bedeutendsten und am besten erhaltenen Zeugnisse der ottonischen Architektur, weist Unregelmäßigkeiten auf, die nicht von vornherein „eingeplant" waren. Wer den Grundriß und die Querschnitte der Kirche betrachtet, kommt aus dem Staunen nicht heraus: Es gibt in diesem Bauwerk kaum einen rechten Winkel, kaum eine Linie, die mit der benachbarten parallel läuft, kaum eine Wand, die lotrecht steht. Alles ist, nach einem Wort von Richard Hamann, „etwas verschoben, alles schief und lässig gestaltet, alles ungleich und alles gleichsam mit einer struppigen Besonderheit gebildet"*. Wußten die Architekten noch nicht, wie man einen Bauplatz absteckt? Verfügten sie nur über unzureichende Meßinstrumente? Oder sind diese auffälligen Abweichungen darauf zurückzuführen, daß sich die Bauarbeiter den Teufel darum kümmerten, ob die Mauern, die sie errichteten, genau so verliefen, wie es die Herren wünschten? Diese Deutung hat jedenfalls den Vorzug, daß sie mit der Aussage der gesellschaftlichen Verhältnisse übereinstimmt.

Auch die Konstruktion des Bauwerks bezeugt den noch sehr niedrigen Stand der Produktivkräfte. Besonders auf dem Gebiet der Statik fühlten sich die Meister unsicher. Die Statik ist die Lehre vom Kräftespiel fester Körper und der auf sie wirkenden Lasten. Die Kunst des Architekten besteht darin, diese Kräfte so „auszubalancieren", daß sie einander die

* Richard Hamann, Geschichte der Kunst von der altchristlichen Zeit bis zur Gegenwart, Berlin 1962, S. 235 f.

Waage halten. Die Meister von Gernrode hingegen folgten dem Grundsatz: Besser zuviel als zuwenig! Da sie das Verhältnis von Stütze und Last nicht berechnen konnten, verschwendeten sie den Stein. Die Außenmauern der Kirche sind mehr als 2 Meter dick, aber dieser gewaltige Aufwand von Material und Arbeitskraft war von der Konstruktion her überflüssig; denn was haben die Steinmassen schon zu tragen? Nicht etwa Tonnen- oder Kreuzgewölbe, wie in den

Stiftskirche in Gernrode

französischen Kirchen des 10. und 11. Jahrhunderts üblich, sondern flache Holzdecken, die im Vergleich zu den Gewölben federleicht wogen, auf alle Fälle so leicht, daß sie auch mit Mauern von weniger als einem Meter Dicke hätten zuverlässig gestützt werden können.

Trotz dieser zeitbedingten Unsicherheiten besitzt das Bauwerk eine erstaunlich hohe künstlerische Qualität. Viele Klosterkirchen aus der Zeit der Hochromanik sind bei weitem nicht so reich gegliedert wie die frühromanische Stiftskirche zu Gernrode. Das hohe Mittelschiff und die beiden niedrigen Seitenschiffe kennzeichnen sie als Basilika. Da die Breite des Mittelschiffs ungefähr zwei Dritteln seiner Höhe entspricht (9,2 : 15,0 Meter), wirkt der Raum behäbig. Die das Mittelschiff von den Seitenschiffen trennenden Stützen wechseln im Rhythmus Säule–Pfeiler–Säule. Dieser gemächliche Rhythmus trägt ebenfalls dazu bei, daß sich der Besucher nicht wie in manchen anderen Kirchenbauten des Mittelalters beengt oder gegängelt fühlt. Der stärkste Eindruck geht von der Dreiteilung der Mittelschiffswand aus: Im Unterschied zu den Baugewohnheiten späterer Generationen haben die Gernroder Meister die Mauermasse durchbrochen, indem sie oberhalb der Säulen-Pfeiler-Reihe eine Nonnenempore einfügten, die sich in Bogenstellungen nach innen öffnet. Die drei Abschnitte der Wand stehen zueinander in festen Maßbeziehungen: Sie verhalten sich wie 4 : 2 : 1, so daß die Höhe des unteren Geschosses das Doppelte der Emporenhöhe und diese wiederum das Doppelte der Fenstergröße beträgt. Besser und einfallsreicher als in Gernrode ist damals nirgendwo gebaut worden, wenigstens nicht auf dem Territorium des römisch-deutschen Kaiserreichs.

Gewöhnlich wurden die Kirchen des Mittelalters abschnittsweise errichtet. Erst nachdem der Chor – die den Priestern vorbehaltene Stätte des Allerheiligsten – vollendet war, ging man daran, das Langhaus aufzuführen. Der im Osten gelegene Chor ist also meist älter als die übrigen Teile. Gernrode macht hier keine Ausnahme, wie uns schon ein

Blick auf das ungefüge Bruchsteinmauerwerk der halbrunden Chornische oder Apsis erkennen läßt. Querschiff und Langhaus hingegen sind aus sauber behauenen Quadern zusammengefügt – ein Beweis dafür, daß die Bauarbeiter im Laufe der Jahrzehnte Fertigkeiten erworben hatten, die sie ursprünglich nicht besaßen.

Unter dem Chor, nur zur Hälfte über die Erdoberfläche ragend, befindet sich eine Krypta, ein dämmriger dreischiffiger Raum, der einst wohl der Reliquienverehrung diente. Fast alle Klöster strebten danach, Überreste von Heiligen zu erwerben. Diese Reliquien galten als so kostbar, daß allein die Vornehmsten sie betrachten und berühren durften. Man bewahrte sie daher im Verborgenen auf. Die geringe Größe der Krypten ermutigte die Baumeister zu Experimenten. Hier versuchten sie sich zum erstenmal in der Kunst des Gewölbebaus. Die Flächen, die eingewölbt werden mußten, maßen ja nur wenige Meter im Quadrat: Wenn der Versuch mißlang, weil die Stützen nicht standhielten oder das Ge-

Ostkrypta der Stiftskirche in Gernrode

wölbe unter der eigenen Last zusammenbrach, ließen sich die Schäden in wenigen Tagen beseitigen. Wie vorsichtig die Gernroder Meister zu Werke gingen, ersehen wir daraus, daß sie die stämmigen Pfeiler mindestens doppelt so stark bildeten, wie es notwendig gewesen wäre.

Die wenigen Bildwerke der Stiftskirche stammen aus späterer Zeit. Das Heilige Grab, Prunkstück der Ausstattung,

Bischof im Heiligen Grab

entstand erst im dritten Viertel des 11. Jahrhunderts, der Taufstein und die beiden Türbogenfelder sind Schöpfungen des 12. Jahrhunderts. Aber die Entwicklung vollzog sich damals bei weitem nicht so rasch wie heute. Die Bedingungen, unter denen die Menschen lebten, änderten sich nur sehr langsam – und dies bewirkte, daß auch die Kunst lediglich im Schrittempo vorwärtskam.

Karl Marx und Friedrich Engels prägten den Satz: „Die Gedanken der herrschenden Klasse sind in jeder Epoche die herrschenden Gedanken, d. h. die Klasse, welche die herrschende *materielle* Macht der Gesellschaft ist, ist zugleich ihre herrschende *geistige* Macht.“* Gehen wir von dieser Erkenntnis aus, dann geben die Figuren des Heiligen Grabes mehr vom Geist ihrer Zeit preis, als es auf den ersten Blick den Anschein hat. Die fromme Legende spiegelt gesellschaftliche Wirklichkeit wider: So hoheitsvoll, so bar jeder christlichen Demut wie die Maria Magdalena an der Westwand, so streng, so unnahbar wie der heilige Bischof im Innern der Grabkapelle – so und nicht anders traten die Feudalherren des frühen Mittelalters denen entgegen, die ihrer Herrschaft unterworfen waren.

Im Unterschied zu der frühromanischen Kirche von Gernrode ist die Stiftskirche in Quedlinburg ein Werk der Hochromanik. Zwar wurde das Quedlinburger Stift noch früher gegründet als das in Gernrode – die von Kaiser Otto I. ausgefertigte Urkunde trägt das Datum 936 –, doch die im 10. und im frühen 11. Jahrhundert errichtete Kirche fiel 1070 einer Brandkatastrophe zum Opfer, so daß die Meister von vorn beginnen mußten. Der neue Bau wurde 1129 geweiht. Schon im 10. Jahrhundert aber begann sich rings um das Stift eine Siedlung zu entwickeln. Die hochadligen Damen hatten Bedürfnisse, die von den Fronhöfen nicht voll befriedigt werden konnten, und auch der Kaiser und sein Gefolge, die oft in Quedlinburg weilten, brauchten vieles, was nur Handwerker zu produzieren oder Händler herbeizuschaffen ver-

* Karl Marx/Friedrich Engels, Werke, Bd. 3, a. a. O., S. 46

mochten. Der Warenaustausch nahm allmählich einen Umfang an, der es notwendig machte, ihn unter besonderen Schutz zu stellen. Im Jahre 994 verlieh Kaiser Otto III. (980–1002) dem Stift neben anderen Privilegien das Recht, Märkte abzuhalten. Jede Störung des Marktfriedens galt nun als eine Art Majestätsverbrechen, und die Strafen, die auf solche Verbrechen standen, hielten selbst den raublustigsten Feudalherrn davon ab, die Frachten der nach Quedlinburg ziehenden Kaufleute kurzerhand einzusacken.

Die materiellen Bedingungen waren also in Quedlinburg viel günstiger als in Gernrode. Es sprach sich herum, daß es hier etwas zu verdienen gab, und diese gute Nachricht erreichte früher oder später auch jene, welche auf der Suche nach Arbeit von Ort zu Ort zogen. Jedes größere Bauvorhaben lockte Handwerker herbei, manchmal sogar aus weit entfernten Gegenden. Die Aussicht, viele Jahre lang in gesicherten Verhältnissen zu leben, wog schwerer als das Risiko, in einem dunklen Wald von Wegelagerern erschlagen zu werden. Diese Handwerker verdingten sich gegen Lohn, das heißt, sie hatten im Unterschied zu den gepreßten Bauarbeitern der frühromanischen Zeit ein Interesse daran, die ihnen anvertrauten Arbeiten so auszuführen, daß sich der Bauherr von ihrer Qualität befriedigt zeigte. Die hörigen Bauern verschwanden noch nicht vom Bauplatz, sie mußten nach wie vor bis zur Erschöpfung Steine karren und Lasten schleppen, aber niemand beauftragte sie mehr mit Verrichtungen, die Fachkenntnisse erforderten. Es nimmt daher nicht wunder, daß die von den Architekten vorgegebenen Maße in Quedlinburg auf den Zentimeter genau eingehalten worden sind.

Hier spürt man nichts mehr von jener frühromanischen Lässigkeit, welche sich schon mit dem Ungefähren zufriedengab. Alle Teile des Grundrisses stehen zueinander in errechneten Maßbeziehungen: Das Mittelschiff besitzt die doppelte Breite der Seitenschiffe und den dreifachen Flächeninhalt der ausgeschiedenen, also von Bögen begrenzten Vierung. Als Vierung bezeichnet man den Abschnitt des Raumes, wo sich vier Bauteile – Chor, Mittelschiff und die beiden Querhausarme – treffen. Rücken wir die Querhausarme in Gedanken zusammen, so decken auch sie sich mit dem Vierungsquadrat. Die Kunst des Gewölbebaus hat ebenfalls ein viel höheres Niveau erreicht als in Gernrode. Die Meister wußten, was sie dem Stein zumuten konnten. Die Säulen der Krypta sind stark genug, um die Last zu tragen, aber dabei doch so schlank, daß sie trotz ihrer geringen Größe elegant wirken. Zudem beweist die saubere Ausführung der Kreuzgratgewölbe, daß sich die Handwerker in der Technik der Verschalung auskannten. Gewölbe wurden damals nicht gemauert, sondern gegossen, und dieses Verfahren setzte voraus, daß ein hölzernes Gerüst den mit Steinen bestückten Mörtelbrei so lange stützte, bis er hart war.

Nur in der Grundform stimmen die Stiftskirchen in Quedlinburg und Gernrode überein: Beide sind Flachdeckenbasiliken. Aber an die Stelle des gemächlichen Gernroder Rhythmus Pfeiler – Säule – Pfeiler ist der sächsische Stützenwechsel getreten, der jedem Pfeiler zwei Säulen folgen läßt, so daß der Takt nun Pfeiler – Säule – Säule – Pfeiler lautet. Dieser viel raschere Rhythmus verändert das Erscheinungsbild der Basilika. Das Mittelschiff erhält den Charakter eines Weges, der schnurstracks zum Chor, also zum Allerheiligsten, führt. Die karge Gliederung der Mittelschiffswand unterstützt den Zug in die Tiefe des Raumes, dorthin, wo der Priester stand, wenn er die Messe las oder den wohl nicht allzu bußfertigen Damen das Wort aus den Sprüchen Salomonis erklärte: „Wer zugrunde gehen soll, der wird zuvor stolz; und Hochmut kommt vor dem Fall.“ Schmuck findet man nur da, wo Raumteile voneinander abgegrenzt oder Gelenkstellen bezeichnet werden sollten, zum Beispiel unterhalb der Fensterzone und an den Säulenköpfen, dem Ort des Zusammentreffens von Stütze und Last. Fortschritt bedeutet hier nicht Entwicklung zum Reicheren, Üppigeren. Die ro-

Stiftskirche in Quedlinburg

manische Baukunst schritt fort, indem sie sich freiwillig der strengen Herrschaft von Maß und Regel unterwarf.

Die Namen der Quedlinburger Meister sind unbekannt, aber die Kunstwissenschaft hat ermittelt, woher einige von ihnen kamen. Schon zu Beginn unseres Jahrhunderts fiel den Forschern auf, daß die in Quedlinburg verwendeten Schmuckformen mit den Ornamenten oberitalienischer Bauten übereinstimmten, zum Beispiel mit dem plastischen

Zierat der Kirchen S. Abbondio in Como und S. Ambrogio in Mailand. Da Musterbücher (Vorlagensammlungen) in der Kunstproduktion des späten 11. Jahrhunderts nur eine untergeordnete Rolle spielten, lag die Schlußfolgerung nahe, daß die Steinmetzen aus Oberitalien zugewandert waren. Es klingt unglaubhaft, daß Handwerker auf der Suche nach lohnender Arbeit die Alpen überquerten und dann viele hundert Kilometer weit durch ein fremdes, unsicheres Land marschierten, dessen Sprache sie wohl lediglich in Ausnahmefällen beherrschten. Die Behauptung stünde auf schwachen Füßen, wenn es neben dem Formenvergleich nicht auch schriftliche Beweise gäbe: Urkunden aus dem frühen 12. Jahrhundert belegen, daß Meister aus Como, von den Schreibern „magistri comacini" genannt, verhältnismäßig häufig die Mühsal der weiten Reise auf sich nahmen und dabei sogar bis nach Schweden gelangten. Der um 1120 am Dom zu Lund tätige Magister Donatus war ein Comaske...

Es scheint, daß die sächsischen Bauherren die Magistri comacini gut bezahlten, wahrscheinlich besser als die einheimischen Handwerker. Dies würde erklären, warum die oberitalienischen Steinmetzen mehrere Jahrzehnte lang im Lande blieben. Als die ergiebige Quedlinburger Quelle zu versiegen begann, kehrten jedenfalls viele von ihnen nicht in ihre Heimat zurück. Auch der Abt des nur 20 Kilometer von Quedlinburg entfernten reichen Benediktinerklosters Gröningen hatte baukünstlerischen Ehrgeiz. Er nahm die Comasken mit offenen Armen auf, und diese brauchten sich nicht einmal umzustellen, weil die neue, etwa um 1110 begonnene Gröninger Klosterkirche sich in allen wesentlichen Teilen so eng an das Quedlinburger Vorbild anlehnte, daß man fast von einer Wiederholung sprechen kann. In beiden Fällen handelt es sich um kreuzförmige Flachdeckenbasiliken mit sächsischem Stützenwechsel und ausgeschiedener Vierung. Nur in einer Beziehung ging Gröningen über Quedlinburg hinaus: Die Kirche besitzt einen mächtigen

Klosterkirche in Gröningen

achteckigen Vierungsturm. Solche Vierungstürme finden wir nördlich des Harzes sehr selten.

Auch die Stiftskirche in Frose, 7 Kilometer nordwestlich von Aschersleben, gehörte ursprünglich zu einem Benediktinerkloster. Markgraf Gero (gest. 965), ein Vasall Ottos I., hatte die Mönche um 950 ins Land gerufen, aber schon 961 mußten die Kuttenträger wieder von dannen ziehen. Gero hielt es nun für nützlicher, das Kloster mit Damen zu besetzen und es dem ebenfalls von ihm gegründeten Stift Gernrode anzugliedern. Der Adel des Harzgebiets war ihm dafür dankbar: Wohin sonst mit den vielen unverheirateten Töchtern, die der Familie auf der Tasche lagen, ohne ihr den geringsten Vorteil zu bringen?

Die um 1170 errichtete kreuzförmige Flachdeckenbasilika folgt, wie schon der sächsische Stützenwechsel beweist, dem

Stiftskirche in Frose

Schema von Quedlinburg. Nur der dem Langhaus im Westen vorgelagerte Querbau macht eine Ausnahme: Er ist viel wuchtiger, viel klobiger als die Quedlinburger Westfront und wirkt daher nicht wie eine mit den übrigen Teilen fest verbundene Fassade, sondern wie ein selbständiges Gebäude. Wahrscheinlich war dieser mächtige Riegelbau „Gastkirche" des Herrschers, der ja zu jener Zeit noch keine feste Residenz besaß, sondern mit seinem Hof im Lande umherzog und oft in den Klöstern Quartier nahm. Für diese von vielen Kunsthistorikern vertretene These spricht, daß die Querriegel allmählich verkümmerten, als die Großen des deutschen Feudalstaats endlich seßhaft zu werden begannen. Einige Theologen sind anderer Auffassung: Nach ihrer Meinung hatte die Westfront der Kirche zunächst die Bedeutung eines Bollwerks, bestimmt, den Ansturm der von Sonnenuntergang, also von Westen, kommenden bösen Geister abzuwehren. Die Menschen des Mittelalters glaubten an die Existenz von Dämonen: Es wäre daher möglich, daß die Theologen recht haben. Im übrigen schließen die beiden Erklärungen einander nicht aus...

Die Vorbildlichkeit der Quedlinburger Stiftskirche war unbestritten, aber bei weitem nicht alle Klöster des Harzvorlands verfügten über so gute materielle Voraussetzungen wie das kaiserliche Damenstift. Bauen kostete Geld. Wenn in der Klosterkasse Ebbe herrschte, mußten sich die Bauherren mit bescheideneren Abmessungen zufriedengeben. Die Verringerung der Maße zog eine Verminderung des Formenschatzes nach sich: Die unbekannten Meister der wahrscheinlich im späten 11. Jahrhundert entstandenen Nonnenklosterkirche zu Drübeck griffen zum Beispiel auf den in Gernrode vorgebildeten einfachen Stützenwechsel zurück. Trotzdem wirkt der vor einigen Jahren musterhaft restaurierte Raum nicht etwa ärmlich, sondern im Gegenteil ebenso feierlich wie das viel reicher gegliederte Quedlinburger Langhaus – ein Beweis dafür, daß Architekten, die ihr Handwerk verstehen, auch im Kleinen groß sein können.

Der erst um 1170 errichtete zweitürmige Westbau der Drübecker Kirche folgt ebenfalls dem Vorbild von Gernrode.

Vor ähnlichen Problemen standen die Meister, die ungefähr zur gleichen Zeit in dem nur 3 Kilometer entfernten Ilsenburg tätig waren. Das kurz nach 1003 gegründete Ilsenburger Benediktinerkloster gehörte wahrlich nicht zu den ärmsten Klöstern im Lande, aber der Abt, der hier um 1080 das Regiment führte, hielt die Klosterkasse unter Verschluß. Nach seiner Auffassung bestand die Aufgabe des „Ordo Ilsenburgensis" vor allem darin, den verlotterten Mönchskonventen des Harzgebiets wieder Zucht und Ordnung beizubringen. Die Ilsenburger Benediktiner lebten nach besonders strengen Regeln. Das Gebot der Enthaltsamkeit vertrug sich nicht mit architektonischer Prachtentfaltung. Im Vergleich zu Drübeck wirkt Ilsenburg karg, aber diese Kargheit ist Absicht. Sie würde noch beherrschender in Erscheinung treten, wenn nicht ein späterer Abt die drei Schiffe hätte einwölben lassen.

Der Reformeifer kam nicht von ungefähr. Das Reichskirchensystem war im 11. Jahrhundert zerbrochen, der Papst bestritt dem Kaiser das Recht, Bischöfe und Äbte in ihre Ämter einzusetzen, und da auch die deutschen Fürsten gegen die Zentralgewalt aufstanden, weitete sich dieser fast fünfzig Jahre währende Streit zu einem Krieg aus, der das Land verwüstete. Wollte die Kirche in dem Kampf Sieger bleiben, so mußte sie die verweltlichte Geistlichkeit an die Kandare nehmen: Nur so bekam sie ihre „Truppen" fest in die Hand. Die Reformbewegung legte daher vor allem auf die Tugend des Gehorsams Wert. Disziplinlosigkeiten wurden in den Reformklöstern so streng bestraft, daß den Mönchen rasch die Lust verging, sich den Befehlen ihres Abtes zu widersetzen. Die Klosterbrüder durften nicht einmal miteinander sprechen, wann und wo es ihnen beliebte: Das Gebot des Schweigens hielt ihre Zungen im Zaum. Diese harte Zucht erzeugte Glaubensfanatismus. Die reformierten Klöster gehörten zu den schärfsten Waffen, welche die Kirche besaß.

Es nimmt nicht wunder, daß einer der erbittertsten Gegner der Zentralgewalt, Bischof Burchard II. von Halberstadt (um 1030–1088), sich auch als Förderer der Reformbewegung hervortat. Sein Neffe, Abt Herrand, „säuberte" das Kloster Ilsenburg von Widerspenstigen, Lauen und Kleinmütigen. Er selbst gründete 1084 das inmitten des Huywalds gelegene Benediktinerkloster Huysburg, dessen Kirche schon 1121 geweiht werden konnte. Die Äbte des 18. Jahrhunderts haben Langhaus und Chor der alten kreuzförmigen Flachdeckenbasilika überarbeiten lassen, so daß von der ursprünglichen Schlichtheit nicht mehr viel erhalten ist. Aber wer sich die Mühe macht, den Stein zu befragen, entdeckt doch manches, was anderen verborgen bleibt. Die Länge des Chors deutet zum Beispiel darauf hin, daß die Konvente der Klöster größer geworden waren. Der einfache Wechsel Pfeiler – Säule – Pfeiler stimmt im Prinzip mit der Ilsenburger Gliederung überein: Nur die Kapitelle sind etwas reicher geschmückt als dort. Die Reformbaukunst verzichtete auf die Krypta: Auch in Huysburg sucht man sie vergeblich ...

Andere Gemeinschaften schlossen sich der Bewegung an und übernahmen die Eigenheiten der benediktinischen Reformbaukunst mit dem Eifer von Neubekehrten. Die Kirche in Hamersleben gehörte früher zu einem Chorherrenstift, dessen Insassen nach den Vorschriften des Kirchenlehrers Augustinus (354–430) lebten. Eines vor allem macht dieses kurz nach 1112 begonnene Bauwerk besonders wertvoll: Im Unterschied zur Klosterkirche Huysburg hat hier später niemand den streng gegliederten Raum „auszuschmücken" versucht. Bis auf den pompösen Hochaltar von 1687 ist alles so geblieben, wie es ursprünglich war. Hochstämmige Säulen trennen das Mittelschiff von den Seitenschiffen. Die beiden Querhausarme decken sich fast auf den Zentimeter genau mit dem Vierungsquadrat. Der Hauptchor und die Chorseitenkapellen enden in einer Flucht. Ihre drei Apsiden sind staffelförmig angeordnet, so daß die Apsis in der Mitte weiter nach Osten vorspringt als die halbrunden Nischen der Nebenräume. Die Huysburger Gliederung wirkt neben der von Hamersleben lasch und lässig. Ähnlich diszipliniert haben zu dieser Zeit nur die Benediktiner des thüringischen Klosters Paulinzella gebaut. Aber Paulinzella ist seit dem 16. Jahrhundert Ruine...

Der große Einfluß der Reformorden beruhte unter anderem auch darauf, daß sie den gemeinen Mann etwas behutsamer behandelten als die weltlichen Feudalherren. Ihre Kirchen standen den Bauern der umliegenden Dörfer offen. Wer an die Klosterpforte klopfte und um Hilfe bat, ging selten unbeschenkt von dannen. Aber die geistlichen Herren verließen sich nicht allein auf die Wirkung frommer Worte und milder Gaben. Um die Bauern zu beeindrucken, wendeten sie auch gröbere Mittel an – zum Beispiel die Drohung mit den Strafen der Hölle. Ebendiese Drohung haben die namenlosen Bildhauer der Hamerslebener Kapitelle Gestalt werden lassen. Dämonen blicken auf die im Langhaus versammelte Gemeinde herab und erinnern sie an die Allgegenwart des „Bösen": Raubtiere, aus deren Mäulern Pflanzenranken quellen, ein Löwe im Kampf mit einem Drachen, Adler, Greifen, Pferdemenschen mit Bockshörnern und Teufelsfratzen, ein Lamm, das unter dem Ansprung eines Wolfes zusammenbricht, ein gepeinigter nackter Mensch, der sich irgendwohin verkriechen möchte – Schreckgespenst reiht sich an Schreckgespenst, und alle verkünden die Botschaft, daß der Mensch dem Zugriff des Satans schutzlos ausgeliefert ist, wenn er sich aus der Gemeinschaft der Gläubigen entfernt.

Das Augustinerchorherrenstift in Halberstadt wurde hundert Jahre früher gegründet als das Stift in Hamersleben, aber der Bau der Kirche stand unter keinem guten Stern. Die ehrgeizige Politik der Halberstädter Bischöfe ließ den Ort nicht zur Ruhe kommen, und als Bischof Ulrich in den Machtkampf zwischen dem Staufer Friedrich Barbarossa (um 1125–1190) und dem Welfenherzog Heinrich dem

Kapitell der Stiftskirche in Hamersleben

Löwen (1129–1195) die Partei des Kaisers ergriff, machte der welfische Löwe kurzen Prozeß: Seine Truppen eroberten die Stadt und brannten sie nieder (1179). Die Vollendung der Liebfrauenkirche verzögerte sich um mehrere Jahrzehnte. Die Meister hielten an den Leitgedanken der Reformbaukunst fest, obwohl diese Ideen an der Wende vom 12. zum 13. Jahrhundert schon veraltet waren. Der Grundriß ist dem von Hamersleben nahe verwandt. Hier wie dort handelt es sich um kreuzförmige Flachdeckenbasiliken mit Nebenchören und staffelförmig angeordneten Chorapsiden. Der wichtigste Unterschied besteht darin, daß in der Liebfrauenkirche statt der Säulen quadratische und rechteckige Pfeiler verwendet worden sind. Die Kreuzgratgewölbe über Querschiff und Chor haben nur die Bedeutung einer Zutat. Sie entstanden erst in der Zeit der Frühgotik.

Auch die Halberstädter Liebfrauenkirche beherbergt einige besonders schöne Werke der spätromanischen Bildhauerkunst. Die Stuckfiguren an den beiden Chorschranken wurden wahrscheinlich um 1220, das heißt etwa fünfzig Jahre nach den Hamerslebener Kapitellen, geschaffen, aber der Kontrast ist so groß, als ob inzwischen mindestens ein volles Jahrhundert vergangen wäre. Die Fabelwesen von Hamersleben bedrohten die Gläubigen mit der ewigen Verdammnis. In Halberstadt hingegen verbindet sich das „Heilige" mit dem Humanen. Das Ideal ordnet sich der Naturwahrheit unter. Nur Christus und seine Mutter Maria besitzen noch etwas von der alten Majestät, aber auch sie wirken nicht mehr so streng und unnahbar wie zum Beispiel die Figuren des Heiligen Grabes von Gernrode. Sie ähneln weisen Richtern, die eingedenk der menschlichen Torheit in weniger schweren Fällen Milde walten lassen. Bei der Gestaltung der Apostel verzichteten die Bildhauer auf alle Merkmale der Göttlichkeit: Die Jünger Jesu verhalten sich so lässig wie Menschen, die ihren Rang nicht zu betonen brauchen, weil sie seiner sicher sind.

Die Meister der Halberstädter Chorschranken holten das „heilige" Geschehen, das sich noch im 12. Jahrhundert unendlich fern vom Gläubigen vollzog, auf die sündige Erde herab, indem sie ihre Figuren nach menschlichem Maß bildeten und mit menschlichen Charaktereigenschaften ausstatteten. Solche Sprünge in der künstlerischen Entwicklung lassen sich nicht allein mit dem Hinweis erklären, daß die Bildhauer fremde Anregungen verarbeitet haben – An-

Apostel in der Liebfrauenkirche zu Halberstadt

regungen, wie sie zum Beispiel die aus Byzanz eingeführten Kleinkunstwerke und die Goldschmiedearbeiten aus dem Rhein- und Maasgebiet boten. Was bedeutet schon die Feststellung, daß diese oder jene Einzelheit von den Halberstädter Meistern nicht erfunden, sondern entlehnt wurde? Die Übertragung der entlehnten Motive aus dem kleinen Format der Elfenbeinschnitzerei oder der goldenen Reliquienschreine in das Großformat der Stuckplastik war trotzdem ein Geniewerk, wie es selbst dem Begabtesten meist nur in Perioden des Umbruchs gelingt. Die Halberstädter Apostel verkünden: Von hier und heute an beginnt eine neue Zeit!

Die Entwicklung der Kunst setzt voraus, daß sich die Gesellschaft entwickelt. Ungewohntes entsteht nur unter dem Druck ungewohnter materieller Verhältnisse. Wenn sich die Beziehungen zur Wirklichkeit ändern, so muß in der Wirklichkeit etwas vorgegangen sein, was diese Änderung notwendig macht. Die Naturwahrheit der Halberstädter Apostel spiegelte die Tatsache wider, daß es nun eine Klasse gab, die auf Grund ihrer besonderen Existenzbedingungen allein das Nachprüfbare gelten ließ. Das Bürgertum der jungen Städte meldete sich zu Wort: Gewohnt, der Vernunft zu gehorchen, verlangte es auch von der Religion, daß sie sich der Vernunft anpaßte. Das Denken des Bürgers kreiste um die Dinge der Welt: Wie konnte er sich damit einverstanden erklären, daß die Welt und ihre Erscheinungsformen mit dem Makel der Sünde behaftet blieben? Er forderte von der Kirche, daß sie ihm den Weg freigab, und die Kirche erfüllte diese Forderung, indem sie ein neues theologisches System ausarbeitete, das den alten Gegensatz von Gott, Vernunft und Natur aufhob. „Wie die Ordnung der rechten Vernunft vom Menschen her ihren Ursprung nimmt, so die Ordnung der Natur von Gott selbst“*, heißt es in einer Schrift des Kirchenlehrers Thomas von Aquin (1225–1274).

Auf allen Gebieten des Lebens erwachte die Freude am Schönen. Wolfram von Eschenbach (um 1170 – um 1220) schrieb seinen „Parzival“, Walther von der Vogelweide (um 1170–um 1230) den Vers „Under der linden an der heide“: In dem Epos hat sich das Verhältnis des Menschen zum Menschen, in dem Gedicht die Beziehung des Menschen zur Natur von Grund auf gewandelt. An den Höfen legte man nun auf gute Umgangsformen Wert: Wer mit seinen Standesgenossen nicht „süeze“ sprach, galt als ungehobelter Klotz.

* Thomas von Aquin, herausgegeben von Josef Pieper, Frankfurt am Main und Hamburg 1958, S. 62

Die aufblühenden Städte, Zentren der Produktion und des Handels, erließen Bauordnungen, die dem ungeregelten Wachstum ein Ende bereiteten. Sogar die Architektur der Benediktiner geriet in den Sog der neuen Zeit: Der Orden fiel den Meistern nicht mehr in den Arm, wenn sie das Nützliche reich zu bilden versuchten. Die um 1200 entstandene fünfschiffige Hallenkrypta der Klosterkirche Konradsburg bei Ermsleben zählt zu den üppigsten Werken der Spätromanik im Harzgebiet. Das Kloster wurde 1525 von aufständischen Bauern zerstört. Chor und Krypta blieben erhalten. Sie sind nur wenigen bekannt...

Die Meister der tanzenden Engel von Hecklingen setzten fort, was an den Chorschranken der Halberstädter Liebfrauenkirche begonnen wurde. Architektonisch bietet die westlich von Staßfurt gelegene und wohl kurz vor 1176 errichtete Hecklinger Klosterkirche nicht viel Neues: Sie ist eine streng aus dem Quadrat entwickelte kreuzförmige Flachdeckenbasilika mit einfachem Stützenwechsel. Die vierzehn Engel stehen in den Zwickeln der Bögen, die das Mittelschiff von den Seitenschiffen trennen. Vier von ihnen halten Posaunen, die anderen Schriftbänder in den Händen. Die Freude am Natürlichen kommt hier noch deutlicher zum Ausdruck als in Halberstadt. Niemand hatte es bisher gewagt, Geschöpfe des Himmels so darzustellen, als ob sie tanzten. Diese Engel sind leichtfüßig, anmutig und so beweglich in den Hüften, daß sie eine viel kessere Sohle aufs Parkett legen könnten, als es ihnen die fromme Regie erlaubt. Ihre Gewänder passen sich dem Takt des Reigens an: Sie flattern und schwingen im Rhythmus des Drehens und Schreitens. Wahrscheinlich waren die Figuren einst Teil eines größeren Programms. Einige Kunsthistoriker halten es für möglich, daß sie zu einer Darstellung des Jüngsten Gerichts gehörten.

Als die spätromanischen Hecklinger Engel entstanden, ging der frühgotische Chor des Doms zu Magdeburg bereits seiner Vollendung entgegen. Ein neuer Stil löste den alten ab

Engel in der Klosterkirche zu Hecklingen

– ein Stil, dessen kühnes System höher entwickelte Produktivkräfte und eine bessere Organisation der Arbeit voraussetzte als die vergleichsweise einfachen Entwürfe des 10. und 11. Jahrhunderts. Die romanische Kunst erlosch, als bürgerliche Vernunft die seit Jahrhunderten gültige „gottgewollte“ Ordnung in Frage stellte. Das herbe quadratische Schema der Quedlinburger Stiftskirche entsprach den Bedingungen einer Zeit, in der auch die Gliederung der Gesellschaft überschaubar war. Aber diese einfache Struktur löste sich im 12. Jahrhundert allmählich auf. Das junge Bürgertum wußte seine schärfste Waffe, das Geld, so geschickt zu handhaben, daß die Feudalherren den Rückzug antraten und schließlich nur noch die Herrschaft über die Bauern behaupteten. Im Unterschied zur „klösterlichen" Romanik hatte die Gotik von Anfang an städtischen Charakter.

Je früher die Zeit, desto karger das Erbe! Wir wüßten sehr wenig über die materielle und geistige Kultur der sich entwickelnden Feudalgesellschaft, wenn es nicht diese romanischen Kirchen gäbe. Die Flechtwerkwände der Bauerngehöfte und die Balkenlagen der Adelssitze sind längst zerfallen. Der romanische Wehrbau mußte sich im Laufe der Jahrhunderte ständig wechselnden militärischen Bedingungen anpassen: Meist erinnert nur noch ein zerbröckelnder Bergfried an das frühe Mittelalter. Allein die Kirchen stehen so da, wie die Meister sie vor achthundert, neunhundert, tausend Jahren hingestellt haben. Sie machen lebendig, was sonst tot wäre. Hier nahm der Weg unseres Volkes seinen Anfang. Von hier brachen wir einst auf, beladen mit dem schweren Gepäck der feudalen Knechtschaft, und drangen Schritt für Schritt in das Unbekannte vor. Jede Generation war ein wenig klüger als die vorangegangene, und aus der Summe der Erfahrungen wuchs allmählich das Heute.

Droben auf dem schroffen Stein...

Burgen zwischen Harz und Unstrut

„Mag die Burg auf einem Berge oder in einer Ebene stehen, sie ist nicht zum angenehmen Aufenthalt, sondern zum Schutz erbaut, mit Wall und Graben umgeben, der Raum im Innern beschränkt, noch dazu eingeengt durch Ställe für das Vieh. Daneben befinden sich dunkle Gewölbe für das Geschütz, angefüllt mit Pech, Schwefel und sonstigem Zubehör für Waffen und Kriegsmaschinen. Überall Pulvergeruch, Gestank nach Hunden und Hundekot – ein lieblicher Dunstkreis, dünkt mich! Reiter kommen und ziehen davon, darunter Wegelagerer, Diebe, Strauchräuber; denn meist ist unser Haus jedem geöffnet. Wir wissen ja nicht, wer anklopft, fragen auch nicht viel danach. An die Ohren schlägt das Blöken der Schafe, das Brüllen der Rinder, Hundegebell und Geschrei von Menschen, die den Acker bestellen, das Rasseln und Knarren von Wagen und Gespannen. In meinem Elternhause kommt noch das Geheul der Wölfe aus den nahen Wäldern dazu... So vergeht keine Stunde ohne Unruhe, Störung und Angst, ohne Ereignisse, die an dem Menschen zehren und ihn aufreiben, ihn hin- und herschleudern und um seine Ruhe bringen."*

Diese Sätze schrieb der streitbare Dichter und Humanist Ulrich von Hutten (1488–1523), Sohn eines fränkischen Reichsritters, im Oktober 1518 an seinen Freund, den Nürnberger Gelehrten Willibald Pirckheimer (1470–1530). Dabei müssen wir noch berücksichtigen, daß der Stammsitz der Familie Hutten, die Burg Steckelberg bei Fulda, zu den großen Burgen gehörte. Gewöhnlich lebte der niedere Adel viel primitiver, als es hier geschildert ist. In dem Dorf Oberröblingen, 4 Kilometer südlich von Sangerhausen, blieben zum Beispiel Reste einer wohl im 12. Jahrhundert erbauten Niederungsburg erhalten, also einer Burg, die im Unterschied zur Höhenburg in der Ebene liegt. Ihre aus Feldsteinquadern

* Zitiert nach: Karl Paul Hasse, Die deutsche Renaissance, I. Teil, Meerane i. Sa. 1920, S. 396 f.

sauber zusammengefügte Mauer umschließt einen Kreis von nur 35 Meter Durchmesser. Rings um die Anlage zogen sich einst zwei Wassergräben. Aller Unrat floß in sie hinein, und wenn die Sonne brütete, stieg aus ihnen ein Gestank auf, neben dem der Schmutzgeruch der engen Wohnräume und der ungewaschenen Leiber wie Parfüm wirkte.

Was bewog die Feudalherren, solche Umbequemlichkeiten auf sich zu nehmen? Vor allem ihre zahlenmäßige Schwäche. Aus den einst freien Bauern waren Hörige geworden, die Abgaben zahlen und Frondienste leisten mußten, aber die Unterworfenen rüttelten an ihren Ketten und griffen mehr als einmal zu den Waffen, um sich des verhaßten Jochs zu entledigen. Sie hatten dabei einen Vorteil auf ihrer Seite: Wenn es zum Schlagen kam, sah sich jeder Geharnischte etwa fünfzig Aufständischen gegenüber. Es konnte geschehen, daß die waffengeübten berittenen Berufskrieger der feudalen Aufgebote von den bäuerlichen Massen einfach erdrückt wurden. Der Adel glich seine zahlenmäßige Unterlegenheit aus, indem er überall im Lande feste Stützpunkte errichtete. So zwang er die Aufbegehrenden, ihre Kräfte zu zersplittern und dort zu kämpfen, wo die hochentwickelte Kriegstechnik der herrschenden Klasse voll zur Geltung kam. Burgen ließen sich nicht durch Massenangriffe erobern. Wer es dennoch versuchte, rannte sich an den Mauern den Schädel ein. Die meisten Adelsnester fielen erst nach einer längeren Belagerung. Der Festungskrieg setzte Spezialkenntnisse voraus, aber welcher Bauer wußte schon, wie man einen Wassergraben trockenlegte und einen Turm durch Unterhöhlen zum Einsturz brachte...

Jetzt können wir uns erklären, warum es in dem fruchtbaren offenen Land zwischen dem Südharz und der Unstrutniederung so viele Burgen gibt: Die relativ dichte Besiedlung machte besondere Sicherheitsmaßnahmen notwendig. Karl der Große (742–814) gliederte das Gebiet nach den Sachsenkriegen (772–804) in sein Reich ein – und die im letzten Drittel des 9. Jahrhunderts entstandene Burgenliste des Hersfelder Zehntverzeichnisses, die nicht weniger als achtzehn befestigte Stützpunkte nennt, verrät uns, daß die neuen Herren die Unterworfenen fürchteten. Im 10. Jahrhundert beschleunigte sich der Prozeß der Feudalisierung, aber mit dem Druck, der auf der Bauernschaft lastete, wuchs auch der bäuerliche Widerstand. Als Kaiser Heinrich IV. (1050–1106) aus dem Hause der Salier das Land unter seine Botmäßigkeit zu bringen versuchte, reifte eine revolutionäre Situation heran. Zeitgenössische Urkunden berichten, daß die kaiserlichen Statthalter die Bauern mit grausamen Strafen zwangen, zusätzliche Frondienste zu leisten. Im August 1073 brach der Aufstand aus. Die Bauern forderten, daß die Burgen, von denen aus die Dienstmannen des Kaisers die Abgaben eintrieben, zerstört würden. Fast zwei Jahre hielten die Aufgebote des Landvolks stand. Nicht nur die Salier, sondern auch der einheimische Adel bekam es mit der Angst zu tun. Die sächsischen Feudalherren, die in der Politik Heinrichs IV. eine Bedrohung ihrer Unabhängigkeit sahen, hatten geglaubt, die Bauern würden für sie kämpfen, aber nach dem Sieg friedlich in das Joch zurückkehren. Nun begriffen sie, daß ihrer Klassenherrschaft tödliche Gefahr drohte. Im Juni 1075 kam es bei Homburg an der Unstrut zur Entscheidungsschlacht. Schon nach dem ersten Zusammenprall warfen die sächsischen Adligen ihre Pferde herum und machten sich aus dem Staube. Das verratene Bauernheer wurde von den salischen Panzerreitern in die Zange genommen, auseinandergesprengt und zusammengehauen.

Alle Feudalburgen dienten in erster Linie dem Zweck, die Unterdrückten im Zaum zu halten. Aber daneben hatten sie auch noch andere Funktionen zu erfüllen. Jeder Feudalherr trachtete danach, sein Gebiet auf Kosten der Nachbarn zu vergrößern. Die Folge war eine schier endlose Kette von Kriegen und Fehden. Jahre, in denen die Waffen ruhten, gehörten im Mittelalter zu den ganz seltenen Ausnahmen. Die Bemühungen der Geistlichkeit, der allgemeinen Verwilderung entgegenzuwirken, blieben erfolglos. Was nutzte der von den Bischöfen im 11. Jahrhundert verkündete „Gottesfrieden", wonach von Mittwoch abend bis Montag früh Fehden verboten waren, wenn sich in der Praxis niemand um ihn kümmerte? Gewalt ging vor Recht, und wer sich in dem blutigen Wirrwarr behaupten wollte, tat gut daran, sich auf alles vorzubereiten. Nur Graben, Mauer und Turm boten dem Feudalherrn Sicherheit. Sobald er seine Burg verließ, mußte er auf der Hut sein. Aus jedem Gebüsch konnte ein Armbrustbolzen schwirren, aus jedem Gehölz ein feindlicher Haufe hervorbrechen...

Das fruchtbare Land zwischen dem Südharz und der Unstrutniederung war besonders heiß umstritten. Am Kyffhäuser und um Sangerhausen lagen zahlreiche Königshöfe. Sie reizten die Begehrlichkeit des einheimischen Adels und mußten daher durch Burgen gesichert werden. Die Reichsburg Kyffhausen deckte zum Beispiel die königliche Pfalz in Tilleda. Auch die mächtigen Landgrafen von Thüringen strebten danach, sich in diesem Gebiet festzusetzen. Graf Ludwig der Springer (gest. 1123) ließ um 1080/90 den Kernbau der Neuenburg errichten – bezeichnenderweise auf Grund und Boden, der nach geltendem Recht nicht ihm, sondern dem Bischof von Naumburg gehörte. Jeder nahm, was er erraffen konnte. Die Grafen von Mansfeld schlugen auf die Grafen von Querfurt los, die Querfurter verbündeten sich mit den Hohnsteinern oder den Stolbergern, und wenn sich noch die Schwarzburger und die Wettiner, die Lohraer, die Beichlinger und die Bischöfe von Merseburg in das Spiel mischten, wußte am Ende niemand mehr, wer gegen wen kämpfte.

Unter den vielen Burgen in dieser Landschaft finden wir nahezu alle Typen, die in der Burgenkunde eine Rolle spielen: Niederungsburgen und Höhenburgen, und unter den zahlreichen Höhenburgen wiederum solche, die auf dem Gipfel eines Berges, auf dem Kamm eines Gebirgszuges oder am Rand eines Tales liegen. Wir begegnen kleinen Adelsburgen, erbaut, um einer Familie Schutz zu gewähren, und riesigen

Neuenburg bei Freyburg (Unstrut)

Reichsburgen, deren Umfang darauf schließen läßt, daß sie einst eine Besatzung von mehreren hundert Mann beherbergten. Die im 11. Jahrhundert errichtete und im 12. Jahrhundert verstärkte Reichsburg Kyffhausen südöstlich von Kelbra besitzt zum Beispiel eine Länge von etwa 600 Metern und eine maximale Breite von ungefähr 70 Metern. Aus den Berechnungen des Burgenforschers Hermann Wäscher

(1887–1961) geht hervor, daß die fronenden Bauern 21 000 Kubikmeter Erde bewegen, 65 000 Kubikmeter Steine brechen, 5 000 Kubikmeter Holz schlagen und 71 000 Fuhren leisten mußten, bevor dieser Gigant unter den Burgen vollendet war.

Der Weg von Kelbra hinauf zum Kamm des Kyffhäusergebirges kostet uns manchen Tropfen Schweiß, und wenn wir die 7 Kilometer hinter uns gebracht haben, erwartet uns alles andere als eine ungetrübte Freude. „Vor diesem kriegerischen Scheibenkleister steht sonntags die Provinz mit offnem Maul“*, heißt es in dem Gedicht „Ein teures Andenken“ von Erich Weinert (1890–1953), das über die Kaiser-Wilhelm-Monumente spottet und wohl auch für jenes Kaiser-Wilhelm-Nationaldenkmal gilt, welches seit 1896 den Kyffhäuser verunziert. Mehr als die Hälfte der Burg mußte diesem „Scheibenkleister“ weichen. Allein die westlichen Teile der Oberburg und die Ruinen der Unterburg blieben verschont – und ebendiese Unterburg, die etwa 20 Meter tiefer liegt als die zerstörte Mittelburg, wollen wir uns jetzt etwas genauer anschauen.

Als erstes fällt die dichte Bebauung des Burgbezirks auf. Obwohl die Unterburg eine Fläche von ungefähr 4 200 Quadratmetern besitzt, gibt es nur wenig freien Raum. Nahezu jeder Winkel ist ausgenutzt worden. Die meisten Gebäude dienten der Unterbringung der Besatzung und der Speicherung von Vorräten. Es handelt sich also um Zweckbauten, bei deren Errichtung künstlerische Gestaltungsgrundsätze nur eine untergeordnete Rolle spielten. Auch wenn wir das Mauerwerk betrachten, kommen wir zu der Erkenntnis, daß die Architekten wenig Wert darauf legten, das Notwendige schön zu bilden. Im Unterschied zu den Kirchenbaumeistern, die von den Steinmetzen äußerste Genauigkeit forderten, gaben sie sich schon mit einer oberflächlichen Bearbeitung der Quader zufrieden. Da die Blöcke nicht zueinander paßten, entstanden Lücken. Sie wurden

* Erich Weinert, Das Zwischenspiel, 2. Bd., Berlin 1956, S. 90

Unterburg der Reichsburg Kyffhausen

mehr schlecht als recht mit Mörtel und zusammengeklaubten Steinbrocken ausgefüllt. Nicht einmal die Kapelle an der Nordseite der Burg macht eine Ausnahme: Das Mauerwerk ist hier ebenso roh und ungefüge wie bei den übrigen Gebäuden. Allein am Stumpf des Bergfrieds und am Fundament eines kleinen Rundbaus ungeklärter Zweckbestimmung erblicken wir sorgfältiger behauene Quader.

Wir verstehen nun, warum es manchmal Schwierigkeiten bereitet, Burgen zeitlich einzuordnen. Die Kirchenbaumeister verwendeten Typen, die sich nur sehr langsam wandelten. Wenn wir zum Beispiel vor einer Basilika mit Stützenwechsel stehen, wissen wir, daß es sich um ein Werk der Romanik handelt. Die Schmuckformen geben uns weitere Hinweise: Das Würfelkapitell stammt aus einer früheren Zeit als das Kelchblockkapitell, und mit Knospen verzierte Säulenköpfe erlauben uns den Schluß, daß wir es mit einer Schöpfung aus dem frühen 13. Jahrhundert zu tun haben. Die Burgenbauer hingegen mußten sich mit Gegebenheiten abfinden, die von Ort zu Ort wechselten. Der Bauherr verlangte von ihnen, daß sie eine bestimmte geographische Situation militärtechnisch ausnutzten. Sicherheit ging vor Schönheit. Nur die Mächtigsten erlaubten sich den Luxus, wenigstens ihrem eigenen Wohngebäude, dem Palas, oder auch der Kapelle eine etwas reichere Fassung zu geben. Sonst herrschte die nüchternste Sachlichkeit. „In der Burgenkunde ist die Erforschung des ‚Wehrzweckes', der technischen Mittel, des Geländes, der wirtschaftlichen Zwecke ... wichtiger als die künstlerische Betrachtung."*

Worin bestand der Wehrzweck der Reichsburg Kyffhausen? Die Unterburg gibt uns auch darüber Auskunft. Wenn wir uns nach Westen wenden, bemerken wir, daß sie durch einen tiefen Quergraben von der höher gelegenen Mittelburg getrennt ist. Im östlichen Vorfeld der Anlage, dort, wo das Gelände nicht steil, sondern verhältnismäßig sanft abfällt, erblicken wir sogar zwei Gräben. Die Überwindung dieser Hindernisse kostete den Angreifer viel Zeit, und nachdem er sie bezwungen hatte, stand er vor einer Mauer, die etwa 10 Meter hoch emporragte und nur mit Hilfe von schweren Belagerungsgeräten zum Einsturz gebracht werden konnte. Die Verteidiger waren auf alle Möglichkeiten vorbereitet. Griff der Gegner von Osten her an, so zogen sie sich im äußersten Notfall in die Mittelburg zurück und setzten den Kampf von hier aus fort. Drangen die Belagerer in die Mittelburg ein, dann konzentrierten sie ihre Kräfte im Bereich der Mauer, die den westlichen Quergraben deckte. Der Angreifer mochte sich drehen und wenden, wie er wollte: Das ausgeklügelte Verteidigungssystem zwang ihn, nach dem ersten Erfolg noch einmal von vorn zu beginnen.

Wir haben es hier mit einer Burg zu tun, deren militärische Aufgabe darin bestand, die Belagerer allmählich zu ermatten. Der Versuch, Kyffhausen zu erobern, setzte eine Beharrlichkeit voraus, die den feudalen Aufgeboten meist fehlte. Die

* Hermann Wäscher, Feudalburgen in den Bezirken Halle und Magdeburg, Textband, Berlin 1962, S. 22

Herren verstanden sich aufs Dreinschlagen, aber sie nahmen nur sehr ungern Spitzhacke und Spaten in die Hand. Auch legten sie Wert darauf, standesgemäß verpflegt und unterhalten zu werden. Die Lagerordnung des Stauferkaisers Friedrich Barbarossa schrieb den Rittern vor, die Dirnen zu meiden und im Trinken maßzuhalten, doch selbst dieser mächtige Herrscher wagte es nicht, die Strafen, die er androhte, tatsächlich zu verhängen: Wenn die Gepanzerten die Lust an der Sache verloren, zerstreuten sie sich in alle Winde. Es braucht uns daher nicht zu wundern, daß neun von zehn Belagerungen erfolglos blieben. Die Reichsburg Kyffhausen ist in ihrer langen Geschichte nur ein einziges Mal genommen worden.

Die Rothenburg liegt etwa 4 Kilometer von Kyffhausen entfernt. Der Weg führt uns durch dichten Buchenwald und

Palas der Rothenburg

endet auf einem Bergausläufer am Nordrand des Gebirgszuges. Auch hier müssen wir uns einiges hinwegdenken: Burgruinen zogen die Denkmälerfabrikanten an wie das Licht die Motten, und wenn der Platz nicht für ein Kaiser-Wilhelm-Monument reichte, so doch wenigstens für einen Bismarckturm. Die Rothenburg gehörte im Jahre 1110 einem Grafen Christanus und ging zu Beginn des 13. Jahrhunderts in den Besitz der Grafen von Beichlingen über, die sie mit beträchtlichem Aufwand ausbauen ließen. An der Westseite steht zum Beispiel die Ruine eines kleinen spätromanischen Palas, dicht daneben der Überrest einer Kapelle – und beide sind viel reicher geschmückt, als wir es gewöhnlich bei Burgen finden. Die vierfach gekuppelten und mit Kleeblattbögen verzierten großen Fenster des Palas erlauben uns den Schluß, daß der unbekannte Meister die Kunstformen seiner Zeit ebenso sicher beherrschte wie die Zweckformen der Wehrarchitektur.

Aber die Rothenburg ist für uns nicht nur wegen des Palas, sondern auch noch aus einem anderen Grund interessant: Im Unterschied zur Reichsburg Kyffhausen, die eine Ausnahme darstellt, verkörpert sie den Normaltyp der deutschen Feudalburg. Die Mauer folgt der Bergkante und umschließt ein Oval, das eine Längenausdehnung von ungefähr 70 Metern besitzt. Der Bergfried, ein mächtiger Rundturm von 12 Meter Durchmesser, steht an der Südspitze des Ovals, also dort, wo der Angreifer verhältnismäßig günstige Geländebedingungen vorfand. Von seiner Kampfplattform aus konnte die Mauer überschossen werden, so daß dem Feind hier ein besonders dichtes Abwehrfeuer entgegenschlug. Grabungen haben ergeben, daß jenseits von Bergfried und Mauer eine kleine Vorburg lag, deren Aufgabe wohl lediglich darin bestand, den Angriff auf die Kernburg zu verzögern. Die Verteidiger brauchten Zeit, um das Kriegsgerät aus den Magazinen zu holen und sich zu formieren: Die Gegenwehr der schwachen Vorburgbesatzung verschaffte sie ihnen.

Die Instandhaltung solcher Normalburgen kostete nicht

viel, und auch die laufenden Aufwendungen, die sich aus der Notwendigkeit der ständigen Kriegsbereitschaft ergaben, waren so gering, daß sie die Feudalherren nicht in Bedrängnis brachten. Die vom Bergfried gedeckte Angriffsfront der Rothenburg hat nur eine Breite von etwa 30 Metern. Vier oder fünf Söldner, verstärkt durch die waffenfähigen Familienangehörigen des Grafen, reichten aus, sie zu verteidigen.

Die meisten Versuche, Höhenburgen im Sturm zu erobern, schlugen fehl. Wenn die Besatzung die Nerven behielt und sich von der Überzahl nicht einschüchtern ließ, zogen die Angreifer mit blutigen Köpfen von dannen. Regelrechte Belagerungen, die sich stets über einen längeren Zeitraum erstreckten, machten umfangreiche Vorbereitungen notwendig – und schon diese Vorbereitungen belasteten den Feudalherrn, der mit seinem Nachbarn anbinden wollte, finanziell so schwer, daß er sich's dreimal überlegte, ob er sein Geld in ein dermaßen unsicheres Unternehmen steckte. Die Angriffstaktik der kleinen feudalen Aufgebote lief gewöhnlich darauf hinaus, die Dörfer des Gegners in Brand zu stecken und seinen Bauern das Vieh von der Weide zu stehlen. Den Burgen ging man lieber aus dem Wege, auch wenn sie nur die geringe Größe der Rothenburg besaßen.

Wir haben nun die Wahl, uns nach Süden oder nach Osten zu wenden. Wenn wir nach Süden fahren, berühren wir auf unserem Weg die in einer Talsenke am Fuß des Kyffhäusers gelegene alte Stadt Frankenhausen, vor deren Toren sich am 15. Mai 1525 das Schicksal des von Thomas Müntzer (um 1490–1525) geführten Bauernheers entschied, und kommen nach insgesamt 20 Kilometern zur Thüringischen Pforte. Die Unstrut schlängelt sich hier durch einen Engpaß, der im Westen von der Hainleite und im Osten von der Schmücke begrenzt ist. Die sächsisch-thüringischen Feudalherren hielten den Paß für so wichtig, daß sie ihn gleich doppelt sicherten. Zunächst entstand die untere Sachsenburg. Ihr aus Bukkelquadern aufgemauerter und etwa 30 Meter hoher Bergfried stammt aus dem frühen 13. Jahrhundert. Diese Burg sah zwar sehr trutzig aus, aber falls es dem Gegner gelang, sich auf dem benachbarten Kamm des Gebirgszuges festzusetzen, konnte sie nur ein Wunder retten. Die großen Wurfgeschütze des hohen Mittelalters, die Bliden, schleuderten ihre zentnerschweren Steine immerhin 200 Meter weit. Erst die ungefähr dreißig Jahre später errichtete obere Sachsenburg beseitigte diese Gefahr. Von der Anlage blieb neben dem Bergfried noch der Rest eines kleinen Palas erhalten.

Burgruinen haben nicht nur ihren eigenen Reiz – sie machen es auch dem Besucher viel leichter, sich zurechtzufinden, als jene Burgen, welche in späteren Jahrhunderten zu Wirtschaftshöfen oder, wie in Heldrungen, zu einer Festung umgebaut worden sind. Der Name Heldrungen besitzt für uns einen düsteren Klang: Hier wurde Thomas Müntzer bis zu seiner Hinrichtung gefangengehalten und auf Befehl des Grafen Ernst von Mansfeld (1479–1531) so bestialisch gefoltert, daß er am 27. Mai 1525 nicht mehr aus eigener Kraft zum Richtblock gehen konnte.

Burg Heldrungen

Die Burg sah damals anders aus als heute: Sie war noch nicht in einen Befestigungsgürtel mit niedrigen, dem Gelände angepaßten Eckbastionen eingezwängt, aber sie unterschied sich schon von den Wehranlagen der romanischen Zeit. Ernst von Mansfeld wußte genau, daß die meisten seiner Untertanen nur auf eine Gelegenheit warteten, um mit ihm abzurechnen. So ließ er die damals wohl bereits verfallene Rundburg des 12. Jahrhunderts zwischen 1512 und 1517 von Grund auf modernisieren. Er war darauf gefaßt, daß die Aufgebote der Bauern und Bürger über Artillerie verfügten, und bereitete sich vor, sie zu empfangen.

Wenn wir uns Heldrungen genau anschauen, fällt uns als erstes die Regelmäßigkeit der Anlage auf. Drei Flügel sind um einen annähernd rechteckigen Hof gelegt. Die wenigen Abweichungen von der Geraden deuten darauf hin, daß die Meister an einigen Stellen Mauerreste aus dem 12. oder 13. Jahrhundert in den neuen Bau einbezogen haben. Ein heute nicht mehr vorhandener Wall mit Torturm schützte die offene Ostseite des Hofes und riegelte zugleich die Kernburg von der Vorburg ab. Das Ganze ähnelt mehr einem Schloß als einer Wehranlage, aber der Schein trügt: Rings um die Wohn- und Wirtschaftsgebäude zieht sich eine niedrige, an den vier Ecken durch Rundbastionen verstärkte Mauer, vor der sich einst noch ein Wassergraben befand. Diese Bastionen dienten als Artilleriestellungen. Von hier aus konnte der Angreifer unter Geschützfeuer genommen und so daran gehindert werden, sich dem Graben zu nähern. Die Gegner bekämpften sich demnach aus der Ferne, statt, wie im hohen Mittelalter üblich, die Entscheidung im Handgemenge zu suchen. Der Belagerer mußte die Kanonen des Verteidigers zum Schweigen bringen, bevor er es wagen durfte, die Hauptverteidigungslinie anzugreifen. Doch bis dahin verging viel Zeit, oft mehr, als ihm zur Verfügung stand.

Die auf einer Bergzunge über der Helmeniederung gelegene Burg Allstedt stellt uns vor eine ähnlich schwierige Aufgabe wie die Burg in Heldrungen. Auch hier ist der alte

Bestand von späteren Zutaten verdeckt und überlagert worden. So gut wie nichts erinnert an die Altstediburg des Hersfelder Zehntverzeichnisses, nur wenig an die mächtige Reichsburg des 11. und 12. Jahrhunderts. Wir wissen nicht einmal, in welchem Raum Thomas Müntzer am 13. Juli 1524 seine berühmte Fürstenpredigt hielt, deren rebellischen Worten die versammelten hohen Herren mit finsteren Mienen lauschten: „Man muß das Unkraut ausraufen aus dem Weingarten Gottes in der Zeit der Ernte. Dann wird der schöne rote Weizen beständige Wurzeln gewinnen und recht aufgehen."* Burg Allstedt wechselte nach dem 12. Jahrhundert oft den Besitzer. Sie gehörte den Landgrafen von Thüringen, den Markgrafen von Meißen, den Herren von Querfurt und geriet schließlich in die Hände der Herzöge von Sachsen-Weimar-Eisenach, die sie in der Mitte des 18. Jahrhunderts zu einem Sommerschloß umbauen ließen.

Trotz der vielen Veränderungen sieht die Burg noch immer wehrhaft aus, wenigstens wenn wir sie von der Stadt aus betrachten. Die Bergzunge fällt an drei Seiten steil ab. Wer das feste Allstedt erobern wollte, mußte seine Kräfte im Osten konzentrieren, aber dort gebot ein 500 Meter weit vorgeschobener Doppelwall mit Graben, dann ein zweiter Graben und endlich die Vorburg dem Angriff Halt. Der wahrscheinlich 1374 errichtete große Torturm der Vorburg beweist, daß dieses Bollwerk nicht, wie sonst üblich, hinhaltend verteidigt werden sollte. Der bereits geschwächte Belagerer begegnete hier einem Widerstand, den er nur zu brechen vermochte, indem er seine letzten Reserven in den Kampf warf. Doch mit dem Besitz der Vorburg war nichts gewonnen. Die Angreifer trafen nun auf einen weiteren Graben, und hinter ihm erhoben sich die ungewöhnlich starken Befestigungswerke der Kernburg. Wenn die Besatzung ihre Pflicht tat, kam jeder Versuch, sie im Handstreich zu nehmen, einem Selbstmord gleich. Die Umbauten haben diese Staffelung des Verteidigungssystems verwischt, aber

* Zitiert nach: Alfred Meusel, Thomas Müntzer und seine Zeit, Berlin 1952, S. 292

Burg Allstedt

mit aufmerksamem Blick und ein wenig Phantasie können wir sie aus den noch vorhandenen Resten rekonstruieren.

Von Allstedt fahren wir nach Süden und gelangen so wieder in das Unstruttal. Hier reiht sich Burg an Burg, und fast alle sind es wert, daß wir sie uns anschauen. Der Wendelstein, ursprünglich wohl errichtet, um die benachbarte kaiserliche Pfalz Memleben zu schützen, wurde 1640 von den Schweden gesprengt. Die Besitzer hatten die Burg Anfang des 16. Jahrhunderts zu einer Festung ausbauen lassen, und es steht zu vermuten, daß die Feudalherren des Unstrutgebiets ihnen dafür nachträglich ein Loblied sangen: Hier konnten sich die Adelsfamilien im Frühjahr 1525 vor dem Zorn der aufständischen Bauern verkriechen. In dem Mauergewirr der Niederburg fällt uns die Ruine eines alten Küchenbaus auf. Wenn man von dem Umfang des Kamins auf die Größe der Portionen schließen darf, so litt die Besatzung jedenfalls nicht an Appetitmangel. Die Kriegsknechte beklagten sich wahrscheinlich nur über die Eintönigkeit der Verpflegung, die nach allem, was wir wissen, meist aus Brei, Grütze oder Suppe bestand. Fleisch kam lediglich an hohen Feiertagen auf den Tisch.

Einige Kilometer unstrutabwärts begegnen wir gleich zwei Burgen. Die eine von ihnen, die Vitzenburg, brauchen wir nur von unten zu betrachten. Sie ist im 16. und 17. Jahrhundert so oft umgebaut worden, daß wir schon in die Keller hinabsteigen müßten, um noch ein paar alte Mauerreste zu entdecken. Die andere, Burg Nebra, verdient mehr Aufmerksamkeit, einmal, weil in ihrem Schutz eine kleine Stadt entstand, zum anderen, weil die erhaltenen Ruinen Rückschlüsse auf die Lebensbedingungen des Mittelalters zulassen. Burg Nebra gehört zur Gruppe der Talrandburgen: Sie liegt an der Kante der Hochfläche über dem rechten Unstrutufer. Solche Talrandburgen boten den Siedlungen, die sich an sie anlehnten, weit mehr Sicherheit als Gipfel- oder Kammburgen. Die Besatzung konnte der Bürgerschaft im Notfall rasch zu Hilfe eilen, und wenn es den Angreifern trotzdem gelang, in die Stadt einzudringen, bildete die Burg die Auffangstellung, in die sich die Geschlagenen zurückzogen. Aber auch dem Feudalherrn brachte diese enge Verbindung Vorteile, falls die Bürgerschaft, gestützt auf ihre wirtschaftliche Macht, aufzumucken wagte.

Kern der Anlage ist ein massiger Wohnturm aus dem 13. Jahrhundert. An seiner Westseite liegt die Ruine einer kleinen Kapelle, an seiner Nordseite ein wohl im 15. Jahrhundert entstandener mehrgeschossiger Wohnbau, dessen schöner Treppenturm erst hundert Jahre später errichtet wurde. Der Wohnturm erhebt sich über einem Rechteck von 10 Metern mal 8 Metern. Ziehen wir die beträchtliche Mauerstärke ab, so besaß er in jedem Stockwerk eine Wohnfläche von etwa 35 Quadratmetern. Es muß eine Qual gewesen sein, hier zu hausen. Im Sommer mochte es noch angehen. Die Fensterläden standen offen, und wer endlich einmal ein wenig Ruhe haben wollte, schlug sein Quartier in den dünnwandigen Fachwerkgebäuden der Vorburg auf. Aber sobald der Winter Einzug hielt, rückte alles eng zusammen. Kamine gehörten im 13. Jahrhundert noch zu den Seltenheiten – und selbst wenn irgendwo ein offenes Feuerchen brannte, so reichte die geringe Wärme, die es abgab, nicht aus, um die Eiseskälte zu vertreiben. Kaum ein Burgbewohner legte in dieser Jahreszeit die Kleider ab, um sich zu waschen.

Wir verstehen nun, warum Walther von der Vogelweide seufzte: „Möhte ich verslâfen des winters zît!“ Und wir begreifen auch, warum er jubelte, wenn es wieder zu grünen und zu blühen begann: „Dô der sumer komen was und die bluomen durch daz gras wünneclîchen sprungen“*. Die warme Jahreszeit erlöste ihn und alle anderen Burgbewohner von Kälte, Schmutz und Langeweile. Nur wenige Feudalherren waren geistig so rege, daß sie sich im Winter sinnvoll beschäftigten. Die meisten konnten weder lesen noch schreiben, und ihre sonstige Bildung erschöpfte sich in der Kenntnis einiger Anstandsregeln. Wer einen Sänger oder einen Spielmann zu sich einlud, damit er ihm die Zeit vertrieb, galt schon als gelehrt und wurde von den Zeitgenossen bestaunt. Der von Sagen umrankte Sängerkrieg auf der Wartburg (1207) hat dem Landgrafen Hermann von Thüringen (nach 1155–1217) mehr Ruhm eingebracht als alle Siege, die er auf den Schlachtfeldern errang. Walther von der Vogelweide und Wolfram von Eschenbach weilten bei ihm zu Gast. Den mittellosen Heinrich von Veldeke (um 1140–um 1200) lud er auf die Neuenburg ein: Der niederrheinische Dichter vollendete hier seine große Verserzählung, die „Eneid“. Und zu ebendieser Neuenburg machen wir uns nun auf den Weg.

Wenn wir dem Lauf der Unstrut folgen, berühren wir Burgscheidungen. Das hoch über dem Tal gelegene prächtige Schloß des frühen 18. Jahrhunderts geht auf einen Entwurf des Leipziger Baumeisters David Schatz (1667–1750) zurück, aber hinter der Vierflügelanlage verbergen sich die Reste einer Rundburg, deren wechselvolle Geschichte schon im Jahr 515 begann. Schidichin gehörte damals zu den Stütz-

* Beide Verse zitiert nach: Mittelhochdeutsches Lesebuch, Dresden 1949, S. 15

punkten der Könige von Thüringen. Ihr Reich erlag 531 dem Ansturm der Franken.

Wenige Kilometer hinter Burgscheidungen beginnt das Land der Weinberge. Die Talwände rücken enger zusammen, und bald kommt das Städtchen Freyburg in Sicht. Die Neuenburg liegt oberhalb des Ortes. Wir müssen einen Höhenunterschied von 100 Metern überwinden, bevor wir vor ihrem Tor stehen, doch unsere Anstrengung lohnt sich. Während die viel berühmtere Wartburg einen Flächeninhalt von etwa 7500 Quadratmetern besitzt, bedeckt die Neuenburg eine Grundfläche von ungefähr 30 000 Quadratmetern. Wir haben es hier mit einem Koloß zu tun, vergleichbar nur mit der Reichsburg Kyffhausen und wie diese unterteilt in Abschnitte, die von ihren Besatzungen auch dann noch gehalten werden konnten, wenn der Feind bereits im Nachbarabschnitt saß. Die sächsischen Kurfürsten, Erben der Landgrafen von Thüringen, ließen die Neuenburg nach 1541 zu einem Wohnschloß umbauen, aber ihre Architekten gingen mit dem alten Bestand schonender um als die Kriegervereinskünstler mit den Ruinen auf dem Kamm des Kyffhäusergebirges. Fast alles Wertvolle blieb erhalten, und was im 16. oder 17. Jahrhundert hinzukam, drängt sich nicht hervor.

Die Neuenburg sicherte einst die Grenze der Landgrafschaft Thüringen zum Bistum Naumburg und deckte zugleich den Unstrutübergang der von Nürnberg kommenden Frankenstraße. Ihre Geschichte reicht, wie schon erwähnt, bis in das 11. Jahrhundert zurück, aber ihre Glanzzeit erlebte sie erst unter dem Landgrafen Hermann und seinem Sohn Ludwig IV. (gest. 1227). Die erste Burg war, wenn nicht alles täuscht, eine Randhausburg, das heißt, die Wohn- und Wirtschaftsgebäude lagen direkt an der Innenseite der ovalen Ringmauer. Diese Burg wurde zwischen 1112 und 1115 von Kaiser Heinrich V. (1081–1125) belagert und genommen. Ihre Besatzung mußte wahrscheinlich nur deshalb kapitulieren, weil sie die Angreifer nicht daran hindern konnte, sich mit ihrem schweren Gerät im Vorfeld der Hauptverteidigungslinie festzusetzen. Die Erweiterungen des 12. und des frühen 13. Jahrhunderts beseitigten diese Schwäche. Vor der Ostseite der Kernburg entstanden zwei große Vorburgen, so daß der gesamte befestigte Bezirk nun eine Länge von 250 Metern und eine Breite von 140 Metern besaß. Allein die Blockade der Burg erforderte ein Heer von mindestens tausend Mann. Und welcher Feudalherr besaß schon die Mittel, um ein Aufgebot von solcher Stärke so lange unter Waffen zu halten, bis den Verteidigern die Verpflegung ausging?

Kein Wunder, daß die thüringischen Landgrafen lieber auf der Neuenburg als auf der Wartburg weilten. Hier oben waren sie vor den Anschlägen ihrer zahlreichen Feinde sicher. Und nur hier stand ihnen so viel Raum zur Verfügung, daß sich Hofstaat, Besatzung und Gäste nicht wie in einem Viehstall zusammendrängen mußten. Weder Landgraf Hermann noch sein Sohn Ludwig gehörten zu jenen Feudalherren, welche sich in Dreck und Gestank wohl fühlten. Die wenigen noch erhaltenen sanitären Einrichtungen lassen jedenfalls den Schluß zu, daß es auf der Neuenburg etwas kultivierter zuging als auf den Burgen des niederen Adels. An der Schildmauer des um 1220 errichteten spätromanischen Wohnturms der Kernburg entdecken wir zum Beispiel zwei Aborterker. Im Unterschied zu den sonst üblichen Anlagen, welche die ganze Familie an der Verrichtung der Notdurft teilnehmen ließen, sind sie durch einen Gang von den Wohnräumen getrennt und konnten zudem noch von innen verriegelt werden. Nicht einmal die Reichsburg Kyffhausen besaß so luxuriös ausgestattete „heimliche Gemächer".

Ungefähr zur gleichen Zeit wie der Wohnturm entstand auch die Kapelle. Wir sollten sie uns besonders aufmerksam anschauen; denn sie gehört zur kleinen Gruppe der Doppelkapellen. Es gibt in unserer Republik nur drei Bauten dieses Typs. Die beiden anderen finden wir in Landsberg bei Halle und in Großlohra südlich von Bleicherode. In den

Aborterker der Neuenburg

Doppelkapellen sind die Kulträume übereinander angeordnet. Eine Öffnung im Fußboden der oberen Kapelle stellt die Verbindung zum unteren Raum her. Die überlieferten Namen geben uns über den Zweck dieser Anordnung Auskunft. Der obere Raum wurde capella privata, der untere capella publica oder Leutekapelle genannt. Oben versammelten sich die adligen Damen und Herren, unten die

Männer und Frauen des Gesindes. Wir haben es hier mit einem Kirchentyp zu tun, der die Klassenstruktur des Feudalismus ohne jede ideologische Tarnung widerspiegelt. Der Feudalherr hielt auf Abstand: Er wollte nicht einmal während des Gottesdienstes mit jenen Menschen in Berührung kommen, welche ihn ernährten.

Natürlich ist der obere Raum reicher ausgestattet als der

Obere Kapelle der Neuenburg

untere. Schon die Gewölbeformen unterscheiden sich voneinander: Unten erblicken wir ein einfaches Kreuzgratgewölbe, oben vier Kreuzrippengewölbe, deren tragende Glieder sich im Halbkreis von Pfeiler zu Pfeiler schwingen. Die Gruppierung der Gewölbe machte eine Mittelstütze notwendig: Sie besteht aus vier gebündelten Säulen mit reichverzierten Kapitellen. Zudem haben die Meister die Gurte, also jene tragenden Glieder, welche in der Längs- und in der Querrichtung verlaufen, mit Zacken geschmückt. Einige Kunsthistoriker vertreten die Auffassung, daß dieses Zackenmotiv nicht aus Europa, sondern aus dem Orient stammt – und die Tatsache, daß damals, in der Zeit des fünften Kreuzzugs (1228/29), viele thüringische Feudalherren geistlichen und weltlichen Standes nach Palästina zogen, um dort Beute zu machen und nebenbei auch das Grab Christi zu beschützen, gibt der Behauptung einen hohen Grad von Wahrscheinlichkeit. Der mutmaßliche Bauherr der Kapelle, Landgraf Ludwig IV., nahm 1227 ebenfalls das Kreuz, aber seine bewaffnete Pilgerfahrt stand unter keinem guten Stern: Schon in Italien raffte ihn die Pest hinweg.

Wie die Meister der Kapelle hießen, ist unbekannt. Wir wissen lediglich, woher sie kamen. Die Palmettenkapitelle des unteren Raums, so genannt, weil ihre Verzierungen an die Blätter der Fächerpalme erinnern, stimmen zum Beispiel auffällig mit einigen Säulenköpfen im Dom zu Naumburg überein. Naumburg liegt nur 8 Kilometer von Freyburg entfernt. Die Nachricht, daß es auf der Neuenburg etwas zu verdienen gab, wahrscheinlich mehr als in der Dombauhütte, sprach sich rasch herum. Einige Steinmetzen schnürten ihr Bündel und machten sich auf den Weg. Sicher ärgerte sich der Bischof darüber – wer sieht es schon gern, wenn erprobte Fachkräfte zur Konkurrenz überlaufen? –, aber er besaß keine Möglichkeit, sie daran zu hindern, es sei denn, er erhöhte den Lohn. „Überall, wo ein persönliches Verhältnis durch ein Geldverhältnis, eine Naturalleistung durch eine Geldleistung verdrängt wurde, da trat ein bürgerliches Verhältnis an die Stelle eines feudalen"*, schrieb Friedrich Engels – und die freien Handwerker der Bauhütten gehörten nicht mehr zu denen, die für Brot und Käse arbeiteten: Sie verlangten von ihren Auftraggebern Barzahlung.

Die Meister der oberen Kapelle hingegen kamen nicht aus Naumburg, sondern vom Niederrhein. Die eigenartigen Ornamente der Kelchblockkapitelle – eigenartig vor allem wegen der häufigen Einbeziehung von Tiergestalten in die Rankenmotive – und die tropfenförmig hängenden Schlußsteine der Gewölbe lassen jedenfalls die Folgerung zu, daß die Steinmetzen in einer niederrheinischen Bauhütte geschult worden sind. Die Landgrafen hatten von jeher gute Beziehungen zu den im Westen des Reiches tätigen Künstlerkreisen. Als der prachtliebende Landgraf Hermann um 1190 den Plan faßte, die bis dahin recht unansehnliche Wartburg mit einem Palas zu schmücken, rief er Meister aus der Umgebung von Bonn herbei. Sein Sohn Ludwig und dessen Frau, die von der katholischen Kirche später heiliggesprochene Landgräfin Elisabeth (1207–1231), hielten nicht viel von weltlichem Prunk: Statt eines komfortablen Wohngebäudes ließen sie auf der Neuenburg ein Gotteshaus errichten.

Von Freyburg halten wir uns nordwärts und durchqueren das fruchtbare Hügelland, das sich von der Unstrut bis hinauf ins Mansfeldische erstreckt. Zwei Großburgen und mehrere kleinere Anlagen sind unsere Ziele. Der ersten Großburg begegnen wir in Querfurt. Hier residierte einst ein Grafengeschlecht, das 1496 ausstarb. Die Grafen von Mansfeld lehnten die Erbschaft, die ihnen niemand streitig machte, rundweg ab, weil der letzte Querfurter über und über verschuldet war. Burg und Grafschaft fielen nach längerem Hin und Her an das Erzbistum Magdeburg. Die Erzbischöfe verstärkten die Befestigungswerke und sorgten für eine bessere Ausstattung der Wohngebäude. Am politischen Horizont zog das Gewitter Reformation herauf. Der kluge Mann sah sich beizeiten nach einem sicheren Unterschlupf um...

* Karl Marx/Friedrich Engels, Werke, Bd. 21, Berlin 1975, S. 394

Eines vor allem unterscheidet die Querfurter Talrandburg von anderen Burgen südlich des Harzes: Sie gehört zu jenen seltenen Meisterwerken der Militärbaukunst, welche im Laufe von achthundert Jahren immer wieder umgestaltet und so dem jeweils höchsten Niveau der Belagerungstaktik angepaßt wurden. Die Bautätigkeit begann um 850 und endete erst in den Jahrzehnten des Dreißigjährigen Krieges (1618–1648). Wenn wir die Burg durch das Westtor betreten, erblicken wir rechter Hand einen mächtigen Rundturm, der im Volksmund „Dicker Heinrich“ heißt: Dieser um 1075 errichtete und im 12. Jahrhundert verstärkte Turm steht, wie

Hof der Burg Querfurt

Ausgrabungen ergeben haben, auf den Trümmern einer karolingischen Befestigungsanlage. Der hochromanische Bau der Herren von Querfurt war also schon die zweite Burg, die sich an dieser Stelle erhob – und auch sie wandelte sich mit der Vervollkommnung der Angriffswaffen. Zwei neue Türme kamen im 12. Jahrhundert hinzu: Der Marterturm deckte die beträchtlich verstärkte Südmauer, der Pariser Turm schützte die am Talrand gelegene Nordfront. Von welcher Seite sich der Gegner näherte – er traf auf ein Verteidigungssystem, dessen Überwindung viel Zeit und noch mehr Blut kostete. Wer wußte, wie rasch im Belagerungskrieg Glück und Unglück wechselten, ging Burg Querfurt lieber aus dem Wege.

Es scheint, daß die Grafen von Querfurt die Zeichen der Zeit früher erkannt haben als ihre Nachbarn. Als in der zweiten Hälfte des 14. Jahrhunderts die Nachricht zu ihnen drang, daß die Städte und auch einige große Feudalherren nun über Feuerwaffen verfügten, deren Steingeschossen die alten Mauern und Türme nicht standzuhalten vermochten, bauten sie die Burg zum drittenmal um. Zunächst ordneten sie an, eine zweite Mauer zu ziehen und die Toranlagen beträchtlich zu verstärken. Aber die Artillerie entwickelte sich so rasch, daß diese Verbesserungen bald nicht mehr ausreichten. So wurde um 1450 eine dritte, noch weiter vorgeschobene Verteidigungslinie errichtet. Vor der Doppelmauer lag jetzt ein tiefer, von drei halbrunden Bastionen gesicherter Graben. Diese fast unversehrt erhaltenen Bastionen zählen zu den bedeutendsten Schöpfungen der spätmittelalterlichen Militärarchitektur. Ihre Plattformen dienten als Geschützstellungen. Von den Kampfständen der unteren Geschosse konnten die in den Graben eingedrungenen Gegner unter Flankenfeuer genommen werden. Einige Kampfstände besitzen sogar noch ihre Prellhölzer, die den heftigen Rückstoß der primitiven Hakenbüchsen auffingen. Wir verstehen, warum Seine Eminenz, der Herr Erzbischof, sich gerade diese Burg als Schlupfwinkel aussuchte...

Inmitten des Burghofs steht eine kleine romanische Kirche. Sie stammt aus dem 12. Jahrhundert und unterscheidet sich von den meisten anderen Bauten ihrer Zeit vor allem durch den wohl schon damals begonnenen, aber erst im frühen 13. Jahrhundert vollendeten Vierungsturm. Dem kurzen Langhaus folgt ein ausladendes Querschiff mit zwei Apsiden, diesem ein Chor, der ebenfalls mit einer halbrunden Chornische geschmückt ist. Die im 14. Jahrhundert angefügte Kapelle an der Nordseite des Langhauses birgt ein Hauptwerk der deutschen Bildhauerkunst: das Grabmal des Grafen Gebhard XIV. (gest. 1383), geschaffen von einem Meister der Parlerschule, dessen Namen niemand kennt und von dem auch niemand weiß, wie es ihn ausgerechnet nach Querfurt verschlagen hat. Peter Parler (gest. 1399) leitete bis zu seinem Tode die Bauhütte des Prager Veitsdoms. Die von ihm ausgebildeten Künstler, die „Junker von Prag", trugen den in Böhmen entwickelten neuen Stil, der sich durch Naturtreue auszeichnete, in viele Länder Europas. Auch der Meister des Querfurter Grabmals nahm seine Maßstäbe aus der Realität.

Zug der Trauernden am Grabmal des Gebhard von Querfurt

Das Religiöse schwingt nur noch ganz leise mit. Der stärkste Eindruck geht von jenen Formen aus, welche die Wirklichkeit ohne Abstriche oder Zusätze widerspiegeln, zum Beispiel von dem herben Kopf des Verstorbenen oder von dem feierlichen Zug der in Zeittracht gekleideten Trauernden an den Langseiten des Steinsargs. Ein neues Zeitalter der Kunst kündigte sich an ... "

Ein Dutzend Kilometer nördlich von Querfurt begann einst das Herrschaftsgebiet der Grafen von Mansfeld. Nicht weniger als drei der vier Burgen, die wir nun kennenlernen wollen, waren in ihrem Besitz. Allein Beyernaumburg machte eine Ausnahme: Die schon im Hersfelder Zehntverzeichnis erwähnte Niunburg ging aus einer Hand in die andere. Die Herren von der Asseburg bauten sie im 19. Jahrhundert zu einem Gutshof um, so daß heute nur ein Bergfried und Teile der Ringmauer an die alte Anlage erinnern. Die östlich von Beyernaumburg gelegene Burg Bornstedt hingegen blieb unverstümmelt. Die Grafen von Mansfeld gaben sie im 17. Jahrhundert auf und ließen sie verfallen, aber der 30 Meter hohe Bergfried, die im Grundriß brezelförmige Ringmauer und ein nach innen offener Schalenturm, der zugleich als Kapelle diente, dazu noch die vorgeschobenen Erdwälle und Gräben überdauerten die Zeiten. Die Breite der Burg beträgt an der schmalsten Stelle, dort, wo der Bergfried steht, etwa 20 Meter. Dafür besitzt sie eine Länge von 130 Metern. Es gehört wenig Phantasie dazu, sich vorzustellen, wie beengt die Menschen hier lebten und wie selten sie in den Genuß eines frischen Luftzugs kamen. In den von allen Seiten mit Gebäuden umstellten schluchtartigen Höfen braute der Gestank von Jahrzehnten.

Ob wir Schraplau besuchen oder ohne Aufenthalt nach Seeburg weiterfahren, hängt letztlich davon ab, wieviel Zeit uns zur Verfügung steht. Sind wir in Eile, so lassen wir es bei einem flüchtigen Blick bewenden. Kommt es nicht darauf an, wann wir am Ziel eintreffen, so machen wir Station. Wir müssen uns zwar die noch vorhandenen Mauerreste mühsam zusammensuchen, aber die Burg hat eine sehr interessante Geschichte. Sie war nämlich eine Volksburg, bevor sie eine Feudalburg wurde – und diese schon im 8. Jahrhundert nachweisbare Volksburg besaß eine Ausdehnung von 600 Meter Länge und 200 Meter Breite, also genug Raum, um in Kriegszeiten allen Bauernfamilien aus der näheren und weiteren Umgebung samt ihrem Vieh und ihrer beweglichen Habe ein sicheres Asyl zu bieten. Der Feind fand leere Dörfer vor, aber hinter den Gräben, Erdwällen und Pfahlwerken von Schraplau wimmelte es von Bewaffneten. Volksburgen bedrohten nur den, der rauben und sengen wollte. Sie dienten allein dem Schutz der Bevölkerung – und ebendarum versuchten die Feudalherren, sie in die Hand zu bekommen. Nachdem sie ihr Ziel erreicht hatten, ließen sie die Befestigungen einebnen oder verfallen. Die auf der Westspitze der Bergzunge gelegene Schraplauer Feudalburg, erbaut im 11. und 12. Jahrhundert, besaß nur ein Fünftel des Flächeninhalts der alten Volksburg.

6 Kilometer nördlich von Schraplau erreichen wir das Ufer des Süßen Sees. Die Landschaft sah vor hundert Jahren noch ganz anders aus als heute. Südöstlich des Süßen Sees erstreckte sich der viel größere Salzige See, und der schmale Landstreifen, der die beiden Wasserflächen voneinander trennte, war versumpft. 1893 kam es zu einer geologischen Katastrophe. Die Bewohner des Dorfes Röblingen wußten nicht recht, ob sie ihren Augen noch trauen durften: Der Salzige See verschwand. Sein Wasserstand verringerte sich von Woche zu Woche, bis schließlich nur noch zwei Teiche, der Binder- und der Kerrnersee, übrigblieben. Das Wasser hatte die in den Buntsandstein eingelagerten Salzstöcke ausgelaugt. So bildeten sich wabenartige Hohlräume. Die Steinmassen vermochten dem Druck nicht mehr standzuhalten und brachen zusammen. Röblingen führt zwar noch immer den Beinamen „am See“, aber es sitzt seit dieser Zeit auf dem Trocknen.

Die am Ostufer des Süßen Sees gelegene Seeburg war also

früher fast ganz von Wasser und Sumpf umgeben. Auch hier traten die Feudalherren die Nachfolge der freien Bauern an, die den schmalen Höhenzug wohl schon im 8. Jahrhundert zu einer Volksburg ausgebaut hatten. Und auch hier führte der Besitzerwechsel dazu, daß die Anlage auf einen Bruchteil ihres ursprünglichen Umfangs zusammenschrumpfte. Die Volksburg erstreckte sich bis zum Sperlingsberg, auf dessen Höhe seit dem 12. Jahrhundert die romanische Kirche des Dorfes Seeburg steht. Die Feudalherren hingegen befestigten nur jenen westlichen Teil des Bergrückens, welcher als Halbinsel in den See ragt. Trotz dieser Verkleinerung gehört die Seeburg zu den größten Feudalburgen des Mansfelder Landes. Sie mißt von der Westspitze bis zum Graben vor der Ostmauer etwa 240 Meter, und dies bei einer Breite, die maximal 160 Meter beträgt. Solche Großburgen entstanden nicht in Jahrzehnten, sondern in Jahrhunderten. Den Grafen von Querfurt folgten 1179 die Erzbischöfe von Magdeburg, diesen 1287 die Grafen von Mansfeld – und jeder neue Besitzer bemühte sich nach Kräften, noch vorhandene Schwächen zu beseitigen und mit der Entwicklung der Kriegstechnik Schritt zu halten.

Zwischen 1450 und 1518 wurde die Seeburg zu einem Wohnschloß umgestaltet. Später diente sie landwirtschaftlichen Zwecken – und auch dies machte einige Umbauten erforderlich. Trotzdem gibt es hier noch sehr viel zu sehen. So blieb der Stumpf des im 11. Jahrhundert errichteten Bergfrieds erhalten. Der mächtige Rundturm deckte einst die Ostmauer der Kernburg. Er besitzt einen Durchmesser von 15 Metern und eine Mauerstärke von fast 6 Metern. Sein schlanker Aufsatz stammt aus dem späten Mittelalter, seine geschweifte Haube aus dem 17. Jahrhundert. Wenn wir uns nun nach Süden wenden, erblicken wir den Palas und schräg hinter ihm den Roten oder Witwenturm, heute eine der schönsten Jugendherbergen unserer Republik. Der Witwenturm ist wohl erst in der Mitte des 15. Jahrhunderts erbaut worden, aber der Palas steht auf romanischen Fun-

Burg Seeburg

damenten, desgleichen das Pfortenhaus, das sich an seine Südseite lehnt. Der doppelte Mauerring des 12. Jahrhunderts läßt sich an dieser Stelle ebenfalls noch erkennen. Auf dem Gelände der ehemaligen Vorburg, etwa 100 Meter westlich des Witwenturms, entdecken wir die Umfassungsmauern einer einschiffigen spätromanischen Kapelle. Das Kirchlein stammt aus der Zeit des Erzbischofs Wichmann von Magdeburg (1116–1192), der hier 1179 eine Propstei gründete und sie mit zwölf adligen Chorherren besetzte. Auch an dem Neuen Haus von 1665, das den Hof der Kernburg im Norden und Westen begrenzt, sollten wir nicht achtlos vorübergehen: Es gehört zu den bedeutendsten baukünstlerischen Schöpfungen des 17. Jahrhunderts im Mansfelder Land.

Seeburg liegt knapp 30 Kilometer vom Rand des Harzes entfernt – und was sind schon 30 Kilometer für jemanden, der ein Fahrrad oder ein Moped sein eigen nennt? Im Harz erwarten uns Burgruinen, eine immer schöner und stimmungsvoller als die andere. Unser erster Abstecher führt uns zur Grillenburg hoch über dem Dorf Grillenberg. Hier finden wir die Reste eines großen romanischen Wohnturms. Die beiden Ruinen oberhalb von Morungen spielen mit uns Versteck. Bevor wir uns verlaufen, sollten wir lieber Einheimische nach dem Weg fragen. Die Burg Alt-Morungen, Geburtsstätte des Dichters Heinrich von Morungen (um 1150–1222), wurde schon Ende des 12. Jahrhunderts verlassen, so daß nur ein Rest der Ringmauer erhalten blieb. Neu-Morungen besitzt noch seine alten Wälle, und im Zentrum der ehemaligen Kernburg steht die Ruine eines Bergfrieds.

Mit der im 13. Jahrhundert gegründeten Burg Questenberg westlich von Morungen machten die aufständischen Bauern 1525 kurzen Prozeß. Sie hatten Ursache, gerade diese Burg besonders zu hassen. Hier hauste ein berüchtigter Bauernschinder. Woher wir das wissen? An der Mauer des Bergfrieds, der zugleich als Verlies diente, entdecken wir Ritzzeichnungen von Gefangenen – und diese Gefangenen müssen Bauern gewesen sein; denn die Zeichnungen stellen bäuerliche Arbeitsgeräte dar. Wir erfahren sogar den Grund der Einkerkerung: Neben einer Hacke erblicken wir einen Morgenstern, also eine typische Waffe der Bauernrevolutionäre. Nach dem Aufstand wohnte niemand mehr auf der Burg, und dies beweist, daß die Zeichnungen vor 1525 entstanden sind. Ob die Gefangenen den Tag der Befreiung noch erlebten?

2 Kilometer südlich von Questenberg öffnet sich das Gebirge. Am Horizont taucht der Kyffhäuser auf. Dort hat unsere Burgenfahrt begonnen, und am Fuß der alten Reichsburg Kyffhausen geht sie nun zu Ende. Was nehmen wir an Einsichten nach Hause mit? Vor allem wohl die Erkenntnis, daß die Militärarchitektur des Mittelalters die materiellen Lebensbedingungen und die Klassenverhältnisse der Zeit viel deutlicher widerspiegelt als die Kirchenbaukunst. Es ist noch

gar nicht so lange her, daß Burgen nur als „schauerliche Denkmäler grauer Vorzeit“ galten. Die Regierungen des 19. Jahrhunderts verkauften Burgruinen auf Abbruch, um die Erhaltungskosten zu sparen. Unsere Regierung hingegen wendet hohe Beträge auf, um dem weiteren Verfall der Bauten vorzubeugen – wahrlich nicht aus Sympathie für die ins Grab gesunkenen Grafen, Herzöge und Könige, sondern weil die Burgen Zeugen der Geschichte unseres Volkes sind. Sie erzählen uns von Unterdrückung und Aufruhr, von Krieg und Fehde, von der Kultur des Mittelalters und von den Leistungen derer, die diese Burgen bauen mußten. So entläßt uns das Land zwischen Harz und Unstrut reich beschenkt...

Wo die Türme in den Himmel ragen

Zeugen der Hansemacht in den Küstenstädten

Von dem Gestühl der Nowgorodfahrer in der Nikolaikirche zu Stralsund sind nur noch Reste erhalten. Wer sie endlich gefunden hat, kommt aus dem Staunen nicht heraus. Gewöhnlich schilderten die Meister, die Gestühle mit Schnitzwerk verzierten, fromme Begebenheiten. Hier erblicken wir statt der Heiligen langbärtige russische Jäger in Bauernkitteln, die mit Pfeil und Bogen dem Zobel nachstellen. Verblüffend ist auch, daß sich der namenlose Schnitzer in den russischen Jagdmethoden wie ein Fachmann auskannte. Er wußte zum Beispiel, daß die Jäger den Zobel durch Hunde aufspüren ließen und ihn dann durch Klopfen aus seinem Versteck trieben. Ihm war bekannt, daß der Zobel niemals mit einem spitzen, sondern stets mit einem stumpfen Pfeil vom Baum geschossen wurde: Unversehrte Pelze erzielten einen viel höheren Preis als Felle mit Schußlöchern. Solches Spezialwissen erwarb man nicht hinter einem Stralsunder Kachelofen...

Neben der Gesellschaft der Nowgorodfahrer gab es in Stralsund auch eine Bergenfahrerkompanie. Ihr Wappen war ein gekrönter Stockfisch. Die Bergenfahrer versicherten sich des himmlischen Beistands, indem sie der Nikolaikirche einen großen Altar stifteten. Die Bergenfahrt hatte ihre Tücken. Wenn der Orkan die Kogge in dem Klippengewirr vor der norwegischen Küste überraschte, half keine Steuermannskunst mehr – dann half nur ein Wunder. Der kluge Mann baute auf jeden Fall vor. Man konnte schließlich nie wissen, ob das von der Kirche verwaltete Guthaben noch für ein solches Wunder ausreichte, und wenn die Kompanie sich nicht lumpen ließ, vielleicht ließ sich der Himmel dann auch nicht lumpen!

Die Marienbrüderschaft der sundischen Schiffer spendete eine bescheidenere Gabe. Sie schenkte der Nikolaikirche einen Kronleuchter aus Messing und vergaß nicht, ihre Schutzpatronin daran zu erinnern, daß sie als Gegenleistung Beistand erwartete: Über der Kogge, sie vor allen Fährnissen bewahrend, schwebt eine kleine Madonna. Aber ob nun eine Heilige oder ein fluchender Kapitän auf der Kommandobrücke Wache hielt – von vier Schiffen kehrten doch nur drei in ihren Heimathafen zurück. Die Kogge vertrug schon einen Stoß, sie ging nicht gleich aus den Fugen, wenn sie einmal auf einer Sandbank festsaß. Trotzdem forderte die See Jahr für Jahr ihre Opfer. Der Schiffer, der die Gellenenge südlich von Hiddensee mit Westkurs passierte, wußte nie, ob er das schöne Stralsund jemals wiedersehen würde. Da schien es angebracht, etwas für sein Seelenheil zu tun...

St. Nikolai gehört zu den am reichsten ausgestatteten kirchlichen Bauwerken in unserer Republik – verständlich,

Gestühl der Nowgorodfahrer in der Nikolaikirche zu Stralsund

daß wir uns zunächst die vielen Altäre, Gestühle, Plastiken und Wandgemälde angeschaut haben. Doch nun wird es Zeit, sich auch einmal mit der architektonischen Gliederung zu beschäftigen. Hier erwartet uns eine weitere Überraschung: Im Unterschied zu den meist sehr bescheidenen Kirchen der kleineren Küstenstädte ist St. Nikolai eine hochgotische Basilika mit Umgang und Kapellenkranz, das heißt, die Seitenschiffe sind um den Chor herumgeführt und mit mehreren Nebengelassen zu einer räumlichen Einheit verschmolzen worden. Diese Form stammt aus Frankreich. Die Meister der frühgotischen Dome von Chartres, Reims und Amiens haben sie zwar nicht erfunden, aber aus bescheidenen Anfängen weiterentwickelt und in das System des neuen Baustils eingeordnet.

Nowgorod, einst Zentrum einer mächtigen russischen Feudalrepublik, liegt am Nordufer des Ilmensees, also etwa 1 000 Kilometer von Stralsund entfernt. Bergen ist eine große Hafenstadt an der Westküste Norwegens. Die Schiffe der Bergenfahrer passierten zunächst den Sund, dann das Kattegat und das Skagerrak, und wenn sie endlich im Byfjord Anker warfen, hatten sie eine Reise von 700 Seemeilen hinter sich. Die Fahrt zu den nord- und westfranzösischen Häfen war womöglich noch gefährlicher. Im Kanal und vor der bretonischen Küste wimmelte es von Kaperschiffen, deren Eigner, meist Engländer, den Seeraub als ihr verbrieftes Recht betrachteten. Zeitweilig durfte diese Route nur im Geleit befahren werden, aber Geleitfahrten setzten ruhiges Wetter voraus – und wann herrschte im Kanal schon einmal ruhiges Wetter? Bei Sturm hieß die Parole: Rette sich, wer kann!

Die Kunstwerke der Nikolaikirche haben uns vieles erzählt, was wir sonst nur aus Büchern erfahren könnten. Wir wissen nun, daß die Stadt im Mittelalter Seehandel trieb. Außerdem sind wir darüber informiert worden, daß sie Beziehungen zum Osten, zum Norden und zum Westen besaß. Schließlich deutete die Tatsache, daß nicht Einzelper-

Nikolaikirche in Stralsund

sonen, sondern Kompanien als Stifter in Erscheinung traten, auf die genossenschaftliche Organisation des Handels hin. Der genossenschaftliche Zusammenschluß verminderte das Risiko und vergrößerte die Profitrate. Die Kompanien „waren abgeschlossen gegen Konkurrenten und Kunden, sie verkauften zu unter sich festgestellten Preisen, ihre Waren hatten bestimmte, durch öffentliche Untersuchung und oft

Abstempelung garantierte Qualität, sie beschlossen gemeinsam über die den Eingebornen für ihre Produkte zu zahlenden Preise"*. So Friedrich Engels in einem Nachtrag zum dritten Band des „Kapitals".

Aber eine einzelne Genossenschaft konnte gegen die großen Feudalherren nicht viel erreichen. Es war daher nur folgerichtig, daß sich die Kompanien und Gilden der Städte an Ost- und Nordsee vereinigten und ihre Politik untereinander abstimmten. Die gemeinsamen wirtschaftlichen Interessen forderten ein gemeinsames Handeln. So entstand allmählich ein mächtiger Städtebund, der unter dem Namen Hanse in die Geschichte eingegangen ist. Auch Städte des Binnenlands schlossen sich ihm an. Die Hanse setzte ihre wirksamste Waffe, das Geld, so geschickt ein, daß den Feudalherren bald die Lust verging, mit ihr anzubinden. Der Dänenkönig Waldemar Atterdag (um 1320–1375), der 1362 prahlerisch verkündet hatte: „Na der hense frage ick nich en schiten", mußte sich 1370 geschlagen geben. Der im Rathaus von Stralsund ausgehandelte Friedensvertrag legte fest, daß die dänischen Großen künftig keinen König wählen durften, ohne zuvor die Zustimmung der Hanse einzuholen. Die Kronen der skandinavischen Reiche sind zur Kramware der Kaufleute geworden, klagte ein dänischer Chronist.

Es ging der Hanse nicht darum, fremde Länder zu erobern. Sie griff nur zu den Waffen, wenn irgend jemand ihr Zwischenhandelsmonopol anzutasten wagte. Der Zwischenhandel warf sehr hohe Gewinne ab. Wer in Nowgorod Pelze erwarb und sie nach Brügge verschiffte oder wer flämisches Tuch von Brügge nach Bergen brachte, strich oft das Mehrfache des Kaufpreises als Profit ein – vorausgesetzt, daß niemand die Abwicklung des Geschäfts störte, indem er die Preise drückte oder in die Höhe trieb. Konkurrenten mußten daher ferngehalten, direkte Beziehungen zwischen den Produzenten und Abnehmern mit allen Mitteln unterbunden werden. Wehe dem Flamen oder dem Norweger, der auf

* Karl Marx/Friedrich Engels, Werke, Bd. 25, Berlin 1977, S. 910 f.

eigene Faust nach Osten segelte! Er verlor sein Schiff und manchmal auch sein Leben. Wehe den Russen, die sich dem hansischen Preisdiktat zu widersetzen versuchten! 1278 beschloß der Städtetag zu Lübeck, „jedermann die Nowgorodfahrt bei Strafe des Lebens, des Gutes und der Ehre" zu verbieten, und diese Handelsblockade zwang das stolze Nowgorod nach zwei Jahren in die Knie. „Im deutschen Hofe hast du, Fürst, nicht anders Handel zu treiben als durch unsere Brüder, und du darfst diesen Hof nicht verschließen und durch keinen Aufseher bewachen lassen"*, erklärten die Gesandten der Städte. Großfürst Jaroslaw beugte sich und gelobte Besserung.

„Das Handelskapital in überwiegender Herrschaft stellt... überall ein System der Plünderung dar"**, schrieb Karl Marx. Die Stabilität eines solchen Systems hing von dem politischen Geschick derer ab, die aus ihm Nutzen zogen. Der hansische Kaufmann hatte seine Hände überall. Er spielte die Engländer gegen die Flamen, die Norweger gegen die Schweden, die Russen gegen die Holländer aus und fühlte sich an den Königshofen ebenso zu Hause wie in seinem heimatlichen Kontor. Seine Überlegenheit beruhte nicht allein auf der ökonomischen Macht, die hinter ihm stand. Da er über zahlreichere und zuverlässigere Informationsquellen verfügte als seine Verhandlungspartner, wußte er genau, was im Augenblick zu erreichen war und wo es sich vorläufig zu bescheiden galt. Skrupellosigkeit paarte sich mit Klugheit: Die Hanse sprang mit den Völkern, die sie ausbeutete, nicht gerade sanft um, sie ließ Rebellen köpfen, hängen, ersäufen und vierteilen, sie verbündete sich mit dem übelsten Piratengesindel, aber im Unterschied zu ihren feudalen Widersachern hielt sie den Krieg durchaus nicht für den Vater aller Dinge. Da niemand im voraus wußte, ob der Gewinn die Verluste aufwog, sah sie es lieber, wenn der Konflikt mit einem Vergleich endete. Schlimmstenfalls ließ

* Zitiert nach: Ernst Hering, Die Deutsche Hanse, Leipzig 1943, S. 38
** Karl Marx/Friedrich Engels, Werke, Bd. 25, a. a. O., S. 343

sie sich den Vergleich etwas kosten. Geldgeklimper überzeugte den Gegner oft rascher als Waffengeklirr. König Eduard III. von England (1312–1377) forderte für die Bestätigung der hansischen Privilegien 10 000 Pfund Sterling – und er bekam sie.

So wuchs in den Küstenstädten ein Patriziat heran, dessen Repräsentanten aus härterem Holz geschnitzt waren als die mit der Nachbarstadt Handel treibenden und von kleinen Geschäften lebenden „Pfeffersäcke“ anderer deutscher Gemeinwesen. Diese Herrenschicht verstand zu planen. Sie arbeitete nicht für den Tag, sondern auf lange Sicht. Ihre Schiffe beherrschten das Meer, ihre Speicher konnten die Waren kaum fassen, ihre Schreiber verbuchten Riesensummen. Neben den Handelsprofiten muteten die Beträge, welche die Feudalen aus ihren Untertanen herauspreßten, geradezu dürftig an. In der Stadtkasse von Stralsund lag mehr Geld, als der Herzog von Pommern in seinem Leben je gesehen hatte, und Rostock konnte, wenn es wollte, dem Herzog von Mecklenburg jederzeit aus der Klemme helfen. Reichtum stärkt das Selbstbewußtsein: Das hansische Patriziat fühlte sich dem Adel weit überlegen. Wer eine Hansestadt nur von weitem sah, erkannte bereits, wer hier oben im Norden der Herr war.

Die im frühen 13. Jahrhundert gegründeten Städte Wismar, Rostock, Stralsund und Greifswald gehörten zum „wendischen Quartier“ der Hanse. Diese Bezeichnung erinnert uns daran, daß der Küstenstrich zwischen der Lübecker Bucht und dem Greifswalder Bodden ursprünglich von Slawen bewohnt war. Die nach Osten vordringenden deutschen Feudalherren hatten sie in den „Wendenkreuzzügen“ des 12. Jahrhunderts vernichtet, vertrieben oder zur Unterwerfung gezwungen. Den sengenden und mordenden Heeren folgten Bauern, die in dem eroberten Gebiet „een betere stêe“, also bessere Lebensbedingungen, zu finden hofften. Sie errichteten Dörfer und nahmen das brachliegende Land unter den Pflug. Nach den Bauern kamen Handwerker und Kaufleute, vorwiegend aus Westfalen, Friesland und Niedersachsen. Die Handwerker lockte vor allem die Möglichkeit, sich als Meister niederzulassen, ohne warten zu müssen, bis endlich eine Meisterstelle frei wurde. Die Kaufleute wollten den Ostseehandel an sich bringen, indem sie den Warenstrom, der bisher über Gotland nach Westen geflossen war, in die viel günstiger gelegenen neuen Häfen an der Südküste umleiteten. In der Wismarbucht, im Rostocker Breitling, im Strelasund und in der Dänischen Wiek vor Greifswald konnten hundert Schiffe ankern, ohne einander in die Quere zu kommen.

Es macht einen großen Unterschied, ob eine Stadt allmählich gewachsen oder ob sie „aus wilder Wurzel“, also gleichsam auf freiem Feld, entstanden ist. In den gewachsenen Städten westlich der Elbe mußte sich die Straßenführung allen möglichen lokalen Bedingungen anpassen, zum Beispiel den Grundstücksgrenzen, festgelegt zu einer Zeit, als es in der Siedlung noch sehr viel freien Raum gab. Die „aus wilder Wurzel“ entstandene Stadt hat eine andere Gliederung. Die Regelmäßigkeit ihres Grundrisses läßt erkennen, daß hier von Anfang an eine planende und ordnende Hand am Werk war. Die Stadtgründer, meist mehrere reiche Kaufleute, schalteten den Zufall aus, indem sie den Verlauf der Wege und den Umfang der Grundstücke vor Baubeginn bestimmten. Sie bevorzugten dabei das Gitterschema, das die Eigenart hat, daß die Straßen sich im rechten Winkel kreuzen und annähernd rechteckige Häuserblöcke voneinander abgrenzen. Unterschiede in der Anwendung dieses Schemas erklären sich meist aus geographischen oder historischen Besonderheiten. Die Siedelmeister, in den Urkunden „Locatoren“ genannt, fanden nicht überall so günstige Verhältnisse vor wie in dem flachen Gelände an der Ryckmündung, wo damals Greifswald entstand. Stralsund war von Teichen umgeben, Teile von Rostock lagen auf dem Steilufer der Warnow, Wismar lehnte sich an einen älteren Marktort an.

Die Kaufleute wollten das investierte Kapital so rasch wie möglich verzinst sehen und hielten gar nichts davon, der Entwicklung freien Lauf zu lassen. Sie wußten, daß sich eine solche Chance nur einmal bot, und sie nutzten die Gunst der Stunde, indem sie den Grundriß des von ihnen beherrschten Gemeinwesens den Bedürfnissen des Warenverkehrs anpaßten. Großzügigkeit zahlte sich aus: Ein weiträumig gegliederter Umschlagplatz funktionierte viel besser, viel profitabler als eine Stadt, in deren engen Gassen die Transportfahrzeuge steckenblieben. Rund um den Marktplatz und in den breiten Straßen, die zu ihm führten, wohnte, wer sein Geld im Großhandel erwarb. Die Handwerker sahen sich in Quartiere verwiesen, die abseits lagen. Das Patriziat blieb unter sich. Es ließ sich nicht gern in die Karten gucken, schon gar nicht von den Gevattern Schneider und Handschuhmacher. Am Krämergestühl in der Stralsunder Nikolaikirche steht der Satz: „Dat keen Kramer ist, de blief da buten (draußen), oder ick schla em up de schnuten." Er hätte auch über den Patriziervierteln der Hansestädte stehen können...

Schon 1271, also etwa vierzig Jahre nach der Gründung der Stadt, befahl der Rat von Stralsund, Wohnhäuser künftig nur noch in Stein zu errichten. Die Ratskollegien von Wismar, Rostock und Greifswald erließen ähnliche Verordnungen. Mehrere Brandkatastrophen hatten sie darüber belehrt, daß Sparsamkeit in diesem speziellen Fall Verschwendung bedeutete. Mit der Massivbauweise kam Einheitlichkeit in das Stadtbild. Die Patrizier entschieden sich für einen Haustyp, der den besonderen Bedingungen des mittelalterlichen Zwischenhandels viel besser entsprach als die im Binnenland verwendeten Muster. Er vereinigte, was heute stets voneinander getrennt ist: Wohnung, Arbeitsstätte und Warenlager. Die Wohnräume nahmen den geringsten Teil des Hauses ein. Sie lagen meist seitlich der hohen, bis zur Rückfront reichenden Diele, deren Zweck man verkennt, wenn man sie für einen Festsaal hält. In der Regel wurden hier Geschäfte abgewickelt und jene Güter aufbewahrt, welche der Kaufmann lieber unter Verschluß sah; denn in jeder reichen Stadt wimmelte es von Langfingern.

Wer die Lübsche Straße in Wismar entlangschlendert oder die Frankenstraße in Stralsund zum Neuen Markt hinuntergeht, sieht, wie sich Giebel an Giebel reiht, einer immer reicher geschmückt als der andere. Der Giebel ist die aufwendigste Form des hansischen Patrizierhauses. Seine Üppigkeit steht in krassem Gegensatz zu der stets schlichten Gliederung der Sockelzone. Diese Betonung des Giebels kommt nicht von ungefähr. Sie deutet darauf hin, was dem Besitzer des Hauses besonders wichtig und wertvoll war. Der Giebel belegte Reichtum, indem er genau jenen Teil des Gebäudes hervorhob, welcher den Reichtum in sich barg: den Speicher, in dem sich Erzeugnisse aus aller Herren Ländern stapelten. Die Last, die auf den unteren Geschossen ruhte, war so schwer, daß die Dachbalkenlage durch ein Trägersystem gestützt werden mußte. Gewöhnliche Balkendecken, wie sie etwa das Handwerkerhaus besaß, hätten unter dem Tonnengewicht der Warenballen nachgegeben.

Die ältesten erhaltenen Giebelhäuser der vier Hansestädte stammen aus dem 15. Jahrhundert. Nur der Alte Schwede am Markt von Wismar wurde wohl schon im letzten Viertel des 14. Jahrhunderts errichtet. Das 15. Jahrhundert war eine Zeit, in der sich vieles änderte. In der Kirchenbaukunst setzten sich zum Beispiel völlig neue Prinzipien durch, deren Anwendung zu einer Vereinheitlichung des Raumes und auch zu einer Dämpfung des für die Hochgotik typischen „Dranges nach oben“ führte. Die senkrechten Linien herrschten nicht mehr so unumschränkt wie im 13. und 14. Jahrhundert: Jene Bestandteile des Baukörpers, welche die Waagerechte betonten, wirkten ihnen entgegen. Die Architekten der hansischen Patrizierhäuser nahmen von dem Umschwung, der sich hier anbahnte, so gut wie keine Notiz. Sie bauten nach wie vor Staffelgiebel, das heißt, sie betonten das Speichergeschoß des Hauses durch eine zur Mitte treppenförmig ansteigende Schauwand, und es war schon ein bedeutendes Zugeständnis an den veränderten Zeitgeschmack, wenn sie einige Schmuckformen der Spätgotik in das alte Gefüge eingliederten. Sogar dem Fachmann fällt es schwer, solche Giebel zeitlich zu bestimmen. Oft muß er sich damit begnügen, ein ungefähres Datum zu nennen.

Das Schicksal hat es mit diesen Häusern nicht gerade gut gemeint. Die kapitalistischen Stadtverwaltungen des

Bürgerhäuser in Greifswald

19. Jahrhunderts ließen ganze Straßenzüge rücksichtslos niederreißen, und was die Spitzhacke aus irgendwelchen Gründen verschonte, fiel im zweiten Weltkrieg den Luftangriffen zum Opfer. In Rostock gab es um 1900 nur noch fünfundzwanzig gotische Fassaden, von denen dann lediglich sechs die Bombennächte überdauerten. Auch in Wismar, Stralsund und Greifswald ist die Zahl der unversehrt erhaltenen gotischen Giebelhäuser verhältnismäßig klein. Es

Kerkhofhaus in Rostock

gehört zu den bedeutendsten Verdiensten unserer Denkmalpflege, daß sie von diesen baukünstlerischen Zeugnissen der Geschichte rettete, was überhaupt zu retten war. So wurde ein Rest des alten Reichtums für kommende Generationen bewahrt. Wir wüßten weniger über die materielle Kultur und den Geist des hansischen Bürgertums, wenn unser Staat nicht so erhebliche Mittel aufgewendet und unsere Denkmalpflege mit ihren vielen Helfern nicht so gut gearbeitet hätte.

Ob wir nun auf dem Platz der Freundschaft in Greifswald die ungewöhnlich reiche Fassade des Hauses Nummer 11 bewundern oder ob wir uns den viel bescheideneren Giebel des Kerkhofhauses in Rostock, Hinter dem Rathaus 5, anschauen – für alle diese Häuser galt der Grundsatz: Die Schönheit folgt dem Nutzen. Der Bauherr verlangte in erster Linie, daß sein Haus funktionierte. War diese Forderung erfüllt, so mochte, was von den Baugeldern übrigblieb, dem Schmuck zugute kommen. Der Aufwand hing von verschiedenen Umständen ab, zum Beispiel von den Erfolgen oder Mißerfolgen der städtischen Handelspolitik, von der augenblicklichen Gewinnlage des Unternehmens und nicht zuletzt auch davon, ob der Bauherr seinen Reichtum zur Schau stellen wollte oder ob er angesichts der sich ständig verschärfenden sozialen Gegensätze Zurückhaltung für geboten hielt. In der Regel verzichteten die Patriziergeschlechter um der Macht willen auf die Demonstration der Macht. Ihre Häuser standen sozusagen in Reih und Glied, sie ordneten sich dem architektonischen Gefüge der Straße und des Viertels unter. Wohngebäude, so auffällig gegliedert wie das Haus am Platz der Freundschaft in Greifswald, zählen zu den Ausnahmen.

Auch die Baugeschichte der beiden erhaltenen gotischen Rathäuser in Rostock und Stralsund beweist, wie nüchtern die patrizische Herrenschicht dachte, wenn es darum ging, Gebäude zu errichten, die einem praktischen Zweck dienen mußten. Der Gesichtspunkt der Repräsentation spielte zunächst überhaupt keine Rolle. Das erste Rathaus war hier wie dort ein schlichter Rechteckbau. Sein Obergeschoß enthielt den Ratssaal und die Ratsstube, in der die Schreiber ihre Arbeit verrichteten. Die kleinen gewölbten Räume des Erdgeschosses wurden, wie eine Stralsunder Urkunde von 1278 beweist, als Läden vermietet. Aber dieses eine Gebäude reichte bald nicht mehr aus. Die weitgespannte Handelspolitik der Städte führte dazu, daß sich die Zahl der Hilfskräfte ständig vergrößerte. Wohin mit den Rechtsberatern, den Kämmerern, den Archivaren? Die Ratskollegien lösten das Problem auf sehr einfache Weise: Sie ordneten an, ein zweites und, wenn nötig, ein drittes Rathaus zu errichten, und zwar parallel zur ersten Anlage, die so allmählich in die Breite wuchs. Das Rathaus von Rostock besteht aus drei Baukörpern, die dicht nebeneinander liegen. In Stralsund sind die beiden Häuser um einen schmalen rechteckigen Hof gruppiert.

Erst spätere Generationen gaben sich nicht mehr mit dem nur Zweckmäßigen zufrieden. Wer von den vielen, die bewundernd die nach Norden gekehrte prachtvolle Schauwand des Rathauses von Stralsund betrachten, weiß schon, daß es sich hier um einen baukünstlerischen Nachtrag handelt? Die Meinungen über die Entstehungszeit dieser Fassade gehen weit auseinander. Einige Fachleute glauben, daß sie bereits im 14. Jahrhundert geschaffen wurde, andere halten ein so frühes Baudatum aus stilistischen Gründen für unwahrscheinlich und setzen sie in die Mitte des 15. Jahrhunderts. Beide Gruppen verfügen über gute Argumente, so daß es schwerfällt, sich zu entscheiden. Aber wie der Streit auch enden mag – über die Qualität der Schöpfung sind sich alle einig. „Ganz herrlich und von geistreicher Selbständigkeit"* hat schon der Kunsthistoriker Georg Dehio (1850–1932) sie genannt, und noch heute, ein halbes Jahrhundert nach dem Erscheinen seiner „Geschichte der Deut-

* Georg Dehio, Geschichte der Deutschen Kunst, 2. Textband, Berlin und Leipzig 1923, S. 338

Rathaus in Stralsund

schen Kunst“, können wir ihm beipflichten. Nirgendwo sonst im Norden begegnen wir einem Werk, das in ähnlich genialer Weise Stabilität und Leichtigkeit miteinander verbindet. Die leider durch einen Vorbau von 1727 verdeckte gotische Fassade des Rathauses von Rostock mutet neben der Stralsunder Schauwand fast schwerfällig an.

Auch im Kirchenbau folgte das Patriziat der Küstenstädte zunächst dem Grundsatz der Zweckmäßigkeit. Die ersten

Kirchen, welche die Bürgergemeinden errichteten, waren Hallenbauten. Viele der Einwanderer kamen aus Westfalen, wo dieser Kirchentyp bereits Tradition hatte. Der einfache Hallenraum mit seinen drei gleich hohen Schiffen genügte den Anforderungen der Gemeinde durchaus. Eine Pfarrkirche hatte schließlich viel bescheidenere Aufgaben zu erfüllen als eine Kathedrale, eine Bischofskirche, in der die sehr verschiedenartigen Formen des Gottesdienstes aufwendige Vorbereitungen erforderlich machten. Es gehörte schon einiges Geschick dazu, ein feierliches Hochamt so zu organisieren, daß es wie ein Uhrwerk ablief. In den Pfarrkirchen ging der Gottesdienst nach einfacheren Regeln vor sich. Die Bürgergemeinden versammelten sich, um die Messe zu hören, das Abendmahl zu empfangen und der Predigt zu lauschen. Ihre Kirchen brauchten daher weder ein Querschiff noch einen Umgang mit Kapellenkranz. Die Pfarrer lebten in der Gemeinde und kamen meist aus derselben sozialen Schicht wie ihre Schutzbefohlenen: Wozu benötigte man da einen vom Langhaus abgesetzten Chor? Wenn nur der Raum möglichst vielen Menschen Platz bot, so daß auch an hohen Feiertagen keiner dem anderen auf die Zehen trat.

Eine solche chorlose Hallenkirche aus der Frühzeit der Hansestädte lernen wir in Greifswald kennen. St. Marien, im Volksmund „Dicke Marie" genannt, ist wahrscheinlich um 1275 begonnen und schon in der ersten Hälfte des 14. Jahrhunderts vollendet worden, eine relativ kurze Bauzeit, die darauf schließen läßt, daß in der Kasse niemals Ebbe herrschte. Die Städte verfügten eben über ergiebigere Einnahmequellen als die großen geistlichen Feudalherren, deren Dombauten aus Geldmangel oft viele Jahrzehnte lang ruhten. Das Langhaus der Marienkirche erhebt sich über einem Rechteck von 40 Meter Länge und 27,5 Meter Breite. Vier Pfeilerpaare gliedern den Raum in drei gleich hohe Schiffe zu je fünf Gewölbefeldern. Der auffallend niedrige Turm steht nicht, wie sonst üblich, vor der Westwand des Langhauses. Seitenkapellen nehmen ihn in die Mitte und ziehen ihn in den Baukörper hinein. Die stärkste städtebauliche Wirkung geht von dem gewaltigen Satteldach aus. Es hockt über den Häusern der Stadt wie eine Glucke über ihren Küken. Der Spitzname „Dicke Marie“ gibt den eigentümlichen bürgerlichen Charakter dieses Bauwerks treffend wieder: Die Kirche beeindruckt den Besucher vor allem durch ihre gediegene Stämmigkeit. Sie will nicht mehr

Marienkirche in Greifswald, im Hintergrund Nikolaikirche

scheinen, als sie tatsächlich ist – religiöses Zentrum einer Gemeinde, deren Mitglieder vom Handel und vom Handwerk lebten.

In Stralsund, Rostock und Wismar nahm die Entwicklung einen anderen Verlauf. Statt sich mit dem Erreichten zu begnügen, ließen die Ratskollegien die erst wenige Jahrzehnte alten frühgotischen Hallenkirchen abreißen. An ihrer Stelle entstanden im 14. Jahrhundert Basiliken von so gewaltiger Größe und so komplizierter Gliederung, daß sich die Frage nach dem praktischen Nutzen dieser Kolosse erübrigt: Zweckmäßigkeitserwägungen spielten hier überhaupt keine Rolle. Noch sonderbarer mutet die Opferwilligkeit der Bürgerschaft an. In Rostock lebte um 1378 etwa ein Viertel der Bevölkerung von der Hand in den Mund, und auch jene sechzig Prozent der Steuerpflichtigen, welche zur mittleren Vermögensklasse gehörten, mußten ihre Gulden zusammenhalten, wenn sie nicht eines Tages vor dem Nichts stehen wollten. Trotzdem gibt es nicht das geringste Anzeichen dafür, daß irgendeine Gruppe den hochfliegenden Plänen des patrizischen Rates Widerstand entgegensetzte, weil sie die finanzielle Belastung für unzumutbar oder unnötig hielt.

Wie ist diese merkwürdige Einmütigkeit zu erklären? Patriziat und Bürgerschaft waren sonst durchaus nicht ein Herz und eine Seele, schon gar nicht im 14. Jahrhundert, als überall Handwerkeraufstände ausbrachen, deren Unterdrückung nur gelang, weil das Patriziat der anderen Hansestädte den bedrängten Ratskollegien zu Hilfe eilte. Religiöser Überschwang scheidet als Ursache aus. Als um 1350 die Pest, der „schwarze Tod“, mit ihren Schrecken die Gemüter verwirrte und Tausende dazu trieb, auf die Straße zu gehen und sich blutig zu geißeln, blieb hier oben im Norden alles ruhig. Die Räte verwiesen das Volk auf den Spruch des Papstes, der die „Bluttaufe“ verwarf, und sorgten dafür, daß die wenigen Geißlerzüge, welche die Küste erreichten, so rasch wie möglich zum Tor hinauszogen. Das

Patriziat stimmte mit der geistlichen Obrigkeit darin überein, daß Unkontrollierbares von den Gemeinden ferngehalten werden mußte. Beide sahen es lieber, wenn auf dem Markt und in der Kirche alles so verlief, wie man es gewohnt war. Nicht nur Ketzer, sondern auch Heilige störten das Geschäft...

In diesem Fall deckten sich die Interessen von Patriziat und Geistlichkeit. Aber häufiger kam es vor, daß die beiden Gruppen entgegengesetzte Standpunkte vertraten — und in solchen Konfliktsituationen handelte das Patriziat stets nach dem Grundsatz, daß die Diener der Kirche nicht die Kirche selbst waren. Wenn die Geistlichkeit dem Rat in die Quere kam, indem sie zum Beispiel auf ihre verbrieften Privilegien pochte, schlug er zurück und nutzte die Niederlage seines Konkurrenten aus, um ebendiese Privilegien an sich zu bringen. In Wismar hatte die Geistlichkeit nicht einmal mehr das Recht, die Schulen zu beaufsichtigen. Eine Anordnung des Rates beseitigte das von den Ordensgemeinschaften beanspruchte Privileg, Verfolgten Asyl zu gewähren. Die Klöster mußten sich verpflichten, keine Verdächtigen zu beherbergen, auch keine Ritter und Herren, mit denen die Stadt in Fehde lag. Geistliche Körperschaften durften nur Grundbesitz erwerben, wenn der Rat dazu seine Einwilligung gab. Wollten sie verkaufen, so sahen sie sich gezwungen, einen Käufer zu suchen, der nicht zur Geistlichkeit gehörte und zudem noch das Wismarer Bürgerrecht besaß.

Erst die politische Geschichte der Städte erklärt, was sonst unerklärbar wäre. Obwohl zwischen Patriziat und Bürgerschaft unversöhnliche Gegensätze bestanden, handelten sie gemeinsam, wenn es darum ging, Angriffe der großen Feudalherren abzuwehren. Die Unabhängigkeit war ein so kostbares Gut, daß sich zu seiner Verteidigung alle bürgerlichen Schichten zusammenschlossen. Die Städte hatten den Heerhaufen der Fürsten mehr als einmal das Laufen beigebracht, so 1316 im Hainholz vor Stralsund, als sich Herzog Erich von Sachsen-Lauenburg im Unterschied zu seinen

Rittern nicht rasch genug aus dem Staub machte und vor den Stralsunder Hutfilzern die Hände heben mußte. Nun forderte das hansische Bürgertum die feudalen Mächte auch auf dem Gebiet der Baukunst zum Kampf heraus. Die neuen Kirchen verkündeten: Seht her, wir können es ebensogut wie ihr – ja, noch besser! Es bestand nicht die geringste praktische Notwendigkeit, auf das komplizierte Schema der französischen Bischofskirchen zurückzugreifen. Wenn es trotzdem geschah, so zeigt uns auch dies, daß sich die Städte ihren feudalen Widersachern weit überlegen fühlten. Nicht einmal die vielen Schwierigkeiten technischer und konstruktiver Art konnten sie von ihrem Vorhaben abbringen.

Im Grunde war es Wahnwitz, hier oben an der Küste gotische Kathedralen bauen zu wollen. Das in Nordfrankreich entwickelte und von den deutschen Meistern in der ersten Hälfte des 13. Jahrhunderts übernommene System des gotischen Stils beruhte auf dem folgerichtigen Ineinandergreifen verschiedener bautechnischer Neuerungen. Wenn wir einen der großen gotischen Dome des Binnenlands betrachten, wie den schon erwähnten Dom zu Halberstadt, so fällt uns als erstes auf, daß er viel leichter, viel eleganter wirkt als die Bauten der romanischen Zeit. Statt der schweren rundbogigen Kreuzgratgewölbe erblicken wir zum Beispiel spitzbogige Kreuzrippengewölbe – und ebendieses Zusammenwirken von Spitzbogen und Rippengewölbe bildet die Grundlage der gotischen Konstruktion. Spitzbögen haben die Besonderheit, daß sie auf ungleicher Grundlinie durch Anwendung verschiedener Halbmesser stets gleich hoch geschlagen werden können. Damit entfiel der Zwang, den einzelnen Gewölbefeldern einen quadratischen Grundriß zu geben. Es bereitete nun keine Mühe mehr, auch Felder mit ungleichen Seiten – Rechtecke, Trapeze, Dreiecke usw. – einzuwölben.

Der Spitzbogen ermöglichte es den Meistern, über beliebigem Grundriß zu bauen. Das Kreuzrippengewölbe erlaubte ihnen, die einst so starre Mauermasse aufzulösen, indem sie die als Druck von oben nach unten und als Schub nach der Seite wirkenden Kräfte in bestimmte Bahnen lenkten. Die Eigenart des Kreuzrippengewölbes besteht darin, daß die über Kreuz angeordneten, fest verkeilten und sich gegenseitig stützenden Rippenbögen das tragende Gerüst bilden, während die raumabschließenden Teile des Gewölbes, die Kappen, bloße Füllwände darstellen, deren geringes Gewicht die stabilen Rippen ohne weiteres auffangen können. Druck und Schub sind daher im gotischen Kreuzrippengewölbe längst nicht so gleichmäßig verteilt wie im romanischen Kreuzgratgewölbe. Sie konzentrieren sich dort, wo die Rippen enden, also an den vier Eckpunkten des Gewölbefelds. Die zwischen den Eckpunkten liegende Wand wurde als Stütze nicht mehr gebraucht und ließ sich durch riesige Glasfenster ersetzen.

Die Auflösung der Mauermasse hatte ihren Preis. Es war notwendig, die vier Eckpunkte des Gewölbefelds so zu sichern, daß sie dem Druck und Schub standhielten. Besonders der Seitenschub gefährdete das Bauwerk. Wenn die Stützen nur um ein geringes ausbogen oder einknickten, brach das Kreuzrippengewölbe zusammen. Die Meister begegneten dieser Gefahr, indem sie den Schub nach außen ableiteten. Sie führten Strebepfeiler von oft gewaltiger Stärke an den Wänden der Seitenschiffe empor, ungefähr bis zur Höhe des Gewölbeansatzes im Mittelschiff, und schlugen frei schwebende Strebebögen über das Seitenschiffsdach hinweg zu jenen Punkten der Mittelschiffswand, welche gestützt werden mußten. Dieses Zusammenspiel von Spitzbogen, Kreuzrippengewölbe und Strebewerk beeindruckt den Betrachter so, daß er darüber vergißt, wie waghalsig solche gotischen Dome konstruiert sind. Das Versagen eines einzigen Gliedes konnte zu einer Katastrophe führen. Die Gewölbe der Kathedrale von Beauvais stürzten 1234 ein, weil die Meister die Druck- und Schubverhältnisse im Gebäude falsch berechnet und das Strebewerk zu schwach gebildet hatten. Wenn so etwas schon im Mutterland der Gotik, in Frankreich, passierte, um wieviel gefährdeter waren dann die deutschen Bauten...

Immerhin, die Meister hatten im Laufe der Jahrzehnte Erfahrungswerte gesammelt. Sie wußten, was das Material leistete, und hüteten sich, es zu überfordern. Der französische Kalkstein und die in Deutschland gebräuchlichen Natursteinsorten besaßen ungefähr dieselben Eigenschaften. Die Architekten brauchten also nicht umzulernen, wenn sie aus Chartres, Reims oder Amiens in ihre deutsche Heimat zurückkehrten. An der Küste aber lagen die Dinge anders. Hier oben gab es nur einen einzigen Naturstein, der in ausreichender Menge zur Verfügung stand: den Findlingsgranit. Er war jedoch so hart und so grobkörnig, daß sich seine Verwendung von selbst verbot. Wer größere Bauaufgaben lösen wollte, konnte dies nur mit Hilfe eines künstlich hergestellten Materials tun. Aber dem serienmäßig in Ziegelöfen gebrannten Backstein durfte man nicht annähernd soviel zumuten wie etwa dem sächsischen Sandstein oder dem rheinischen Tuff. Backstein und Naturstein haben so grundverschiedene Wesensmerkmale, daß die Meister alle auf den Bauplätzen des Binnenlands erworbenen Kenntnisse noch einmal überprüfen mußten – und sehr oft stellte sich dabei heraus, daß diese Kenntnisse im Backsteingebiet nicht ausreichten.

Wer einen Backstein in die Hand nimmt, ahnt meist nicht, wie viele Probleme in ihm stecken. Natursteine lassen sich in jeder beliebigen Größe brechen und dann in jede gewünschte Form bringen. Es bereitete den gotischen Steinmetzen wenig Mühe, die verschiedenen Werkstücke so zu bilden, wie es der Plan des Baumeisters vorschrieb. Anders der Backstein: Er darf eine bestimmte Größe nicht überschreiten, weil er sonst nicht gleichmäßig gebrannt werden kann, und auch seiner Formbarkeit sind sehr enge Grenzen gezogen. Im Unterschied zu den Architekten der Natursteingotik, die je nach Bedarf größere oder kleinere Werkstücke verwendeten, mußten sich die Meister der Backsteingotik damit abfinden, daß ihnen nur gleichartige und dazu noch recht spröde Bauelemente zur Verfügung standen. Die Vergrößerung einer Form war allein durch Addition erreichbar. Aber diese Addition hatte ihre Tücken: Ein aus unzähligen kleinen Teilen zusammengefügter Pfeiler ist bei weitem nicht so druck- und schubfest wie eine aus Natursteinquadern aufgeführte Gewölbestütze. Backsteine gerieten viel leichter aus den Fugen als Sandstein. Ihre geringe Spannkraft mahnte zur Vorsicht.

Die Namen der Meister, die an der Wende vom 13. zum 14. Jahrhundert in Stralsund und Rostock arbeiteten, sind unbekannt. Es war wie so oft im Mittelalter: Dokumente und Chroniken schildern zwar die Haupt- und Staatsaktionen der herrschenden Klasse, aber sie verschweigen, wer die großen schöpferischen Leistungen der Epoche vollbracht hat. Allein aus Wismar liegen einige urkundlich gesicherte Nachrichten vor. So wissen wir, daß der Architekt, der um 1339 den Chor der im zweiten Weltkrieg leider zerstörten Marienkirche entwarf, Johann Grote hieß und daß am Chor von St. Nikolai nach 1381 ein Meister namens Heinrich von Bremen am Werk war. Die anderen überlieferten Namen – Hermann von Münster, Hans Martens, Peter Stolp – stammen aus dem 15. Jahrhundert, also aus einer Zeit, in der es nur noch darauf ankam, die von den vorangegangenen Generationen gesammelten Erfahrungen systematisch anzuwenden und weiterzuentwickeln.

Auch nach Zeugnissen, die uns Einzelheiten verraten, suchen wir vergeblich. Nicht eine einzige Chronik gibt darüber Auskunft, wie die verantwortlichen Meister bestimmte technische Schwierigkeiten bewältigt haben, zum Beispiel die kniffligen Probleme der Arbeitsorganisation und des Materialnachschubs. Die patrizischen Chronisten hielten es wohl für wenig standesgemäß, sich mit Dingen zu beschäftigen, die in den Bereich des Handwerks gehörten. So begnügten sie sich in der Regel mit einigen allgemein gehaltenen Sätzen. Sie wurden erst aufmerksam, wenn sich auf den Bauplätzen etwas Außergewöhnliches ereignete, zum Beispiel ein Gewölbeeinsturz wie jener von 1398 in der Rostocker Marienkirche.

Von den im Kathedralschema erbauten großen Pfarrkirchen sind vier unversehrt erhalten geblieben: St. Nikolai und St. Marien in Stralsund, St. Marien in Rostock und St. Nikolai in Wismar. Schon die Namen deuten darauf hin, warum das Patriziat gerade diese Kirchen vor anderen ausgezeichnet sehen wollte: Der heilige Nikolaus war der Schutzpatron der Seefahrer, die Gottesmutter Maria die Beschützerin aller Christenmenschen, die ins Land der „Heiden“ zogen.

Wenn nicht alles täuscht, wurde die Stralsunder Nikolaikirche bereits um 1270 und die Marienkirche zu Rostock um 1290 begonnen. In dieser frühen Zeit bewegten sich die Meister noch auf sehr unsicherem Grund. Die vielen Probleme, die während der Arbeit auftauchten, ließen sich nur mit Hilfe von Experimenten lösen — und Experimente haben nun einmal die Besonderheit, daß sie auch mißlingen können.

Die Meister, die in den Jahrzehnten nach 1270 die Stralsunder Werkstatt leiteten, tasteten sich mit äußerster Vorsicht an das Hauptproblem heran. Da sie der Druck- und Schubfestigkeit des Backsteins mit Recht mißtrauten, folgten sie zunächst dem erprobten Grundsatz, daß doppelte und dreifache Sicherheit einem Bau noch nie geschadet hat. Erst als die mächtigen Pfeiler im Chor und im Langhaus der wachsenden Last des Mauerwerks standhielten, ohne, wie befürchtet, aus dem Lot zu weichen, verringerte sich ihr Argwohn. Sie wußten nun, daß es in der Backsteinbaukunst besonders darauf ankam, die tragenden Glieder kräftig zu bilden, auch auf die Gefahr hin, daß dabei Eleganz verlorenging. Das schwierigste Problem war die Ableitung des Gewölbeschubs. Zwar konnten sich die Stralsunder schon auf die Erfahrungen stützen, die man in einer anderen Stadt der Ostseeküste, in Lübeck, gesammelt hatte, aber es blieben

Nikolaikirche in Wismar

so viele Unsicherheitsfaktoren, daß der Versuch, den Seitenschub durch ein voll entwickeltes Strebewerk auffangen zu lassen, einem Vorstoß ins Unbekannte gleichkam. Das Wagnis glückte – vor allem weil die entgegen den Gewohnheiten der Natursteingotik nicht völlig aufgelöste Wand den Strebepfeilern und -bögen einen Teil ihrer Aufgabe abnahm.

Das gelungene Experiment gab den Meistern Sicherheit und weckte ihren Ehrgeiz. Sie fürchteten nun nicht mehr, daß das Backsteinmauerwerk unter der Last der Gewölbe zusammenbrach, und trieben den Raum allmählich nach oben. Das Mittelschiff der Stralsunder Nikolaikirche ist 29 Meter hoch, die Meister von St. Marien in Stralsund erreichten eine Höhe von 32,4 Metern. In der Nikolaikirche zu Wismar aber beträgt die Scheitelhöhe der Mittelschiffsgewölbe volle 37 Meter. Wer die Größe dieser Leistung ermessen will, muß bedenken, daß eines der berühmtesten Bauwerke der Natursteingotik, das Straßburger Münster, nur eine Mittelschiffshöhe von 31,5 Metern besitzt. Sogar die technisch besonders erfahrenen Franzosen schreckten mehr als einmal vor einer solchen Ausweitung des Raums zurück.

Die an der Marienkirche zu Rostock tätigen Meister gingen einen anderen Weg – und schon die Tatsache, daß die Arbeit zunächst nur langsam vorankam, läßt erkennen, daß er viel risikoreicher war als der in Stralsund und Wismar beschrittene. Die Rostocker verzichteten auf ein voll entwickeltes Strebewerk. Sie glaubten, daß der Seitenschub allein durch Pfeiler aufgefangen werden könnte. Solche Versuche gelingen meist nur unter bestimmten Voraussetzungen. Vor allem muß der Baugrund sicher und das Fundament tragfähig sein. Aber die Rostocker Meister bauten nicht auf gewachsenem Fels, sondern auf dem nachgiebigen Sumpfboden der Warnowniederung. Sie handelten doppelt unvorsichtig, als sie sich dazu entschlossen, die Grundmauern der inzwischen abgerissenen frühgotischen Hallenkirche noch einmal zu verwenden. Ob nun die Strebepfeiler dem Schub auswichen, ob der Baugrund nachgab oder ob das Fundament der viel höheren Belastung nicht länger zu widerstehen vermochte – im Jahre 1398 stürzten die Gewölbe ein und rissen große Teile des Chors und der Mittelschiffswand mit sich.

Gewöhnlich hatten solche Unglücksfälle zur Folge, daß der Bauherr vor weiteren Wagnissen zurückschreckte und sich mit einem Werk von bescheideneren Abmessungen zufriedengab. Das selbstbewußte Rostocker Patriziat handelte genau umgekehrt: Seine Antwort auf die Katastrophe bestand in dem Beschluß, die Kirche vergrößern zu lassen. Der ursprünglich querschiffslosen dreischiffigen Basilika wurde im 15. Jahrhundert ein gewaltiges Querhaus angefügt. Es besitzt eine Länge von 59 Metern und eine Breite, welche die Mittelschiffsbreite um fast einen Meter übertrifft. Im Grunde wurden hier zwei verschiedene Kirchen miteinander verschmolzen, und das Ergebnis ist ein Raum, in dem die Längsrichtung von Westen nach Osten nicht mehr so unumschränkt herrscht wie in einer Basilika des herkömmlichen Typs. Die klobige Ummantelung der einst recht schlanken und lebhaft gegliederten Mittelschiffspfeiler beweist, daß die Meister, die den Wiederaufbau leiteten, sich weit mehr mit den Problemen der Sicherheit beschäftigten als ihre Vorgänger aus dem 14. Jahrhundert. Wahrscheinlich verstärkten sie auch jene Glieder, welche den Seitenschub der 31,5 Meter hohen Mittelschiffsgewölbe auffangen. Das Unglück von 1398 hatte sie gelehrt, daß Standfestigkeit vor Schönheit ging.

Nur in einer Beziehung steht die Rostocker Marienkirche hinter anderen Bauten der hansischen Backsteingotik zurück: Ihr Turm blieb unvollendet. Auch daran war der unsichere Baugrund schuld. Wenn der Sumpfboden schon unter der Last der Langhausmauern nachgab, wie sollte er dann das Gewicht eines Turmriesen tragen? Als sich um 1450 die ersten Risse zeigten, ordnete der Rat an, den Bau einzustellen. In Wismar wuchs zu dieser Zeit der Turm der Marienkirche empor: Er erreichte eine Höhe von 80 Metern. In Greifswald arbeiteten die Meister am Turm von St. Nikolai, der schließlich, nach einer letzten Umgestaltung im 17. Jahrhundert, 99,9 Meter hoch in den Himmel ragte. Das mächtige Stralsund nahm die Herausforderung der Greifswalder an: Die Meister von St. Marien trieben den Turm 103 Meter in die Höhe, und ebenso wie die Schöpfer von

Turm der Marienkirche in Rostock

St. Nikolai verbanden sie Größe und Eleganz miteinander. Den im 14. Jahrhundert errichteten Türmen haftet oft noch etwas Ungeschlachtes an. Ein typisches Beispiel ist der wohl um 1360 vollendete doppeltürmige Westbau der Stralsunder Nikolaikirche. Im 15. Jahrhundert hatten die Meister gelernt, die Backsteinmassen so abwechslungsreich zu gliedern, daß sie trotz ihrer Schwere leicht wirken.

Die Anpassung des Formenschatzes der gotischen Kathedrale an die besonderen Bedingungen der Backsteinbaukunst gehört zu den großartigsten Leistungen der deutschen Kunstgeschichte. Anpassung bedeutete zugleich Umgestaltung: Der bürgerliche Charakter der Gotik tritt in den hansischen Küstenstädten viel deutlicher hervor als in den Natursteingebieten des Binnenlands. Es ist gleich, ob wir uns die Backsteinkathedralen von Stralsund, Rostock oder Wismar anschauen: Sosehr sich diese Kirchen im einzelnen voneinander unterscheiden – im Grundsätzlichen stimmen sie überein. Die Meister der Natursteingotik „skelettierten" den Bau, indem sie die tragenden Glieder möglichst dünn bildeten, oft so dünn, daß man sich fragt, wie die senkrechten Teile das Gewicht überhaupt aushalten können. Die Backsteinkathedralen haben stämmige Pfeiler – und schon dieses veränderte Verhältnis von Stütze und Last bewirkt, daß sich der Besucher viel behaglicher fühlt als in den großen gotischen Basiliken des Binnenlands. Der Schritt der Bögen, die das Mittelschiff von den Seitenschiffen trennen, ist bedächtig und raumgreifend. Der Chorumgang gleicht einer breiten Straße. Viele kleine waagerechte Glieder dämpfen die Aufwärtsbewegung: Der Raum strebt gewaltig in die Höhe, aber da die in verschiedener Höhe angeordneten Bezugspunkte – Gesimse, Friese, Bänder usw. – das Große begreifbar machen, steht das Raumgefühl unter der Kontrolle des Verstandes. Die Menschen, die sich hier einst zum Gottesdienst versammelten, hielten nichts von überschwenglichen Regungen und schon gar nichts von Verzückungen. Sie blieben auch im Gebet mit beiden Beinen auf der Erde. Im Herrschaftsbereich der Hanse war die Kirche für die Gläubigen da – nicht die Gläubigen für die Kirche.

Es ging in diesen Bürgerkathedralen durchaus nicht immer feierlich und andächtig zu. Die mittelalterliche Frömmigkeit hatte viele Gesichter, und eines davon war ein Narrengesicht. Es ist überliefert, daß die Oster- und Fastnachtsspiele Tausende in die Kirche lockten, darunter so manchen, der seine religiösen Pflichten sonst nur lässig erfüllte. Die Autoren dieser Spiele sprangen mit den christlichen Legenden sehr frei um, manchmal so frei, daß die erbauliche Haupthandlung im Gestrüpp der vielen satirischen Nebenhandlungen fast verschwand. In dem Redentiner Osterspiel (1465) des Doberaner Zisterziensermönches Peter Kalf, das Christi Auferstehung und Höllenfahrt schildert, hecheln die beiden Teufel Luzifer und Satanas die Geistlichkeit gehörig durch und sparen dabei nicht mit Ausdrücken, die man sonst nur in der Schenke zu hören bekam. Auch betrügerische Gastwirte, pfuschende Handwerker, stadtbekannte Trunkenbolde und keifende Ehefrauen erhalten, was ihnen zusteht. Das Publikum lachte, daß es von den Gewölben widerhallte – und niemand nahm daran Anstoß.

Die bildende Kunst der hansischen Küstenstädte ist von einem ähnlichen Geist geprägt. Genauso wie heute kaufte oder bestellte man auch damals nur, was einem aus irgendwelchen Gründen gefiel. Das hansische Bürgertum legte Wert darauf, daß die Aussage der Kunstwerke mit den Erfahrungen des Lebens übereinstimmte. Das Leben zwang den Kaufmann, mehr auf den Inhalt als auf die Form zu achten. Was nutzte ein in wohlklingenden Wendungen abgefaßter Vertrag, wenn es seinen Bestimmungen an Genauigkeit mangelte? Der in den Kniffen des Handels Erfahrene wollte alles so exakt wie möglich festgehalten sehen. Warum sollte gerade in der Kunst nicht gelten, was sonst überall Gültigkeit besaß? Die Künstler erfüllten den Wunsch nach Lebenswahrheit.

Es ist bezeichnend, daß der von höfischen Vorstellungen geprägte Stil des frühen 15. Jahrhunderts – der Stil der Schönen Madonnen – nur zwei Werke von überdurchschnittlicher Qualität hinterlassen hat: die Madonna der Familie Junge in der Stralsunder Nikolaikirche und den Krämeraltar, der jetzt in der Nikolaikirche zu Wismar steht. Alle übrigen bedeutenden Schöpfungen, gleichgültig, aus welchem Jahrhundert sie stammen, sind von derberer Art.

Pilatus-Szene am Taufkessel der Marienkirche in Rostock

Schon die Meister, die 1290 den Taufkessel der Rostocker Marienkirche gossen, hielten mehr von Bestimmtheit als von Eleganz. Es machte ihnen offensichtlich Freude, die biblischen Szenen so zu schildern, daß sie lebensnah wirkten. Sie holten das Heilige auf die Erde herab, indem sie die handelnden Figuren mit begreifbaren menschlichen Eigenschaften ausstatteten. Der römische Landpfleger Pontius Pilatus schwankt noch, ob er Jesus freigeben oder der wütenden Menge ausliefern soll, aber einer von denen, die den Tod des Störenfrieds wollen, zischelt ihm bösen Rat ins Ohr und kriegt ihn schließlich herum. Der handfeste Wirklichkeitssinn der Meister machte nicht einmal vor dem sonst mit Respekt behandelten personifizierten Bösen halt: Aus dem schrecklichen Höllenfürsten ist ein Tolpatsch mit Stülpnase und Kugelbäuchlein geworden, ein Teufel, den man unter Umständen auch übers Ohr hauen kann.

Rund zwei Jahrhunderte trennen den Rostocker Taufkessel von dem Hochaltar der Stralsunder Nikolaikirche, aber trotz aller stilistischen Unterschiede herrscht hier wie dort die gleiche Stimmung. Im Mittelschrein des Altars ist die Kreuzigung Christi dargestellt, die Schnitzreliefs in den beiden Flügeln schildern die anderen Begebenheiten der Leidensgeschichte, zum Beispiel die Geißelung und die Dornenkrönung. Wir kennen unzählige solcher Altäre, und gewöhnlich geht es in ihnen sehr feierlich zu. Schließlich gehörte die Leidensgeschichte nicht nur zu den ernstesten, sondern auch zu den ideologisch wichtigsten Themen der christlichen Kunst: Der Opfertod Jesu galt als Preis für die Erlösung der sündigen Menschheit. Es war daher verständlich, daß die Schnitzer in den meisten Fällen vor einer allzu drastischen Schilderung der Ereignisse zurückschreckten, selbst dann, wenn sie eine „Kreuzigung mit Gedräng" schufen, also die vielen in der Bibel enthaltenen Nebenszenen — die Ohnmacht der Maria, die Trauer des Johannes, die Bekehrung des römischen Hauptmanns, die um den Rock des Hingerichteten würfelnden Soldaten usw. — in die Darstellung einbezogen.

Diese Scheu vor dem Heiligen war den Meistern der hansischen Küstenstädte fremd. Sie hielten es nicht nur für erlaubt, sondern geradezu für geboten, den Ablauf der Ereignisse so zu schildern, wie es dem Wortlaut der Bibel entsprach. Es störte sie nicht im geringsten, daß die vielen Nebenszenen die Aufmerksamkeit von der Haupthandlung ablenkten. Sie wollten ganz genau darstellen, was sich damals, vor anderthalb Jahrtausenden, in Jerusalem zugetragen haben sollte, auch auf die Gefahr hin, daß die bunte Menschenmenge, die sich um das Kreuz drängte, der Hinrichtung Christi fast den Charakter einer Volksbelustigung gab. Es bereitete den Schnitzern offensichtlich Mühe, die zahlreichen Figuren in eine gewisse Ordnung zu bringen, das Gewimmel ist manchmal nicht mehr überschaubar, aber die erstaunliche Lebensfülle des Inhalts gleicht die Mängel der Gliederung aus. Ausgewogenheit der Form stand an der Küste nie sehr hoch im Kurs. Dafür rückten Kunst und Leben eng zusammen.

Die Kunst der Hansestädte setzte Maßstäbe, die auch außerhalb der Mauern galten. Ihre Vorbildlichkeit war so unbestritten, daß sie manchen dazu bewog, über seine Verhältnisse zu bauen. Die kleine Hafenstadt Wolgast an der Peenemündung besaß damals nicht viel mehr als tausend Einwohner, sie stand in wirtschaftlicher und politischer Beziehung weit hinter Stralsund oder Rostock zurück. Dennoch beschloß die Bürgerschaft in der zweiten Hälfte des 14. Jahrhunderts, die frühgotische Petrikirche abreißen zu lassen und an ihrer Stelle eine Basilika mit Chorumgang zu errichten – ein geradezu tollkühner Plan, dessen Verwirklichung von jedem einzelnen Bürger viel größere finanzielle Opfer verlangte als etwa der Bau der Nikolaikirche von der Einwohnerschaft Stralsunds. Die Wolgaster mußten den Riemen enger schnallen, und wir dürfen annehmen, daß sie erleichtert aufatmeten, als das Werk nach fünfzig, sechzig Jahren endlich fertig war.

Noch bezeichnender ist, daß sich auch die sonst so selbstbewußten Ordensgemeinschaften dem Einfluß der hansischen Backsteingotik nicht zu entziehen vermochten. Der 1098 gegründete Orden der Zisterzienser hatte besonders strenge Regeln: Sie verboten den Ordensbaumeistern jeden Aufwand, der über das Notwendige hinausging. Alle Zisterzienserkirchen des 12. und 13. Jahrhunderts sind so einfach gegliedert, daß sie neben den Bauten der Bischöfe fast

Gewölbe der Klosterkirche in Doberan

ärmlich wirken. Die Meister, die nach 1186 die erste Kirche des Klosters Doberan errichteten, hielten noch an diesen Regeln fest. Ihr Werk, eine kreuzförmige Pfeilerbasilika, unterschied sich wohl nur in Einzelheiten von der als Ruine erhaltenen Kirche des Klosters Eldena bei Greifswald. Aber diese Basilika brannte 1291 ab, und als einige Jahre später der Neubau begonnen wurde, kümmerte sich niemand mehr darum, was die Ordensregeln vorschrieben. Nur die Turmlosigkeit der Kirche erinnert noch daran, daß es sich um eine Schöpfung der Zisterzienser handelt. Chor, Kapellenkranz, Querschiff und Langhaus folgen dem Beispiel der großen Bürgerkathedralen.

An der Wende vom 15. zum 16. Jahrhundert brach das Handelssystem der Hanse Stück für Stück zusammen. Hauptursache des Niedergangs war, daß sich in jenen Gebieten, welche der hansische Kaufmann wirtschaftlich ausbeutete, Nationalstaaten gebildet hatten, deren wachsender Macht ein Städtebund auf die Dauer nicht widerstehen konnte. Weder die Holländer noch die Russen wollten sich länger die Butter vom Brot nehmen lassen, und auch die englischen „merchant adventurers", die „wagenden Kaufleute", drängten ihre Regierung, die hansischen „Osterlinge" aus dem Lande zu treiben. Es nutzte nicht viel, daß sich die Städte nach Kräften wehrten. Die Kaperkriege, die sie gegen Holländer, Dänen und Engländer führten, brachten wenig ein, und das Ende rückte mit jedem Jahrzehnt näher. 1494 schloß Zar Iwan III. (1440—1505) das Kontor in Nowgorod. Um 1520 zog sich die Hanse aus Brügge zurück. 1533 erklärte der Schwedenkönig Gustav Wasa (1496—1560) die Sonderrechte der Hansestädte für null und nichtig. 1560 hob Königin Elisabeth I. (1533—1603) die Privilegien der Hanse in England auf. Die große Zeit des „wendischen Quartiers" war vorüber...

Nur die Bauten erinnern uns noch daran, daß hier oben im Norden einst andere Gesetze galten als in den Territorien des Binnenlands. „Die Hanse hatte durch ihr hundertjähriges Seemonopol die Erhebung von ganz Norddeutschland aus der mittelalterlichen Barbarei sichergestellt"*, schrieb Friedrich Engels im Jahre 1850. Das bürgerliche Kaufmannskapital erwies sich dabei als treibende Kraft. Nirgendwo sonst im römisch-deutschen Kaiserreich war das Bürgertum so

* Karl Marx/Friedrich Engels, Werke, Bd. 7, Berlin 1978, S. 330

mächtig und der Adel so ohnmächtig wie an der Südküste des Baltischen Meeres. In keiner anderen Landschaft unserer Heimat prägte sich bürgerliches Selbstbewußtsein deutlicher aus. Die Feudalherren sahen sich in die Defensive gedrängt. Sie konnten der Bürgermacht wenig entgegensetzen und wichen auch auf dem Gebiet der Kunst vor ihr zurück.

Schönheit aus dem Ziegelofen

Backsteinbauten aus vier Jahrhunderten in der Altmark

Es gibt viele Möglichkeiten, in die Altmark zu gelangen, aber die Fahrt mit dem Triebwagen auf der Nebenstrecke von Genthin nach Sandau hat den Vorteil, daß wir uns allmählich an den Rhythmus dieser Landschaft gewöhnen. Schon hier, in dem schmalen Streifen altmärkischen Landes rechts der Elbe, begreifen wir, daß wir uns Zeit lassen müssen. Der Motorradfahrer, der den Erfolg des Tages an den zurückgelegten Kilometern mißt, rast an der Schönheit vorüber, ohne sie wahrzunehmen. Das Dorf Redekin, Ausgangspunkt unserer ersten Wanderung, ist für ihn lediglich eine Art Verkehrshindernis, das ihn zwingt, die Geschwindigkeit seiner MZ auf 50 Stundenkilometer zu drosseln. Ein Blick nach links, aha, dort steht eine Kirche, sonderbar sieht sie aus, ganz anders als die Kirchen in der Mark Brandenburg – und dann kann der Motor wieder zu dröhnen beginnen.

Wir aber sehen unseren Triebwagen ohne Bedauern hinter der Biegung verschwinden. Es stört uns nicht, daß der nächste erst in drei Stunden kommt. Bis dahin sind wir längst in Jerichow. In Redekin halten wir uns nicht lange auf. Die romanische Dorfkirche wurde um 1200 errichtet, aber da ihre Ausstattung aus einer viel späteren Zeit stammt, genügt es, wenn wir das Bauwerk von außen betrachten. Im Osten die Apsis, darauffolgend der Chor, dann das einschiffige Langhaus, in dem sich die Gemeinde versammelte, und als Abschluß ein mächtiger Querturm – wir stehen vor einer Dorfkirche des ostfälischen Typs. Die deutschen Einwanderer des späten 12. Jahrhunderts, meist landhungrige Bauern, haben diese Kirchenform aus ihrer alten Heimat Ostfalen, dem heutigen Niedersachsen, mitgebracht. Wir werden ihr in der Altmark noch oft begegnen, zum Beispiel in Groß Schwechten nördlich von Stendal, wo statt der Backsteine sauber behauene Feldsteinquadern verwendet wurden.

Unser Weg führt uns nun nach Nordwesten. Sobald wir den toten Elbarm nördlich von Klietznick erreicht haben, können wir uns nicht mehr verlaufen. Schon von weitem grüßen uns die beiden Türme der Klosterkirche Jerichow. Im Jahre 1144 siedelten sich hier Prämonstratensermönche an, so genannt nach ihrem Mutterkloster in dem nordfranzösischen Waldtal Prémontré, das auf lateinisch Praemonstra-

Chor der Klosterkirche in Jerichow

tum hieß. Gründer des Ordens war ein deutscher Feudalherr vom Niederrhein, der später heiliggesprochene Norbert von Xanten (um 1085–1134), und die von ihm ausgearbeiteten strengen Regeln sahen vor, daß sich die Prämonstratenser vor allem der Seelsorge widmen sollten. Östlich der Elbe lag eben erst erobertes slawisches Land, und dem Schwert folgte das Kreuz: Die Mönche predigten den unterworfenen „Heiden" das Christentum.

Wenn wir nun die Kirche aus der Nähe betrachten, so sehen wir auf den ersten Blick, daß es sich um ein romanisches Bauwerk handelt. Der Chor mit seinen drei Apsiden, das Querschiff und das dreischiffige Langhaus sind deutlich voneinander abgehoben. Fenster und Portale haben Rundbogenform, die Schmuckfriese unterhalb des Daches setzen sich ebenfalls aus Rundbögen zusammen. Der Hauptunterschied zu den romanischen Stiftskirchen am Nordrand des Harzes besteht darin, daß die Meister in der Jerichower Elbniederung Backsteine benutzten – nicht aus freiem Entschluß, sondern weil ihnen in diesem natursteinarmen Gebiet nichts anderes übrigblieb. Nur Findlingsgranit gab es genug, aber diese Steinsorte war so hart und spröde, daß sie sich jeder feineren Bearbeitung widersetzte. Schon das Behauen der Granitblöcke hätte viel Zeit gekostet – und die Prämonstratenser wollten ihre Kirche so rasch wie möglich vollendet sehen.

Es lohnt sich, einmal darüber nachzudenken, auf welche Weise und mit wessen Hilfe diese Kirche errichtet worden ist. Mußten die Bauern auch hier Dienste leisten wie in Gernrode und Quedlinburg? Wir wissen, daß die Fronenden nur grobe Arbeiten verrichten konnten, also Tätigkeiten, die keine handwerklichen Spezialkenntnisse erforderten. Aber schon der Bau des Brennofens setzte Fachwissen voraus, um wieviel mehr erst der eigentliche Brennvorgang, bei dem es vor allem auf eine gleichmäßige Hitzeentwicklung ankam. Ungleichmäßig gebrannte Backsteine zerbröckelten oder brachen auseinander; sie ließen sich höchstens als Füllungen verwenden. Auch das Einfügen der Steine in den Mauerverband war viel komplizierter als das Versetzen der großen Natursteinquader, besonders dort, wo die Bauteile aneinanderstießen oder wie bei den Bögen von der geraden Linie abwichen. Nur Fachkräfte beherrschten die Kunst, den Verband so zu gliedern, daß er durch den rhythmischen Wechsel von Läufern und Bindern, das heißt von Steinen, deren Langseite in der Mauerflucht oder quer zu ihr lag, Festigkeit erhielt. Kein Zweifel, der Anteil der Frondienste hatte sich verringert. Alle wichtigen Arbeiten wurden von geschulten Handwerkern ausgeführt – und diese Spezialisten verlangten, daß man sie bar bezahlte.

Auch die relativ kurze Bauzeit spricht dafür, daß die Organisation des Arbeitsablaufs in den Händen von Fachleuten lag. Die Kirche ist um 1150 begonnen und um 1180 vollendet worden. Nur der Westbau und die beiden Turmhelme stammen aus späteren Jahrhunderten. Es kam im Mittelalter nicht gerade häufig vor, daß Werke von dieser Größe sozusagen in einem Zug errichtet wurden. Gewöhnlich ging den Auftraggebern nach einigen Jahren das Geld aus. Der Bau ruhte, bis die Kasse wieder gefüllt war. Der Abt von Jerichow hingegen konnte aus dem vollen schöpfen. Die weltlichen Feudalherren wußten die ideologischen Hilfsdienste des Ordens zu schätzen. Sie knauserten nicht, als es darum ging, die Neugründung mit Land und Leuten auszustatten. Jerichow gehörte zu den reichsten Klöstern der Altmark, die damals noch Nordmark hieß, und dieser Reichtum nahm zu, je weiter die deutschen Kreuzfahrerheere nach Osten vordrangen. Die Bekehrung der „Heiden" warf beträchtliche Gewinne ab...

Bisher haben wir uns die Kirche lediglich von außen angesehen. Wenn wir nun hineingehen, glauben wir uns in eine viel frühere Zeit versetzt, etwa in die Jahrzehnte nach 1050, also in die Periode der sächsischen Hochromanik. Wir stehen in einer karg gegliederten Flachdeckenbasilika, die sich von den Königsbauten des Harzvorlands nur dadurch unter-

Doppelsäule in der Krypta der Klosterkirche zu Jerichow

scheidet, daß statt des Stützenwechsels ausschließlich Säulen verwendet worden sind. Allein die unter dem Chor gelegene zweischiffige Krypta weist reichere Formen auf, zum Beispiel einige wunderschöne spätromanische Sandsteinkapitelle. Wie kam es zu dieser Wiederbelebung längst überholter Gestaltungsgrundsätze? Zweierlei wirkte hier wohl zusammen: einmal die Tatsache, daß die Prämonstratenser zu den

Reformorden gehörten, das heißt zu jenen Mönchsgemeinschaften, welche nach besonders strengen Regeln lebten, zum anderen der Umstand, daß sich ihre Konvente aus Mitgliedern des Hochadels zusammensetzten – und diese Adligen legten auch als Kuttenträger Wert darauf, daß die Beherrschten Abstand wahrten und sie respektierten. Die Ordensregel schrieb den Mönchen Verzicht auf Überflüssiges vor, aber der Rückgriff auf die von Königen geprägte Kunst der sächsischen Romanik bewirkte, daß das Bauwerk trotzdem einen aristokratischen Charakter erhielt. Welch eine seltsame Mischung von Bescheidenheit und Hochmut!

Nachdem wir Jerichow verlassen haben, nähern wir uns allmählich dem Ziel unserer Wanderung. Von der Krone des Deiches, der sich nach Norden zieht, blicken wir über die weite Elbniederung mit ihren Wiesen und Altwassern. Wir ahnen die Nähe des großen Stroms, aber noch bevor wir ihn zu Gesicht bekommen, sehen wir am westlichen Horizont die Silhouette einer Stadt auftauchen. Und je mehr sich die Entfernung verringert, desto deutlicher erkennen wir, daß es sich um eine alte Stadt handelt: Vor uns, auf dem Westufer der Elbe, liegt Tangermünde. Schon zur Zeit des Geschichtsschreibers Thietmar von Merseburg (975–1018) war dieser Ort, Tongeremuthi genannt, besiedelt. Kaiser Karl IV. (1316–1378) aus dem Hause der Luxemburger, König von Böhmen, Markgraf von Mähren, wählte ihn 1373, als er die Mark Brandenburg erwarb, zu seiner zweiten Residenz. Er hatte die Absicht, Prag zum wirtschaftlichen Zentrum Europas und die Elbe zum Hauptschiffahrtsweg zu machen. Von der böhmischen Grenze aus war Tangermünde die erste Stadt an der Elbe, die in seinem Herrschaftsbereich lag. Aber Karls schwacher und geldgieriger Sohn Sigismund (1368–1437) verschleuderte das kostbare Erbe, indem er den Nürnberger Burggrafen Friedrich von Hohenzollern (1371–1440) mit der Mark belehnte – und die Hohenzollern hielten nichts von Städten, die auf ihre Privilegien pochten. Das stolze Tangermünde mußte sich beugen ...

Schon die Silhouette verrät uns etwas über das Werden und Wachsen der Stadt. Im Norden erblicken wir eine Burg. Ihre noch erhaltenen mittelalterlichen Gebäude – das Burgtor, der Kapitelturm und die „Kanzelei", ursprünglich wohl ein Saalbau für Festlichkeiten – stammen aus der Zeit Kaiser Karls IV., aber gegründet wurde sie viel früher, wahrscheinlich in der zweiten Hälfte des 10. Jahrhunderts. Die ersten Einwanderer ließen sich südwestlich der Grenzfeste nieder, nahe genug, um im Falle der Gefahr hinter ihre Mauern flüchten zu können, und doch nicht so nah, daß die Feudalherren alles, was in der Marktsiedlung vor sich ging, zu kontrollieren vermochten. Die Stadt entwickelte sich also im Schutz der Burg, aber im wachsenden Gegensatz zu ihren Eigentümern. Woran wir dies erkennen? Vor allem daran, daß die von der Bürgerschaft um 1300 errichteten ungewöhnlich starken Befestigungsanlagen die Burg nicht einbeziehen, sondern gewissermaßen aussperren. Die Stadtmauer endet dort, wo der Schloßbezirk beginnt. Der Burghauptmann mochte sehen, wie er zurechtkam. Die Tangermünder schlugen ihm die Tür vor der Nase zu.

Viele Städte haben ihre mittelalterlichen Mauern, Tore und Türme verloren, meist erst im späten 19. Jahrhundert, als kapitalistische Boden- und Bauspekulanten die Stadtverwaltungen beherrschten. Tangermünde gehört zu den Ausnahmen: Hier können wir uns noch davon überzeugen, wie gut die Bürger ihre Heimat zu schützen verstanden. Bevor die Heere Kanonen mit sich führten, beruhte das Verteidigungssystem auf dem Grundsatz der Überhöhung. Wer oben stand und seine Waffe nach unten richtete, war im Vorteil gegenüber jenen, welche von unten nach oben kämpfen mußten. Die Tangermünder Backsteinmauer besaß einst eine Höhe von 7 bis 10 Metern, aber der Rat der Stadt tat noch ein übriges, indem er anordnete, sie in regelmäßigen Abständen mit Weichhäusern zu bestücken, mit halbrunden oder eckigen Türmen, von denen aus die Angreifer in der Flanke gepackt werden konnten. Zwei Mauertürme südlich des Elbtors, von alters her Putinnen genannt, dienten zugleich als Gefängnis. Der am besten erhaltene Teil der Stadtbefestigung befindet sich an der Mauerstraße, aber auch die Elbfront hat noch viel von ihrem alten Charakter bewahrt.

Die drei Stadttore von Tangermünde – das Elbtor im Westen, das Neustädter Tor im Süden und das Hühnerdorfer Tor im Norden – sind ebenfalls von der Zerstörung verschont geblieben. Das Elbtor, ein wohl im 14. Jahrhundert errichteter schlichter Zweckbau mit einer Fallgatternische an der Feldseite, deckte einst die Auffahrt von der Furt, die hier durch den Strom führte. Die beiden anderen Tore hingegen stammen aus der Mitte des 15. Jahrhunderts, also aus einer Zeit, als der militärische Wert der nach dem Prinzip der Überhöhung gebauten Befestigungen bereits zweifelhaft zu werden begann. Die Heere verfügten nun über Artillerie. Ein paar Treffer genügten, um die ganze Herrlichkeit zusammenstürzen zu lassen. Die Tore und Türme verwandelten sich in Todesfallen für ihre Besatzungen. Trotzdem hielten die Städte an dem veralteten Verteidigungssystem fest. Mehr noch, gerade jetzt bauten sie Türme, die besonders hoch in den Himmel ragten. Es gibt dafür nur eine Erklärung: Die Stadttore besaßen neben ihrer militärischen Bedeutung auch einen symbolischen Wert. Sie versinnbildlichten die Macht des Bürgertums und riefen den Ankömmlingen zu, daß an dieser Stelle der Herrschaftsbereich der Feudalklasse endete.

Das von einem mächtigen Seitenturm geschützte Neustädter Tor geht wahrscheinlich auf einen Meister namens Steffen Boxthude zurück, von dem wir sonst nur wissen, daß er auch in Stendal, Werben und Zerbst tätig war. In Stendal baute er zum Beispiel den Uenglinger Torturm, in Werben das Elbtor – und stets nutzte er dabei die großen dekorativen Möglichkeiten des Backsteins aus, indem er das Mauerwerk aus rauhen und glasierten Ziegeln zusammensetzte und die Schichten spiral- oder zickzackförmig anordnete. Der unbekannte Meister des Hühnerdorfer Torturms folgte einem

Neustädter Tor in Tangermünde

anderen Gestaltungsgrundsatz: Er gliederte die Mauermasse durch schmale, spitzbogig geschlossene und mit Maßwerkstäben ausgefüllte Vertiefungen. Diese Blenden schlitzen die Wand gleichsam auf und zerlegen sie in einzelne Bahnen. Eines jedoch haben die beiden Bauten trotz ihrer Verschiedenartigkeit gemeinsam: Hier wie dort sind Zweckformen in Schmuckformen umgewandelt worden. Die

Bürger vertrauten wohl darauf, daß schon der bloße Anblick der Tortürme die Angreifer abschrecken würde. Aber diese Hoffnung trog: 1488 mußte Tangermünde vor dem Heer des brandenburgischen Kurfürsten Johann Cicero (1455–1499) die Waffen strecken. Und wie Tangermünde erging es auch den anderen altmärkischen Städten...

Aber noch haben wir das Schönste von Tangermünde nicht gesehen: das Rathaus, in wesentlichen Teilen die Schöpfung eines Meisters, der sich „magister henricus de stetin" nannte. Wir wissen heute, daß sein voller Name Hinrich Brunsberg (um 1350 – nach 1428) lautete. Seine Heimat war das vom Deutschen Ritterorden eroberte slawische Land an der Weichsel. 1372 ließ er sich in der reichen Handelsstadt Danzig (Gdańsk) nieder. Zwischen 1400 und 1428 ist er in Stettin (Szczecin) nachweisbar, aber seine wichtigsten Werke stehen nicht dort, sondern westlich der Oder, zum Beispiel in Greifswald, wo er zu Beginn des 15. Jahrhunderts die Annenkapelle der Marienkirche errichtete, und in Brandenburg an der Havel, wo ihm die Bürgerschaft 1401 die Bauleitung der Katharinenkirche anvertraute. Seine Kunst besitzt eine so deutlich ausgeprägte Eigenart, daß schon die Forscher des 19. Jahrhunderts von einem Brunsberg-Stil sprachen. Als er um 1430 am Rathaus von Tangermünde arbeitete, muß er in den Siebzigern gewesen sein, ein ungewöhnlich hohes Alter, wenn wir bedenken, daß die Lebenserwartung der Menschen damals nur etwa vierzig Jahre betrug.

Das Rathaus von Tangermünde ist das Werk eines Greises – und doch so gar nicht greisenhaft. Schauen wir uns einmal seine Nordseite an: Magister Henricus hat den Giebel des Daches hinter einer Fassade versteckt, deren Besonderheit darin besteht, daß ihre Formen im Fortschreiten nach oben immer leichter und luftiger werden. Vier Strebepfeiler lenken den Blick in die Höhe, aber im Unterschied zu den Schöpfungen der Backsteinhochgotik kommt auch die Horizontale zu ihrem Recht: Aus dunkel glasierten Formsteinen zusam-

Rathaus in Tangermünde

mengesetzte breite Friese hemmen die Aufwärtsbewegung. Die Wand löst sich allmählich auf: Den tief eingeschnittenen großen Spitzbogenfenstern des zweiten Stockwerks folgen im dritten Geschoß schmale Blenden, die sich weiß von dem Rot der Zierstäbe abheben. Der obere Teil der Fassade steht frei. Durch das feine Gespinst der Backsteinrosetten sehen wir den Himmel schimmern. Hier finden wir nichts mehr von jener

Strenge, welche die Bauten der hansischen Gotik kennzeichnete. Hier war ein Meister am Werk, der mit dem Backstein spielte, ein Zauberer, in dessen Händen das Material den letzten Rest seiner Sprödigkeit verlor.

Vielleicht ist dem einen oder anderen aufgefallen, daß wir auf unserer Wanderung ausschließlich Werke aus dem Mittelalter gesehen haben. In Redekin eine Dorfkirche, entstanden um 1200, in Jerichow ein spätromanisches Kloster, in Tangermünde prachtvolle Bauten aus der Zeit der Spätgotik – und nicht eine einzige gleichwertige Schöpfung, die aus einer späteren Stilperiode stammt! Handelt es sich hier um einen Zufall? Aber wenn wir nun nach Stendal hinüberfahren und uns in der Stadt selbst oder in ihrer Umgebung umschauen, so begegnen wir der gleichen Erscheinung: Die künstlerische Produktion versiegt gegen Ende des 15. Jahrhunderts. Aus dem breiten Strom wird ein schmaler Bach. Gewiß, in der Jakobikirche finden wir einen reichen Altaraufsatz und eine schöne Sandsteinkanzel, datiert 1612. Die patrizischen Geschlechter Stendals setzten ihren Verstorbenen Grabdenkmäler – und einige dieser nachmittelalterlichen Epitaphe verdienen, daß wir sie aufmerksam betrachten. Trotzdem kommen wir zu der Erkenntnis: Der Zug zum Großen und Umfassenden ist aus der Kunst der Altmark verschwunden. Was in den vierhundert Jahren nach 1500 entstand, trägt, von ganz wenigen Ausnahmen abgesehen, den Stempel des Provinziellen.

Ein solcher Bruch in der künstlerischen Entwicklung hat gewöhnlich ökonomische und politische Ursachen. Die Glanzzeit der altmärkischen Kunst endete, als die neuen Landesherren aus dem Hause Hohenzollern mit rauher Hand das Gewebe der ökonomischen Beziehungen zerrissen und die dagegen aufbegehrenden Städte der Altmark zum Verzicht auf ihre Privilegien zwangen. Tangermünde, Stendal, Gardelegen, Salzwedel – sie alle waren Mitglieder der Hanse, also Teil eines Wirtschaftssystems, das auf dem ungehinderten Warenaustausch beruhte. Je mehr Reichtum sich in ihren Mauern ansammelte, desto deutlicher wurde, daß die Existenz eines freien Bürgertums die Feudalherrschaft untergrub. Die Hanse verhandelte mit den Fürsten von gleich zu gleich, und sie setzte durch, daß die Landesherren die Rechte der Bundesmitglieder respektierten. Aber die Zeiten änderten sich. Im 15. Jahrhundert gingen die Fürsten zur Gegenoffensive über. Die Hohenzollern brachen die Macht des rebellischen märkischen Adels, und nach der Quitzowfehde (1414) kamen die Bürger an die Reihe. 1442 zog Kurfürst Friedrich der Eiserne (1413–1471) als Sieger in Berlin ein, 1488 warf Johann Cicero den Städten der Altmark die Schlinge um den Hals.

Anlaß des Konflikts war eine Verfügung des Kurfürsten, künftig jede Tonne Bier mit einer Steuer von 12 Pfennigen zu belegen. 4 Pfennige sollten den Städten verbleiben, 8 in die Kasse des Landesherrn fließen. Da Bier zu den wichtigsten Exportartikeln gehörte, schädigte diese Maßnahme vor allem den Handel. Wer kaufte schon teuer ein, wenn er anderswo das gleiche billiger erhielt? Aber der Widerstand gegen den Willkürakt blieb erfolglos, einmal, weil die von den Handwerkervereinigungen, den Zünften, bedrängten patrizischen Geschlechter von Anfang an Kapitulationsbereitschaft zeigten, zum anderen, weil der bürgerfeindliche altmärkische Adel den Kurfürsten kräftig unterstützte. Die Bismarck, Schulenburg und Alvensleben hatten lange auf eine solche Gelegenheit gewartet. Als Johann Cicero sie zur Heeresfolge aufforderte, strömten sie in Scharen herbei. Die Städte mußten sich auf Gnade oder Ungnade ergeben. Sie verloren das Privileg der freien Ratswahl und auch das Recht, Bündnisse zu schließen. Der Austritt aus der Hanse war danach nur noch eine Formalität.

Die Städte der Altmark haben sich von diesem Schlag nie wieder erholt. In anderen Territorien des römisch-deutschen Kaiserreichs standen den Verlusten auch Gewinne gegenüber: Die Fürsten brachen den Widerstand der freien Handelsmetropolen, aber sie förderten zugleich ihre wirtschaftliche Entwicklung, indem sie unliebsame Konkurrenten ausschalteten und den städtischen Waren neue Märkte erschlossen. Die Hohenzollern hingegen schlachteten die Henne, die so schöne goldene Eier hätte legen können. Sie „begannen ihr Regime in der Mark Brandenburg nicht als über den Klasseninteressen stehende ‚Ordnungskraft', sondern als Vertreter der Klasseninteressen des Adels"* – und dabei blieb es bis in die Neuzeit. Jeder Versuch des Bürgertums, sich wenigstens auf ökonomischem Gebiet einen gewissen Spielraum zu verschaffen, traf auf den erbitterten Widerstand der Junker, die neben sich niemanden duldeten, der ihre Klassenherrschaft bedrohte. Die gewerbliche Produktion der altmärkischen Städte nahm ab, der Fernhandel kam fast völlig zum Erliegen. Im Dreißigjährigen Krieg fanden die plündernden Heere nur noch Reste des alten Reichtums vor.

Die Lage der Bauern begann sich im 16. Jahrhundert ebenfalls zu verschlechtern – und auch dieser Prozeß spiegelte sich in der Kunst der Altmark wider. Die stattliche spätromanische Kirche in Redekin und die vielen anderen Dorfkirchen des ostfälischen Typs wurden von Gemeinden errichtet, deren Mitglieder den weltlichen Feudalherren nur eine mäßige Geld- oder Naturalsteuer und der Geistlichkeit lediglich den Zehnten zahlen mußten. Viele Jahrhunderte lang verhinderte die Kraft der bäuerlichen Solidarität, daß der Adel seine Rechte erweiterte. Noch in der zweiten Hälfte des 15. Jahrhunderts bauten und schmückten die Dörfer ihre Kirchen in eigener Verantwortung. Es kam sogar vor, daß die Bauern städtische Meister in ihren Dienst nahmen. 1961 legten die Denkmalpfleger unserer Republik in der Feldsteinkirche von Klein Rossau, 8 Kilometer westlich Osterburgs, große spätgotische Wandgemälde frei. Sie sind das Werk eines Malers, der sich in der Welt umgesehen hatte. Wir wissen nicht, wie er hieß und woher er kam, aber eines

* Günter Vogler / Klaus Vetter, Preußen, Von den Anfängen bis zur Reichsgründung, Berlin 1970, S. 18

Dorfkirche in Klein Rossau

darf als sicher gelten: Er verlangte von seinen bäuerlichen Auftraggebern, daß sie für gute Arbeit gutes Geld auf den Tisch legten.

Im Laufe des 16. Jahrhunderts gingen die Feudalherren dazu über, ihre Eigenwirtschaften zu vergrößern. Die noch aus der Zeit der Einwanderung stammenden bäuerlichen Gewohnheitsrechte wurden nach und nach außer Kraft gesetzt. Die Junker forderten, daß die Bauern Urkunden vorlegten. Wer nichts Schriftliches besaß und sich nur auf das Herkommen berief, verlor sein Land und seine persönliche Freiheit. Die feudalen Güter wuchsen in dem Maße, wie sich die Zahl der Bauernhöfe verringerte. „Auf diese Weise", schrieb Friedrich Engels 1885, „ist der gesamte große Grundbesitz des deutschen Adels, namentlich aber des ostelbischen, *aus gestohlenem Bauernland* zusammengebracht, und wenn er den Räubern ohne alle Entschädigung wieder abgenommen wird, so geschieht ihnen nicht einmal ihr volles Recht. Eigentlich sollten sie noch dazu Entschädigung zahlen."*

* Karl Marx/Friedrich Engels, Werke, Bd. 21, a. a. O., S. 242

Mit dem Übergang zur feudalen Gutswirtschaft änderten sich Umfang und Charakter der Kunstproduktion. Die nun leibeigenen und immer mehr verelendenden Bauern konnten keine Aufträge mehr erteilen, und die Junker waren, wenn überhaupt, nur an Werken interessiert, die der Idee ihrer Klassenherrschaft Ausdruck gaben. Von den Kanzeln ertönte das Donnerwort des Apostels Paulus: „Jedermann sei untertan der Obrigkeit, die Gewalt über ihn hat“ (Römer 13,1) – und die Kunstwerke, die nach 1550 in die Dorfkirchen kamen, sagten dasselbe aus. In Osterwohle, 10 Kilometer westlich von Salzwedel, ist eine solche Kirchenausstattung erhalten geblieben. Ein Herr von der Schulenburg hat sie 1621 gestiftet. Wenn wir den Raum betreten, fällt uns vor allem eins auf: Nicht der Altar und auch nicht die Kanzel, sondern die Herrschaftsloge wurde von dem unbekannten Meister am reichsten geschmückt. Der junkerliche Kirchenpatron saß in einer Art Schaukasten hoch über der Gemeinde und kontrollierte sie von oben herab. Nicht einmal während des sonntäglichen Gottesdienstes durften die Bauern vergessen, daß es einen Herrn gab, der jede ihrer Regungen mißtrauisch beobachtete.

Die einheitlich gestaltete Dorfkirche von Osterwohle ist eine Ausnahme. Gewöhnlich begnügten sich die Gutsherren damit, einen neuen Altar, einen Taufstein oder eine Kanzel zu stiften. Sie hielten ihre Taschen zugeknöpft, und wenn sie doch einmal Geld herausrückten, so bevorzugten sie jene Meister, welche am billigsten arbeiteten – biedere Handwerker, die den jeweils modernen Formenschatz nur vom Hörensagen kannten. Die Kunst der Altmark versank im Provinzialismus. In anderen Landschaften baute der Adel seine Gutshäuser zu prunkvollen Schlössern um. Sogar in den Dörfern der ostelbischen Mark Brandenburg begann sich nach 1700 einiges zu regen: Das Beispiel der Könige weckte den Ehrgeiz der Junker, und die Einwanderungspolitik der Hohenzollern gab dem Kirchenbau neuen Auftrieb. Friedrich II. (1712–1786) wollte den Tataren Moscheen errichten, wenn sie sich nur bereit erklärten, nach Preußen zu kommen. Der altmärkische Adel stand auf einer viel tieferen Kulturstufe als jene Angehörigen der feudalen Herrenklasse, welche in der Nähe der beiden Residenzen Berlin und Potsdam wohnten. Er fand die Erfüllung seines Daseins in der Dreieinigkeit von Hetzjagd, Hausball und Hundezucht. Alles Geistige, gleichgültig, ob es sich um Musik, Dichtung, Malerei oder Architektur handelte, lag außerhalb seines beschränkten Gesichtskreises.

Wir verstehen nun, warum wir in der Altmark vor allem Werke aus dem Mittelalter finden. Jede Wanderung führt uns an Dorfkirchen und Klöstern vorbei, und am Ende erwarten uns Städte, deren alte Zentren ihr mittelalterliches Erscheinungsbild fast unversehrt bewahrt haben. Angenommen, wir fahren mit dem Rad von Osterburg nach Stendal. Dabei benutzen wir nicht die langweiligen Hauptstraßen, sondern schlagen Nebenwege ein, die sich durch die Landschaft schlängeln. Nach 6 Kilometern erreichen wir Krevese. Hier steht eine Nonnenklosterkirche aus dem späten 12. Jahrhundert, ein rauher Feldsteinbau mit massigen Pfeilern und plumpen Säulen. In Stapel biegen wir nach Süden ab und gelangen so in das schon erwähnte Klein Rossau. Wir benutzen die Rast, um uns die spätgotischen Wandgemälde anzuschauen, und treten dann wieder in die Pedalen. Flessau, Grävenitz, Schorstedt, Schartau, Rochau und Groß Schwechten ziehen an uns vorüber – und in jedem dieser Orte entdecken wir eine Dorfkirche des ostfälischen Typs, erbaut im 12. oder im frühen 13. Jahrhundert. Stendal liegt jetzt nur noch 10 Kilometer entfernt, wir können schon seine Türme sehen. Unsere Beine schmerzen, aber was tut's? Vor den Preis setzten die Götter den Schweiß...

Stendal empfängt uns freundlich. Vieles hat sich hier in den letzten drei Jahrzehnten verändert. Die Stadt ist aus ihrem Schlaf erwacht. Neue Industriebetriebe entstanden, alte wurden erweitert, und mit der Zahl der Menschen, die in ihnen arbeiten, wachsen die Wohnsiedlungen. Früher ähnelte

Stendal einem großen Freilichtmuseum, aber mit dem Sieg des Sozialismus verschwand das Museale. Die Gegenwart nahm die Vergangenheit in ihre Obhut und gliederte sie in das Leben ein. Die Fülle des Sehenswerten droht uns zu überwältigen. Im Süden der Dom, ein Backsteinbau aus dem 15. Jahrhundert, dort das Katharinenkloster, das Tangermünder Tor, die Marienkirche mit dem Rathaus, das Uenglinger Tor, die Kirche St. Jakobi – wohin sollen wir uns wenden? Welchem Bauwerk den Vorzug geben? Wer das alte Stendal von Grund auf kennenlernen will, braucht dazu mindestens eine Woche. Doch unsere Zeit ist knapp, und darum gehen wir jetzt spazieren, mit dem Stadtplan in der Hand. Die Methode erscheint widersinnig, aber sie hat viele Vorteile – vor allem den, daß wir binnen einer knappen Stunde das Gesamtbild in uns aufnehmen und so den Charakter des Gemeinwesens erfassen.

Schauen wir uns einmal die Baugruppe auf dem Markt an: Im Vordergrund das verwinkelte Rathaus mit dem Roland, dahinter die beiden Türme der schon 1283 erwähnten Marienkirche, die im Unterschied zum Dom der Bürgerschaft gehörte – wie reich muß diese Stadt gewesen sein, wenn sie ihre Macht und ihre Unabhängigkeit so überzeugend zur Schau stellen konnte! Oder nehmen wir das westlich der Jakobikirche gelegene Uenglinger Tor, erbaut von jenem Meister Steffen Boxthude, welcher auch das Neustädter Tor in Tangermünde geschaffen hat: Nirgendwo sonst im Norden finden wir einen Torturm, der in ähnlicher Weise Wucht und Eleganz vereint. Jeder Schritt bringt uns eine neue Erkenntnis, und am Ende unseres Spaziergangs wissen wir, warum die Hohenzollern und die altmärkischen Junker diese reiche und von ihnen unabhängige Stadt so ingrimmig haßten, daß sie zu ihrer Bezwingung ein Heer aufboten ...

Wer danach noch eine Stunde erübrigen kann, sollte dem Dom einen Besuch abstatten. Im Innern umfängt uns Halbdunkel. Das Licht fällt durch bunte Fenster ein, und wenn wir genau hinschauen, bemerken wir, daß sie Glasgemälde

Uenglinger Tor in Stendal

enthalten. Glas gehört zu jenen Werkstoffen, welche leicht zerbrechen. Kriege, Aufstände, Brandkatastrophen und Unwetter ließen von den Glasmalereien nur Scherben übrig. Es nimmt daher nicht wunder, daß die meisten mittelalterlichen Kirchen heute viel kahler, viel nüchterner aussehen als zur Zeit ihrer Entstehung. Der Dom zu Stendal macht eine Ausnahme: Er besitzt noch dreiundzwanzig Fenster aus dem

15. Jahrhundert, mehr als jedes andere kirchliche Bauwerk in unserer Republik. Zwölf von ihnen finden wir im Chor, sechs im Querhaus, fünf im südlichen Seitenschiff. Sie stellen Szenen aus den Apostel- und Heiligenlegenden sowie Begebenheiten aus dem Leben Christi dar.

In den Kirchenbauten der Romanik standen den Malern große Flächen zur Verfügung, zum Beispiel die beiden breiten Mauerstreifen oberhalb der Säulen- oder Pfeilerreihen, die das Mittelschiff von den Seitenschiffen trennen. Die architekturgebundene Malerei dieser Zeit war daher vornehmlich Wandmalerei. Das gotische System löste die Wand auf und ersetzte sie durch ein kompliziertes Gefüge von Rippen, Bögen, Stützen und Streben. Aber nach wie vor fiel den Malern die Aufgabe zu, den „Armen im Geiste", also jenen vielen Tausenden, welche weder lesen noch schreiben konnten, eine Art volkstümlichen Religionsunterricht zu erteilen. Sie lösten das Problem, indem sie die alte Technik der Glasmalerei weiterentwickelten, das heißt, sie „malten" nun mit bunten Gläsern statt mit Farben und fügten ihre Bilderzählungen in die großen Fensteröffnungen ein. Damit wandelte sich auch der Charakter des Lichts, das in die Kirche drang. Wenn ein Sonnenstrahl die Fenster trifft und die Glasgemälde zu leuchten beginnen, sieht der Raum wie verzaubert aus. Wie stark muß dieses Schauspiel Menschen beeindruckt haben, die noch an Wunder glaubten! Die in der Kirche Versammelten sahen plötzlich den Himmel offen und die Heiligen des Paradieses zu den Sündern herabsteigen...

Aber wir lernen hier das Mittelalter auch noch von einer anderen Seite kennen. Am Chorgestühl des Doms, das um 1430 entstand, zeigt es uns sein Narrengesicht. Die Gottesdienstordnung schrieb den Domherren vor, daß sie bei bestimmten Handlungen des amtierenden Priesters aufstehen mußten. Den Geistlichen war dies unbequem. So entschlossen sie sich, ein wenig zu schummeln, indem sie sich lediglich zum Schein erhoben. In Wahrheit hockten sie auf Gesäßstützen, mit einem Fachausdruck Miserikordien genannt.

Chorgestühl im Dom zu Stendal

Diese Miserikordien befinden sich an der Unterseite der Sitze. Wir bekommen sie nur zu Gesicht, wenn wir die Sitzbretter hochklappen – und nachdem wir dies getan haben, zweifeln wir einen Augenblick lang, ob wir uns tatsächlich in einer Kirche aufhalten. Hier geht es ganz und gar nicht fromm, sondern derb und lustig zu. Gefällige Mädchen lächeln uns an, eines von ihnen schlägt die Trommel, ein anderes spielt auf der Laute, das dritte reitet nackt auf einem Bock, das vierte auf einem Schwein: Sie personifizieren die Sünden des Fleisches. Ein Mann beugt sich so tief über ein Faß, daß sein ganzer Oberkörper darin verschwindet: Er versinnbildlicht die Trunksucht. Daneben erscheinen Fabelwesen, halb Mensch, halb Tier, und auch sie spielen darauf an, daß die

Menschen aus dem Kampf gegen das Laster nicht immer als Sieger hervorgingen.

Es ist verständlich, wenn beim Anblick dieser Miserikordienfiguren die Frage auftaucht, warum die Kirche solche Satiren duldete. Die Antwort lautet: Weil sie sich zu der Zeit, als das Chorgestühl entstand, nicht bedroht fühlte. Das Volk lachte über die menschlichen Schwächen der Geistlichen, aber es zog aus der Tatsache, daß die Domherren mit Beischläferinnen zusammen lebten und oft genug mehr tranken, als sie vertragen konnten, noch keine revolutionären Schlußfolgerungen. Die Geistlichkeit ließ sich den Spott gefallen, ohne Entrüstung zu heucheln. Die Kirche hielt die Zügel fest in der Hand, und selbst die schärfste Satire änderte nichts an den bestehenden Machtverhältnissen. Wahrscheinlich bereitete es den Domherren sogar Vergnügen, die Symbole des Lasters unter ihrem Allerwertesten zu wissen. Auf alle Fälle entstanden die Bildwerke nicht gegen ihren Willen, sondern mit ihrer ausdrücklichen Billigung. Sie hätten schließlich nur ein Wort zu sagen brauchen – und statt der hübschen Dirnen wären Heilige aus dem Holz gewachsen.

Es gibt in der Altmark unendlich viele mittelalterliche Bauten, die noch darauf warten, von jungen Leuten entdeckt zu werden. Wer kennt schon Werben, ein in der weiten Wiesenlandschaft der Wische gelegenes Städtchen von 1 500 Einwohnern? Die Johanneskirche zu Werben, eine der schönsten Backsteinhallenkirchen der norddeutschen Tiefebene, wurde um 1414 begonnen, und nur wenig später, wahrscheinlich um 1430, entstand ihr Hochaltar, ein Schnitzwerk, so reich und von so hoher künstlerischer Qualität, daß wir uns unwillkürlich fragen, wie sich die kleine Stadt dergleichen leisten konnte. Aber der unbekannte Meister des Hochaltars war nicht der einzige Fremde, dem die Bürgerschaft Aufträge erteilte. Der etwa 3 Meter hohe fünfarmige Messingleuchter, datiert 1488, und das Messingtaufbecken von 1489 stammen aus der Werkstatt des Hamburger Glockengießers Hermen Bonstede. In Seehausen, nur 17 Kilometer von Werben entfernt, erwartet uns die Petrikirche, ausgezeichnet vor anderen durch ein prachtvolles spätromanisches Rundbogenportal, in Krüden nordwestlich von Seehausen eine große Backsteindorfkirche aus den Jahrzehnten um 1200.

Auch eine Wanderung von Stendal nach Gardelegen würde sich lohnen. Nördlich der Fernverkehrsstraße, welche die beiden Städte miteinander verbindet, finden wir besonders schöne Beispiele der bäuerlichen Kirchenbaukunst, und das um 1232 gegründete frühgotische Nonnenkloster in Kloster Neuendorf ist ebenfalls einen kleinen Umweg wert. Wir sollten es so einrichten, daß wir Gardelegen durch das Salzwedler Tor betreten. Zu seiten des spätgotischen Torturms erblicken wir zwei runde Batterietürme aus dem 17. Jahrhundert. Die Bürgerschaft hat hier versucht, die noch aus dem Mittelalter stammenden Befestigungsanlagen den Bedingungen des Artilleriekampfes anzupassen, doch die Mühe war vergeblich: Die Heere des Dreißigjährigen Krieges nahmen die Stadt sozusagen im Vorübergehen. St. Nikolai,

Salzwedler Tor in Gardelegen

am Holzmarkt gelegen, brannte 1945 aus, die nicht weniger stattliche Marienkirche blieb unversehrt erhalten. Sie gehört zu den Werken, bei deren Anblick man zögert, eine bestimmte Stilbezeichnung zu gebrauchen. Romanisches findet sich dicht neben Spätgotischem, und auch die Meister der nachmittelalterlichen Jahrhunderte trugen ihr Teil dazu bei, daß hier ein sehr interessanter Gemengebau entstand.

Mindestens ebenso reizvoll ist eine Wanderung in der Umgebung von Salzwedel. Wenn wir von Osten kommen, berühren wir auf unserem Weg die kleine Stadt Arendsee. Hier finden wir eine Nonnenklosterkirche aus dem späten

Klosterkirche in Arendsee

12. Jahrhundert, eine streng gegliederte dreischiffige Basilika, die in mancher Beziehung an die Kirche in Jerichow erinnert, sich aber in einer Hinsicht von ihr unterscheidet: Statt der hölzernen Flachdecken erblicken wir Gewölbe. Ihre altertümliche Kuppel- oder Tonnenform weist darauf hin, daß sich die Meister auf dem Gebiet des Gewölbebaus noch nicht ganz sicher fühlten. Vor allem mißtrauten sie wohl der Standfestigkeit der Backsteinmauern. Kuppelgewölbe haben einen geringeren Seitenschub als Kreuzgratgewölbe, und eine Last, die von oben nach unten wirkt, läßt sich viel leichter auffangen als eine, welche die Wände nach außen drückt. Die Meister, die im frühen 13. Jahrhundert die südwestlich von Salzwedel gelegene Klosterkirche von Diesdorf errichteten, wußten da schon besser Bescheid: Sie schreckten nicht mehr davor zurück, Kreuzgratgewölbe zu verwenden.

Wenn wir uns Salzwedel von Süden her nähern, kommen wir durch die beiden Dörfer Kuhfelde und Dambeck. In Kuhfelde erwartet uns nicht nur eine ansehnliche Feldsteinkirche, erbaut zu Beginn des 13. Jahrhunderts, sondern auch ein besonders schönes Beispiel bäuerlicher Fachwerkarchitektur. Wir sollten uns die Zeit nehmen, das Gehöft Nummer 4 zu besuchen, ein dreischiffiges Hallenhaus aus dem Jahre 1783, dessen Dach auf zwei Innenpfostenreihen ruht. Es gibt nur noch wenige niederdeutsche Hallenhäuser in unserer Republik. Die meisten von ihnen wurden im 19. Jahrhundert abgerissen. In Dambeck schauen wir uns zunächst die ungewöhnlich große spätromanische Dorfkirche und dann die um 1242 gestiftete Nonnenklosterkirche an. Hier entdecken wir einen merkwürdigen spätgotischen Altar, datiert 1474 – merkwürdig vor allem deshalb, weil der unbekannte Schnitzer im Mittelschrein die Jagd auf das Einhorn dargestellt hat. Wir sehen, wie sich das von vier Hunden verfolgte Fabelwesen in den Schutz der Gottesmutter Maria flüchtet – und wir fragen uns verwundert, was dies bedeutet. Die Menschen des Mittelalters kannten sich da besser aus als wir. Sie wußten, daß die vier Hunde die

Tugenden Barmherzigkeit, Wahrheitsliebe, Gerechtigkeit und Friedfertigkeit verkörperten und daß die Flucht des Einhorns in die Arme der Maria die Menschwerdung Christi versinnbildlichen sollte. Die mittelalterliche Symbolsprache ist manchmal recht verzwickt...

Dambeck liegt etwa 6 Kilometer von Salzwedel entfernt. Da wir mit unserer Zeit haushalten müssen, benutzen wir die Bahn. Sie bringt uns in einer Viertelstunde ans Ziel. Wir brauchen von nun an jede Minute; denn auch Salzwedel gehört zu jenen Altmarkstädten, welche mit den Füßen erobert sein wollen. Unser Spaziergang führt uns durch die Straßen der 1247 gegründeten Neustadt hinüber zur alten Burg, die wohl schon im 9. Jahrhundert angelegt wurde, um den Übergang über die Jeetze zu decken. Von der einst sehr großen Anlage ist der Bergfried erhalten, ein Backsteinrundturm mit einer Mauerstärke von 3,60 Metern. Südlich der Burg erstreckt sich die 1112 zum erstenmal urkundlich genannte Altstadt. Hier finden wir das spätgotische Rathaus, dessen ältester Teil, der Nordflügel, 1509 errichtet wurde, und viele schöne Fachwerkbauten aus dem 16. und 17. Jahrhundert. In der Radestraße entdecken wir zum Beispiel das Ritterhaus von 1596 – so genannt, weil ein unbekannter Schnitzer das Portal mit zwei berittenen Kriegern geschmückt hat. Ein weiteres schönes Portal, datiert 1534, können wir am Haus Schmiedestraße 27 bewundern: Zu seiten der Toreinfahrt erblicken wir die Relieffiguren von Adam und Eva. Schräg gegenüber steht ein Fachwerkhaus von 1522, daneben ein in der Konstruktion noch recht altertümliches aus dem 15. Jahrhundert. Nicht weit davon entfernt, am Park des Friedens, sind bedeutende Reste der Stadtbefestigung zu sehen, darunter der Hungerturm, einer der Mauertürme, mit denen die Bürger ihre Stadt schützten. Wenn wir uns nach Norden wenden, kommen wir zu dem um 1460/70 erbauten Neuperver Torturm, der einst den östlichen Zugang zur Stadt deckte. Im Nordwesten liegt noch ein mittelalterliches Befestigungswerk: der aus dem frühen

Portal des Ritterhauses in Salzwedel

16. Jahrhundert stammende Steintorturm mit seinen originellen Schlingornamenten.

Wir erkennen bald, daß Salzwedel einst ebenso reich und mächtig war wie Stendal. Dies bezeugen auch die vielen Kirchen. Aber während die Stendaler Hallenkirchen errichteten, bauten die Salzwedler Basiliken. St. Marien, die Pfarrkirche der Altstadt, ist sogar eine fünfschiffige Basilika, das heißt, dem hohen Mittelschiff schließen sich im Norden und Süden je zwei niedrigere Seitenschiffe an. Wie kam es dazu, daß die Bürger von Salzwedel gerade diesen Kirchentyp bevorzugten? Die Geschichte der Stadt beantwortet uns die Frage: Salzwedel entschloß sich schon 1263, also hundert Jahre früher als Stendal, der Hanse beizutreten, und mit den wirtschaftlichen Verbindungen festigten sich auch die kulturellen Beziehungen zu den Küstenstädten. Die künstlerischen Ideen folgten den Handelswegen. Das Beispiel der Partner weckte den Ehrgeiz. Wenn die Wismarer, Lübecker und Lüneburger Basiliken errrichteten, warum sollten die Salzwedler hinter ihnen zurückstehen?

Der Weg zur Marienkirche führt uns an dem Geburtshaus von Jenny Marx (1814–1881) vorüber, der Lebensgefährtin von Karl Marx, die hier als Tochter des königlich-preußischen Landrats Ludwig von Westphalen (1770–1842) das Licht der Welt erblickt hat. Die Straße und der kleine Platz, in dessen Mitte die Kirche steht, sahen damals nicht viel anders aus als heute.

Die wechselvolle Baugeschichte von St. Marien gibt den Kunsthistorikern manches Rätsel auf, aber da unsere Aufgabe nicht darin besteht, Rätsel zu lösen, begnügen wir uns mit der Feststellung, daß der wundervolle Raum das Ergebnis der Arbeit vieler Generationen ist. Und dieser Raum beherbergt den größten Schnitzaltar der Altmark, ein Riesenwerk, 6 Meter hoch, 8 Meter breit, zusammengesetzt aus dreißig Reliefs und mehr als zwanzig vollplastischen Figuren. Vieles erinnert hier an die Art der hansischen Meister, vor allem das offenkundige Bestreben, jede Szene aus dem Leben Jesu und der Maria möglichst genau und mit möglichst vielen Einzelheiten darzustellen, aber auch niederländischer Einfluß scheint wirksam gewesen zu sein. Auf alle Fälle kamen die Schnitzer aus dem Norden – und sie gehörten zu jenen, welche sich in der Welt der Kunst umgesehen hatten: In einigen Reliefs verarbeiteten sie Anregungen aus den Kupferstichen des Elsässers Martin Schongauer (um 1450–1491).

Nur ungern verlassen wir Salzwedel und fahren heimwärts. Noch einmal zieht die Altmark an uns vorüber – und immer wieder leuchtet aus dem Grün der Landschaft das dunkle Rot der Backsteine hervor. Wir haben in den vergangenen Tagen vieles kennengelernt, was den meisten Bürgern unserer Republik unbekannt ist. Der Touristenstrom macht bis heute einen Bogen um das stille Land westlich der Elbe. Vielleicht wird sich dies bald ändern. Die Überfüllung der traditionellen Urlaubsgebiete im Norden und Süden unseres Landes läßt immer mehr Menschen nach neuen Möglichkeiten suchen, und wenn sich erst herumgesprochen hat, was den Wanderer hier an Schönheit erwartet, folgen andere unseren Spuren.

„Die Brüder sollen nicht müßig sitzen…“

Zisterzienserklöster in der Mark Brandenburg

Markgraf Otto jagte einst in den Wäldern der Zauche. Ermüdet von der Jagd, legte er sich unter einen Baum, um ein wenig auszuruhen. Im Traum sah er eine Hirschkuh, die ihn unablässig angriff, bis er sie endlich mit einem Pfeil niederstreckte. Als er seinen Weidgenossen den Traum erzählte, meinten diese, die Hirschkuh sei das Sinnbild der noch nicht völlig unterworfenen slawischen Heiden, und sie rieten ihm, zum Schutz der Christenmenschen, die sich im eroberten Slawenland niederlassen wollten, eine Burg zu errichten. Der Markgraf erwiderte: „Eine Burg will ich erbauen lassen, aber eine himmlische Burg, besetzt von geistlichen Männern, und in ihr will ich ruhig den Jüngsten Tag erwarten." Er schickte Boten zum Abt des Zisterzienserklosters Sittichenbach im Mansfeldischen und bat ihn um die Entsendung einiger Brüder, die hier, inmitten von Sumpf und Wald, ein neues Kloster gründen sollten. Dem Kloster aber gab er den Namen Lehnin.

In dieser alten Sage steckt ein wahrer Kern. Natürlich wissen wir nicht, ob der in die Stufen des Chors von Lehnin eingemauerte Baumstumpf tatsächlich ein Teil jenes Baumes ist, unter welchem Markgraf Otto I. (gest. 1184) seinen Traum hatte, aber es stimmt, daß er 1180 die Zisterzienser ins Land rief und daß die ersten Mönche aus Sittichenbach kamen. Nicht weniger als vierzehn askanische Fürsten wurden in der Klosterkirche begraben, darunter auch der in seiner Zeit hochberühmte Markgraf Otto IV. (gest. 1303), der nach einer schweren Verwundung den Beinamen „mit dem Pfeil" erhielt. Otto IV. war ein weißer Rabe unter den Feudalen, weil er nicht nur mit dem Schwert, sondern auch mit der Feder umzugehen verstand: Er schrieb einige wunderschöne Minnelieder. Als er sein Ende nahen fühlte, vertauschte er, seiner vielen fleischlichen Sünden gedenkend, den Harnisch mit der Kutte und zog sich als Büßer nach Lehnin zurück. Sein Grabstein, ein Meisterwerk der Bildhauerkunst, blieb durch Zufall erhalten. Er steht heute an der Nordwand des Chors.

Nur eine Frage wird von der Legende nicht beantwortet: Warum wandte sich der Markgraf ausgerechnet an die Zisterzienser? Es gab schließlich noch andere Mönchsgemein-

Grabstein des Markgrafen Otto IV.

schaften im römisch-deutschen Kaiserreich. Der Benediktinerorden, gegründet um 529 von dem heiligen Benedikt von Nursia (um 480–um 550), blickte damals schon auf eine über sechshundertjährige Geschichte zurück. Viele berühmte Gelehrte waren aus ihm hervorgegangen, und seine Klöster gehörten von alters her zu den reichsten im Land. Auch die Prämonstratenser und die Kartäuser standen sozusagen auf Abruf bereit. Beide Orden nahmen nur Adlige auf. Sie mußten den Feudalherren schon aus diesem Grunde sympathischer sein als die Zisterzienser, die ihre Klosterpforten dem niederen Volk öffneten und sich nicht einmal scheuten, entlaufene Bauern, geflohene Gefangene und mit Blutschuld Beladene in ihre Gemeinschaft einzugliedern. „Es gibt ... Unzählige, die treibt Noth vielfacher Art zum Orden, wie Krankheit, Armuth, Gefangenschaft, Reue über eine Schuld, Gefahr des Lebens, Furcht vor der ewigen Höllenstrafe, Verlangen nach dem himmlischen Vaterlande"*, schrieb der rheinische Zisterzienserprior Caesarius von Heisterbach (um 1180–nach 1240). Eine recht gemischte Gesellschaft – vom Standpunkt der Obrigkeit aus betrachtet!

Trotzdem zogen die Feudalherren die Zisterzienser allen anderen Orden vor – nicht nur aus Respekt vor dem frommen und entsagungsvollen Leben, das die Brüder führten, sondern auch aus praktischen Erwägungen: Die Zisterzienser ernährten sich selbst, statt sich, wie die aristokratischen Mönchsgemeinschaften, von hörigen Bauern ernähren zu lassen. Die Ordensregel befahl den Mönchen, alles, was sie zum Leben benötigten, mit ihrer eigenen Hände Arbeit zu erwerben. Jeder Versuch, sich über diese Anordnung hinwegzusetzen, wurde mit schweren Strafen bedroht. Die Zisterzienserklöster brauchten also nicht mit Hörigen ausgestattet zu werden. Es genügte, wenn ihnen die weltlichen Großen unbebautes Land zur Nutzung überwiesen – und über Land, auf dem noch niemand saß und das daher auch

* Zitiert nach: Franz Winter, Die Cistercienser des nordöstlichen Deutschlands bis zum Auftreten der Bettelorden, Gotha 1868, S. 196

noch keine Erträge abwarf, verfügte Otto I. im Überfluß. Zwar strömten damals deutsche Siedler in die den Slawen entrissene Mark, doch welcher Bauer ließ sich schon in einem Sumpfwald nieder, wie es die Zisterzienser von Lehnin taten? Der Orden suchte sich stets die unwirtlichsten und unzugänglichsten Gegenden aus. Das Kloster mußte mindestens 10 Kilometer vom nächsten bewohnten Ort entfernt liegen. Ja, es kam sogar vor, daß die Äbte Bauernfamilien, die sich im Umkreis des Klosters ansiedeln wollten, zum Abzug zwangen. Der Anblick der sündigen Welt sollte den Brüdern erspart bleiben; denn die Sünde weckt sündige Gedanken – und solche Gedanken gefährdeten die Arbeitsmoral.

Friedrich Engels hat die Klöster des Mittelalters „abnorme Gesellschaftskörper, gegründet auf Ehelosigkeit" genannt, und er fügte hinzu: „. . . sie konnten Ausnahmsweises leisten, mußten aber ebendeshalb auch Ausnahmen bleiben."* Dies gilt in besonderem Maße für die Zisterzienser, deren große Erfolge bei der Kultivierung unerschlossener Landstriche vor allem auf einer straffen Arbeitsdisziplin beruhten. Die Zisterzienserklöster beherbergten zwei Klassen von Ordensangehörigen: die Fratres oder Vollmönche, meist Angehörige des Adels, und die Konversen, auch Laienbrüder genannt, die fast ausnahmslos aus den unteren Schichten des Volkes kamen. Der ökonomische Leiter des Klosters, major cellerarius genannt, teilte die Arbeit ein und beauftragte die Vollmönche, ihren Ablauf so zu organisieren, daß eins ins andere griff. Nur er besaß das Recht, mit allen zu sprechen, ohne vorher die Genehmigung des Abtes einzuholen. Sonst herrschte Redeverbot. Die Konversen mußten schweigend ausführen, was die Fratres ihnen befahlen. Wer den Befehl verweigerte, wurde hart bestraft und im Wiederholungsfall aus der Gemeinschaft ausgeschlossen, aber so etwas kam in der Frühzeit des Ordens verhältnismäßig selten vor. Die Konversen gehorchten den Anweisungen, weil sie fest daran glaubten, sich mit ihrer schweren Arbeit einen Platz im

* Karl Marx/Friedrich Engels, Werke, Bd. 21, a. a. O., S. 149

Himmelreich zu erwerben – und diese Verbindung von Frömmigkeit, Planung und Muskelkraft ließ die Arbeitsproduktivität emporschnellen.

Die wirtschaftliche Leistungsfähigkeit eines Klosters hing also entscheidend von der Zahl seiner Konversen ab. Das Generalkapitel der Zisterzienser, sozusagen das Parlament des Ordens, das alljährlich in dem französischen Mutterkloster Cîteaux (Cistercium) zusammentrat, hatte bereits zu Beginn des 12. Jahrhunderts verfügt, daß die Laienbrüder besser ernährt werden sollten als die adligen Vollmönche. Die Kost blieb kärglich genug, Fleisch kam niemals auf den Tisch, Käse lediglich an hohen Feiertagen, doch da die Klöster über beträchtliche Vorräte verfügten, drohte dem, der sich entschloß, die Konversenkutte anzuziehen, nicht mehr der Hungertod. Aber nicht nur dies veranlaßte die Unterdrückten, hinter den Klostermauern Zuflucht zu suchen. Mindestens ebenso wichtig war, daß die Zisterzienser das Vorrecht der Immunität besaßen: Ihre Klöster unterstanden allein dem Papst. Wer Ordenstracht trug, durfte weder von einem Bischof noch von einem weltlichen Großen wegen irgendwelcher früheren Vergehen zur Rechenschaft gezogen werden. Die Mönchsweihe löschte seine Schuld aus. Nicht einmal die unmenschlich harten Ordensregeln der Zisterzienser, die den Konversen lediglich vier bis fünf Stunden Schlaf zugestanden und jede Übertretung des Redeverbots mit Geißelhieben bedrohten, schreckten die verelendeten Bauern und Handwerker ab: Das Kloster bot den Bedrängten Schutz vor feudaler Willkür – und dies wog selbst die schlimmsten Entbehrungen auf.

Wir sehen nun die Klosterkirche von Lehnin mit anderen Augen an: Nicht hörige Bauern oder Meister aus den jungen Städten, sondern die Mönche selbst haben sie erbaut. Ihr Chor wurde erst kurz vor dem Ende des 12. Jahrhunderts begonnen. Bis dahin behalfen sich die Zisterzienser mit einer kleinen Notkirche. Ja, es scheint, daß sie eine Zeitlang erwogen, die Gründung aufzugeben. Der Sumpfwald setzte der

Klosterkirche in Lehnin

Axt und dem Spaten zähen Widerstand entgegen. Die unterworfenen Slawen schadeten den Eindringlingen, wo sie nur konnten. 1190 erschlugen sie den Abt von Lehnin. Die Legende berichtet, daß die Gottesmutter höchstpersönlich den vor dem drohenden Aufstand fliehenden Brüdern in den Weg trat: „Kehret zurück, euch wird nichts mangeln!" Um 1195 begann eine friedlichere Zeit. Die Rodungsarbeiten machten bedeutende Fortschritte, und inmitten der gerodeten Flächen entstand die Kirche, eine dreischiffige Backsteinbasilika, an deren Chor noch die Formen der Romanik erscheinen, während das 1270 geweihte Langhaus bereits gotische Kreuzrippengewölbe besitzt. Die Zisterzienser gehörten zu den ersten in Deutschland, die im Gewölbebau

Chor der Klosterkirche in Lehnin

Rippen verwendeten. Sie waren den Bauhütten in dieser Beziehung um einige Jahrzehnte voraus.

Wenn wir die im 19. Jahrhundert umfassend restaurierte Klosterkirche von Lehnin mit den Bauten anderer Mönchsorden vergleichen, zum Beispiel mit der von Prämonstratensern errichteten Klosterkirche in Jerichow, so fällt uns vor allem die Schlichtheit der Zisterzienserarchitektur auf. Jerichow besitzt zwei große Türme, Lehnin nur ein Türmchen über der Vierung, einen sogenannten Dachreiter, in dem einst zwei Glocken hingen, die nach den Vorschriften des Ordens einzeln geläutet werden mußten: Das Generalkapitel von 1157 hielt das gleichzeitige Läuten beider Glocken schon für ein Zeichen der Eitelkeit. Auch eine Krypta suchen wir in Lehnin vergeblich. Der Chor ist lediglich durch ein paar niedrige Stufen von den übrigen Teilen der Kirche abgegrenzt. Unterhalb der Fenster im Mittelschiff des Langhauses erblicken wir einen breiten Formsteinfries: Er verrät, daß die Ordensbaumeister des 13. Jahrhunderts das Gebot der Schmucklosigkeit nicht mehr ganz so strikt befolgten wie jene Fratres, welche die Kirchen des 12. Jahrhunderts entworfen haben. Ursprünglich war den Zisterziensern alles verboten, was an die Pracht der sündigen Welt erinnerte. Sie durften nicht einmal den Fußboden der Kirche mit bunten Steinen auslegen oder den Altar mit einer bestickten Decke schmücken.

Alle Mönchsorden bekannten sich zum Prinzip der Armut, aber nur die Zisterzienser nahmen damals diesen Grundsatz ernst. Auch in der Baukunst folgten sie den Worten ihres berühmtesten Predigers Bernhard von Clairvaux (um 1090–1153): „... was hat das Gold in einem Heiligtum zu tun? ... Ist es nicht die Habsucht, welche das alles einflößt? Und suchen wir nicht die Geschenke der Völker mehr als ihre Erbauung? ... O Torheit mehr noch als Eitelkeit! Die Kirche erglänzt in ihren Mauern und läßt es fehlen an allem bei ihren Armen! Sie bekleidet ihre Steine mit Gold und läßt ihre Kinder nackt! Mit dem Gelde der Armen entzückt man den

Blick der Reichen."* Trotzdem wirken die Kirchen der Zisterzienser nicht kärglich. Im Gegenteil, das Gebot der Schmucklosigkeit führte dazu, daß die Werte der Architektur viel deutlicher in Erscheinung treten als etwa in den reichgeschmückten Bauten der Benediktiner. Strenge schließt Schönheit nicht aus. Die Klosterkirche von Lehnin beeindruckt uns vor allem durch die Folgerichtigkeit ihrer Gliederung. Der Übergang von der Romanik zur Gotik bedeutete nicht, daß mit der Tradition gebrochen wurde. Die Meister hielten trotz des Stilwandels konsequent an den Grundsätzen fest, die für alle Ordensbauten verbindlich waren.

Südlich der Kirche liegt die Klausur. Die Bezeichnung kommt aus dem Lateinischen und bedeutet „das Abgeschlossene": Nur Mönche durften den Bezirk betreten. Die Klausur von Lehnin ist mehrmals umgebaut worden, zuletzt im 19. Jahrhundert, als man auch die Kirche gründlich restaurierte. Allein im Ostflügel blieb die alte Raumfolge zum Teil erhalten. Hier können wir noch den zweischiffigen Kapitelsaal besichtigen, in dem sich die adligen Fratres einst zur Beratung versammelten. Die Laienbrüder hatten im Kapitel weder Sitz noch Stimme. Zu jeder Klausur gehört ein Kreuzgang, also ein überdachter und eingewölbter Wandelgang an der Innenseite der Gebäude, der sich in Bögen zum viereckigen Binnenhof öffnet. Im Kreuzgang hielten die Mönche ihre feierlichen Umzüge zu Ehren der Heiligen ab, wenn ihnen das Wetter den Aufenthalt im Freien unmöglich machte. Und im Hof begruben sie ihre Toten, so daß die Brüder stets an die Vergänglichkeit allen Fleisches erinnert wurden. Die drei noch vorhandenen schmucklosen Flügel des Kreuzgangs von Lehnin spiegeln dieselbe Geisteshaltung wider, die der Kirche ihr Gepräge gab.

Südöstlich der Kirche, also außerhalb der Klausur, erblikken wir das ehemalige Abtshaus, dicht daneben ein weiteres

* Zitiert nach: Ernst Werner, Die gesellschaftlichen Grundlagen der Klosterreform im 11. Jahrhundert, Berlin 1953, S. 109 f.

spätgotisches Bauwerk, das ursprünglich wohl als Herberge diente. Beide Gebäude entstanden im 15. Jahrhundert, als die Zisterzienser den Acker nicht mehr selbst bestellten, sondern auf Kosten ihrer Bauern ein bequemes Leben führten. Die Äbte von Lehnin gehörten damals zu den mächtigsten Feudalherren in der Mark Brandenburg. Schon 1375 besaß das Kloster neben seinen Eigenwirtschaften siebzehn Dörfer und das Städtchen Werder, dazu noch ausgedehnte Besitzungen im Südwesten und Norden von Berlin. Die heroische Periode in der Geschichte des Ordens war lange vorüber. Die prächtige Südfassade des Abtshauses beweist, daß die Zisterzienser ihren Reichtum nun zur Schau stellten. Das gotische Kornhaus im Osten des Klosterbezirks, ein schlichter Zweckbau mit mehreren Schüttböden, und das Torgebäude am Eingang zum Wirtschaftshof stammen wahrscheinlich aus dem 14. Jahrhundert. Westlich der Kirche entdecken wir Reste der Klostermauer und die Ruine eines Wehrturms. Wenn es hart auf hart ging, verstanden sich die Mönche zu verteidigen...

Auch im Süden der Mark Brandenburg, dort, wo das Territorium der askanischen Markgrafen an den Herrschaftsbereich der Erzbischöfe von Magdeburg grenzte, ließen sich Zisterzienser nieder: 1171 gründeten Mönche aus dem niederrheinischen Altenberg das Kloster Zinna. Die Brüder hatten hier einen noch schwereren Stand als in Lehnin. 1179 überfielen die Slawen das Kloster und erschlugen alle, die nicht rasch genug das Weite suchten. Unter den Toten befand sich auch der Abt von Zinna. Die wenigen Überlebenden warteten in dem benachbarten Jüterbog bessere Zeiten ab. Erst nach anderthalb Jahrzehnten kehrten sie zurück und fingen wieder von vorn an. In mühevoller Arbeit legten sie die Nutheniederung trocken, aber die Erträge, die sie erwirtschafteten, blieben zunächst so gering, daß sie kaum zum Leben reichten. Die Mönche mußten sich die Mittel zum Kirchenbau buchstäblich zusammenbetteln. Als das Generalkapitel von 1195 diese Bettelei untersagte, griff der

Erzbischof von Magdeburg ein: Er schenkte dem Kloster einige Dörfer. Trotzdem verging noch ein Vierteljahrhundert bis zum Baubeginn (um 1220), doch dann holten die Zisterzienser von Zinna den Zeitverlust auf: Schon 1226 oder 1227 konnte die Kirche geweiht werden.

Als erstes fällt auf, daß die Zinnaer Mönche ein anderes Baumaterial verwendet haben als die Zisterzienser von Lehnin. Das Mauerwerk der Kirche ist aus Granitquadern zusammengefügt – eine ungewöhnliche Methode, die jedoch einen großen Vorteil besaß: Sie entzog der Landwirtschaft bei weitem nicht so viele Kräfte wie die Backsteintechnik mit ihren Ziegelöfen, die rund um die Uhr arbeiteten und infolgedessen mindestens eine Tag- und eine Nachtschicht benötigten. Die Äbte von Zinna mußten mit ihren anfangs recht bescheidenen Mitteln haushalten. Die Zukunft ihres Klosters hing von der Entwicklung der landwirtschaftlichen Produktion ab, diese wiederum von der Zahl der Konversen, die das Feld bestellten. Jeder zum Brennofen abkommandierte Laienbruder fehlte am Pflug. Die Granitbauweise hingegen erlaubte, den Arbeitsprozeß zu vereinfachen, den Aufwand zu verringern und auch solche Konversen zu beschäftigen, die wegen ihres Alters oder ihres schlechten Gesundheitszustandes nicht mehr für den Ackerbau taugten. Zudem setzte das Behauen der Granitblöcke nicht wie die Backsteintechnik Spezialkenntnisse, sondern nur gewöhnliche Fertigkeiten voraus — und die sehr saubere Quaderung der Steine erlaubt uns den Schluß, daß selbst die Ungeschicktesten rasch lernten, wie man mit Schlegel und Schlageisen umging.

Die Verwendung von Granitquadern läßt die Schlichtheit der Zisterzienserarchitektur in Zinna noch deutlicher hervortreten als in Lehnin. Die Grundrisse der beiden Kirchen ähneln einander: Hier wie dort handelt es sich um eine kreuzförmige Pfeilerbasilika mit ausgeschiedener Vierung, deren von Nebenchören begleiteter Hauptchor in einer Apsis endet. Der Zeitunterschied spielt keine Rolle: Die erst um

1220 begonnene Kirche von Zinna wirkt im Gegenteil viel altertümlicher als das Gotteshaus des Schwesterklosters im Havelland. Das Material zwang die Meister, nur einfache Formen zu verwenden. Sie verzichteten sogar darauf, das Mittelschiff des Langhauses einzuwölben. Wahrscheinlich fürchteten sie, die beiden Hochschiffswände würden der schweren Last von Granitgewölben nicht standhalten. Das

Tragstein der Klosterkirche in Zinna

Schiff erhielt eine hölzerne Flachdecke. Irgendein Abt des 15. Jahrhunderts ordnete an, sie zu entfernen. Spätgotische Meister zogen dann die noch heute vorhandenen Backsteingewölbe ein. In den Seitenschiffen entdecken wir mehrere Tragsteine mit schönen frühgotischen Rankenornamenten. Allein hier, in den dunkelsten Winkeln des Raumes, wagte sich die auch durch die strengsten Vorschriften nicht ganz zu unterdrückende Schmucklust hervor.

Die Klausur des Klosters ist im 18. Jahrhundert zerstört worden, aber südöstlich der Kirche erblicken wir das ehemalige Gäste- und Siechenhaus, das aus der ersten Hälfte des 14. Jahrhunderts stammt, und die um 1450 errichtete spätgotische Neue Abtei. Auch in Zinna führte der wachsende Wohlstand des Ordens zu einer Abkehr von den strengen Grundsätzen des Anfangs. Schon gegen Ende des 13. Jahrhunderts besaß das Kloster mehr Land, als es selbst bewirtschaften konnte. Die Eigenproduktion nahm ab. Die Mönche lebten nicht mehr von ihrer Hände Arbeit, sondern von den Steuern und Pachtzahlungen der Bauern. Statt die Gedanken auf den Himmel zu richten und Buße zu tun, pflegten sie ihre Bäuche. Alle Versuche der Generalkapitel, die Unsitte der Pitanzen – Extraspenden von Wein, Bier und Fleisch – abzuschaffen, blieben vergeblich. Und niemand kümmerte sich mehr darum, daß die Ordensregel Prachtentfaltung ausdrücklich verbot: Die Neue Abtei von Zinna gehört zu den reichsten und schönsten Wohnbauten der Spätgotik in unserer Republik. Früher war es den Zisterziensern bei Strafe untersagt, die Räume, in denen sie lebten, mit Bildern zu schmücken: 1957 wurden in der Abtei wundervolle, wohl um 1480 entstandene Wand- und Gewölbemalereien aufgedeckt. Die Restauratoren der Denkmalpflege nahmen sich ihrer an. Das am besten erhaltene Gemälde stellt eine Madonna dar, die den Armen und Bedrängten unter ihrem Mantel Schutz gewährt. Die drei Pfeile in ihrer Linken versinnbildlichen Pest, Krieg und Hungersnot: In der Mark ging damals der schwarze Tod um...

Schutzmantelmadonna im Kloster Zinna

Das dritte große Zisterzienserkloster entstand in der Niederlausitz, also im Grenzgebiet der Markgrafschaften Meißen und Brandenburg. 1165 siedelten sich Mönche aus dem thüringischen Volkenroda in Doberlug westlich von Finsterwalde an. Der Markgraf von Meißen hatte sie ins Land gerufen, aber als 1178 ein Slawenaufstand ausbrach, konnte er sie nicht schützen. Die Brüder flohen und kehrten erst 1184 in die Sumpfniederung der Kleinen Elster zurück. Das Kloster entwickelte sich nun so rasch, daß seine Äbte

Klosterkirche in Doberlug

schon im 13. Jahrhundert stolz erklären konnten: „Cell et Buch faciunt unum Doberluch“*. Was aus dem Lateinischen ins Deutsche übersetzt bedeutet, daß Doberlug ebensoviel Land besaß wie die beiden älteren Zisterziensergründungen Altzella und Klosterbuch zusammengenommen. Im 14. Jahr-

* Zitiert nach: Carl Wilh. Zahn, Chronik von Kirchhain und Dobrilugk, Grafschaft und Stadt Sonnewalde, Kirchhain N.-L. 1926, S. 23

hundert verfügte es sogar über eine ansehnliche Truppenmacht – und die Äbte zögerten nicht, sie einzusetzen, wenn irgendein benachbarter weltlicher Feudalherr dem Kloster etwas abzwacken wollte.

Die Klosterkirche ist im letzten Jahrzehnt des 12. Jahrhunderts begonnen und nach der Überlieferung schon 1228 vollendet worden – eine ungewöhnlich kurze Bauzeit für ein Werk dieser Größenordnung. Vieles erinnert an Lehnin. Hier wie dort haben die Meister die massigen Kreuzrippengewölbe des Langhauses so angeordnet, daß auf ein Mittelschiffsfeld je zwei Seitenschiffsfelder kommen. Die Kunstwissenschaft bezeichnet diese Gliederung als „gebundenes System". Hier wie dort ragt das Querschiff über die Flucht der Seitenschiffe hinaus, und der Hauptchor endet in einer noch rein romanischen Apsis. Die Verwandtschaft der beiden Bauten – Ergebnis einer Denkweise, die jedes Abweichen von der Regel für unerlaubt hielt — würde noch deutlicher in Erscheinung treten, wenn nicht ein königlich-preußischer Baurat 1905 auf den Gedanken gekommen wäre, das Backsteinmauerwerk der Kirche von Doberlug verputzen zu lassen. Auch die neue Ausstattung, die Formen des 17. Jahrhunderts nachahmt, geht auf diesen Herrn zurück. Trotzdem lohnt es sich, nach Doberlug zu fahren. Wir müssen uns zwar einiges hinwegdenken, aber die strenge Schönheit des Raums triumphiert über die Zutaten aus der Zeit unserer Urgroßväter.

Gegen Ende des 13. Jahrhunderts gab es in Europa 728 Zisterzienserklöster – eine erstaunliche Zahl, wenn man bedenkt, daß seit der Gründung des Mutterklosters Cîteaux (1098) durch Robert von Molesme (um 1027–1111) erst zweihundert Jahre verstrichen waren. Der Orden hatte in fast allen Ländern Fuß gefaßt, deren Bewohner sich zur römisch-katholischen Religion bekannten. Ein Zisterziensermönch hätte von Spanien bis hinauf nach Lettland und von Dänemark bis hinab nach Italien oder Ungarn wandern können, ohne ein einziges Mal in einer weltlichen Herberge übernachten zu müssen. Wenn er in zwölf Stunden nicht das nächste Kloster erreichte, so doch wenigstens eine Grangie, das heißt einen von Zisterziensern bewirtschafteten Gutshof. Gewiß, die großen Feudalherren begünstigten den Orden und räumten ihm viele Schwierigkeiten aus dem Weg. Aber nicht dies allein bewirkte, daß in jedem Jahr durchschnittlich drei oder vier neue Klöster gegründet wurden. Eine ebenso große Rolle spielte die Tatsache, daß das Generalkapitel der Zisterzienser die Entwicklung zielstrebig vorantrieb. Die Ordensregel machte es jedem Kloster, das mehr als sechzig Mönche beherbergte, zur Pflicht, ein Tochterkloster zu stiften und ihm mit Lebensmittelzuwendungen über die schweren Jahre des Anfangs hinwegzuhelfen.

Zwei märkische Zisterzienserklöster sind von Mönchen aus Lehnin gegründet worden: Chorin und Himmelpfort. In Himmelpfort ließen sich die Brüder 1299 nieder. Zwar berichten die Urkunden, daß das Kloster im 14. Jahrhundert achtzig Rinder, sechzig Schweine und achthundert Schafe besaß, aber die geringe Größe der Kirche, deren Langhaus als Ruine erhalten blieb, während der Chor im 17. Jahrhundert umgebaut wurde, sowie das anspruchslose spätgotische Brauhaus erlauben uns den Schluß, daß Himmelpfort niemals zu jenen Ordensniederlassungen gehörte, welche sich durch besondere wirtschaftliche Erfolge auszeichneten. Ob eine Gründung gedieh oder nur mit Mühe ihr Leben fristete, hing von vielen Faktoren ab, unter anderem auch von der Wahl des Standorts – und die Zisterzienser von Lehnin hatten in dieser Beziehung keine glückliche Hand. Die ersten Mönche, die 1258 aus dem Havelland in die Wildnis der Uckermark zogen, siedelten sich nicht, wie es die Vernunft gebot, inmitten ihres Wirtschaftsgebietes, sondern auf einer kleinen Insel im Parsteiner See an. Erst 1272 sahen sie ein, daß sie es sich allzu schwer gemacht hatten: Sie räumten den Pehlitzwerder, heute eine Halbinsel, und begannen 8 Kilometer weiter westlich noch einmal von vorn. So entstand das berühmte Kloster Chorin...

Theodor Fontane (1819–1898), der Chorin 1863 besuchte, schrieb in seinen „Wanderungen durch die Mark Brandenburg“: „Leider geht dieser *baulich* schönen Ruine ... das eigentlich *Malerische* ab.“* Wir erkennen darin ein typisches Merkmal der Zisterzienserbaukunst: Ihre strenge Folgerichtigkeit unterdrückt alle romantischen Gefühle, die sich sonst beim Anblick von Ruinen einstellen. Die Gewölbe der Kirche brachen im 17. Jahrhundert zusammen, das südliche Seitenschiff wurde von den Verwaltern der preußischen Staatsdomäne als Steinbruch benutzt und bis auf die Fundamente abgetragen, im Ostflügel der Klausur hauste zwei Jahrzehnte lang eine Berliner Invalidenkompanie. Erst Karl Friedrich Schinkel (1781–1841), Schöpfer des Ehrenmals und des Alten Museums in Berlin, erkannte den Wert dieses mittelalterlichen Baudenkmals und rettete es vor weiterer Verwahrlosung.

In Chorin bewiesen die Zisterzienser, daß sie gotisch bauen konnten, ohne von den spartanischen Grundsätzen der Ordensarchitektur abzuweichen. Zwei Generationen waren hier am Werk. Die Meister der ersten Generation errichteten nach 1273 den Chor, die noch im Ansatz erkennbaren Seitenkapellen, das Querschiff und die östlichen Teile des Langhauses; die der zweiten vollendeten das Langhaus und schufen um 1330 jene prachtvolle Westfassade, welche nach dem Urteil der Fachleute zu den edelsten Werken der märkischen Backsteingotik gehört. Aber nicht allein die hohe künstlerische Qualität der Klosterkirche verdient unsere Bewunderung. Mindestens ebenso beeindruckend ist, daß die Meister sechzig Jahre lang mit unbeirrbarer Konsequenz einem architektonischen Leitgedanken folgten. Der Generationswechsel führte nicht, wie sonst oft üblich, zu einem Wechsel der Formen – und schon gar nicht zu einem solchen der Gesinnung. Trotz aller Veränderungen, die sich zu dieser Zeit im Orden vollzogen und sein Gefüge durcheinan-

* Theodor Fontane, Wanderungen durch die Mark Brandenburg, Dritter Teil, Havelland, Berlin 1977, S. 105

derbrachten – noch hielten die Zisterzienser daran fest, daß die Baukunst ein Spiegelbild der „heiligen Armut“ sein sollte.

Wenn wir die Klosterkirche von Chorin mit den ungefähr gleichzeitig entstandenen großen Bauten der hansischen Backsteingotik vergleichen, so fällt uns vor allem auf, daß die Zisterziensermeister nicht aus dem vollen geschöpft, sondern die reichen Mittel des gotischen Stils sehr sparsam verwendet haben. Einfache Strebepfeiler – nicht wie an der Küste aus Bögen und Pfeilern zusammengesetzte Strebewerke – leiten den Schub der Kreuzrippengewölbe nach außen ab. Auch die Schmuckformen der Gotik prüften die Choriner auf ihre Brauchbarkeit – und wenn die Prüfung ergab, daß eine bestimmte Form nicht in das Gefüge paßte, weil sie der Schlichtheit der Gesamterscheinung widersprach, dann wurde sie ausgesondert oder umgestaltet, und zwar so rücksichtslos, daß auch der letzte Rest von Üppigkeit aus ihr verschwand. Von den aufwendigen Ziergiebeln der Gotik, den Wimpergen, blieben zum Beispiel lediglich die Gerippe übrig, und die mit Maßwerk gefüllten gotischen Fensterrosen verwandelten sich in Blenden, welche die Mauermasse nur noch auflockern, nicht mehr durchbrechen. Die Choriner Zisterziensermeister verschrieben der Gotik eine Art Abmagerungskur. Ihre Kirche wirkt daher viel straffer, sehniger und eleganter als die behäbigen bürgerlichen Basiliken in Wismar, Rostock und Stralsund.

Im Langhaus der Kirche bemerken wir zwei niedrige Stufen, die quer zur Längsrichtung verlaufen und den Raum in drei Abschnitte zerlegen. Der östliche Abschnitt, zu dem auch der Chor gehört, war den adligen Vollmönchen, den Fratres, vorbehalten, im mittleren versammelten sich die Laienbrüder zum Gottesdienst, im westlichen die sogenannten Familiares, Landarbeiter und Handwerker, die dem Orden dienten, ohne ihm anzugehören. Die Familiares lebten meist auf den Wirtschaftshöfen, den Grangien. Sie betraten das Kloster lediglich an hohen Feiertagen. Die Konversen hingegen wohnten in der Klausur – aber nicht in brüderlicher

Gemeinschaft mit den Vollmönchen, sondern ebenso streng von ihnen getrennt wie in der Kirche. Die Ordensregel bestimmte ausdrücklich, daß ein Laienbruder niemals in den Stand der Vollmönche aufsteigen durfte. Nicht nur der Abt und sein Stellvertreter, der Prior, sondern auch alle anderen Würdenträger des Klosters achteten darauf, daß der Verkehr zwischen den beiden Gruppen auf das unbedingt Notwendige beschränkt blieb. Fratres und Konversen dienten einem gemeinsamen Ideal, aber ihr tatsächliches Verhältnis zueinander war das Verhältnis von Herr und Knecht.

Die zum großen Teil erhaltene Klausur von Chorin spiegelt diese Klassengliederung des Ordens in unverhüllter Weise wider. Den Vollmönchen stand viel mehr Raum zur Verfügung als den Laienbrüdern. Die Fratres bewohnten den Ost- und den Südflügel, während sich die Konversen, den Fratres an Zahl weit überlegen, in den Räumen des Westflügels zusammendrängten. Der Südflügel ist im 18. Jahrhundert abgebrochen worden, aber wir wissen, daß er einst das Refektorium der Vollmönche, also den Speisesaal, und das Kalefaktorium, einen vom Keller aus heizbaren Tagesraum, beherbergt hat. Der umgebaute Ostflügel enthielt unter anderem das Armarium, in dem Kultgeräte und Schriften aufbewahrt wurden, den Kapitelsaal, den Sprechsaal und zwei Gefängniszellen. Nur im Sprechsaal, auch Parlatorium genannt, durften die Brüder miteinander reden, vorausgesetzt, daß der Prior dazu die Erlaubnis gab. Zweifellos richtete sich das Sprechverbot in erster Linie gegen die Konversen. Sie sollten lernen, schweigend zu gehorchen.

Der Westflügel hingegen ist viel einfacher gegliedert. Wenn wir die Klausur durch das im Südwesten gelegene Pfortenhaus betreten, so erblicken wir rechts die Klosterküche, die noch ihren mächtigen mittelalterlichen Rauchfang besitzt, und links das langgestreckte zweischiffige Konversenrefektorium sowie einen kleineren heizbaren Aufenthaltsraum, der von alters her der Fürstensaal heißt, obwohl die Fürsten, die Chorin besuchten, nicht hier, sondern in dem besser

Kreuzgang des Klosters Chorin

ausgestatteten Abtshaus südöstlich der Kirche wohnten. Der Schlafsaal der Laienbrüder, das Dormitorium, befand sich im Obergeschoß des Gebäudes. Im Pfortenhaus saß vom Morgengrauen bis zur Abenddämmerung der Bruder Pförtner, stets ein Vollmönch. Seine Hauptaufgabe bestand darin, den Verkehr mit der Außenwelt zu überwachen, aber er

Küche des Klosters Chorin

achtete auch darauf, daß sich die Konversen so verhielten, wie es die Regel vorschrieb. Die Laienbrüder wurden also unablässig beobachtet, selbst bei den Mahlzeiten — und dies beweist, daß die ideologische Klammer, die den Orden zusammenhielt, brüchig zu werden begann.

Die Zisterzienser des 12. Jahrhunderts öffneten ihre

Klöster den Bedrängten und schützten sie vor der Willkür der Großen. Sie hoben die feudalen Privilegien auf, indem sie alle Ordensangehörigen, ob adliger oder bäuerlicher Herkunft, derselben strengen Disziplin unterwarfen. Ja, sie bevorzugten die Arbeitenden, indem sie sie besser ernährten und kleideten als jene, welche nur befahlen. So förderten sie die Illusion, daß die Klassengegensätze überwunden werden konnten, wenn die Herrschenden wie die Beherrschten ihr ganzes Sinnen und Trachten allein darauf richteten, sich einen Platz im Himmelreich zu erwerben. Aber die sündige Welt, durch die Vordertür des Klosters hinausgeworfen, kehrte nach einiger Zeit durch die Hintertür zurück. Der wachsende Wohlstand des Ordens führte dazu, daß die adligen Fratres immer mehr Vorrechte für sich beanspruchten, darunter auch solche, welche die Ordensregel mit Strafe bedrohte. Die Äbte, selbst Angehörige des Adels, begünstigten diese Entwicklung, statt ihr entgegenzuwirken, wie es das Generalkapitel forderte. In den Köpfen der Laienbrüder dämmerte die Erkenntnis, daß im Grunde alles beim alten geblieben war: Die einen arbeiteten, und die anderen lebten im Überfluß. Hinter den Klostermauern gärte es...

In den wirtschaftlich gefestigten Ordensniederlassungen am Rhein und in Thüringen flammte der Klassenkampf früher auf als in den Klöstern östlich der Elbe, die im 12. und 13. Jahrhundert noch um ihre Existenz kämpfen mußten. Die Laienbrüder des bei Heidelberg gelegenen Klosters Schönau griffen nach 1160 zu den Waffen und jagten die Fratres davon. Die später heiliggesprochene Hildegard von Bingen (1098—1179), Äbtissin eines Benediktinernonnenklosters, schrieb aus diesem Anlaß: „Es gibt unter euch Conversen, von denen die meisten in ihrem Herzen sich nicht zu Gott bekehren. Sie nehmen ihren Aebten gegenüber den Ton der Vermessenheit an und sprechen: was sind denn jene? Ihr... Vorgesetzten, straft jene Menschen in eurem Orden, die Conversen, und bessert sie“*. Vor 1196 wurde in Volken-

* Zitiert nach: Franz Winter, a. a. O., S. 109 f.

roda, dem Mutterkloster von Doberlug, eine Verschwörung der Laienbrüder aufgedeckt. Ungefähr zur gleichen Zeit rügte das Generalkapitel jene Äbte, welche die Konversen schlecht ernährten und herrisch behandelten. Aber der Verfall der Klosterordnung, Folge der sich verschärfenden sozialen Spannungen, ließ sich nicht mehr aufhalten.

Im frühen 14. Jahrhundert begann es auch in den märkischen Klöstern unruhig zu werden. Da die Laienbrüder weder lesen noch schreiben konnten, sind alle Urkunden und Berichte das Werk von Vollmönchen – und die Fratres hatten ein Interesse daran, die wahren Tatbestände zu verschleiern und die Ereignisse so darzustellen, daß das Licht auf ihre eigene Partei, der Schatten auf ihre Gegner fiel. Nur in einer Beziehung stimmen die Schilderungen mit der Wahrheit überein: Sie machen nicht den geringsten Hehl daraus, daß es in den Ordensniederlassungen drunter und drüber ging. Lehnin war um 1330 kein Kloster mehr, sondern eine Mördergrube. Laienbrüder, die sich der Schreckensherrschaft des Abtes zu widersetzen wagten, wurden eingekerkert und heimlich hingerichtet. Viele Konversen flohen. Die wenigen, die im Kloster ausharrten, suchten Verbündete und fanden sie in einer kleinen Gruppe von Vollmönchen, die dem amtierenden Abt den Gehorsam verweigerte, weil seine gewalttätige Politik Lehnin wirtschaftlich ruinierte. Erst das Eingreifen des Papstes im Jahre 1339 beendete den Konflikt. Der des mehrfachen Mordes überführte Abt kam mit einer milden Strafe davon.

Diese und andere blutige Ereignisse bewirkten, daß der Orden in Verruf geriet. Das Generalkapitel von 1390 stellte mit Besorgnis fest, „daß nur noch sehr wenige aus dem Schiffbruch der Welt sich retten wollen und ihre Hand nach der Tafel des heiligen Klosterlebens ausstrecken"*. Allein in den Nonnenklöstern gab es nach wie vor mehr Anwärterinnen als freie Plätze. Die Zisterzienser hatten lange gezögert,

* Zitiert nach: Franz Winter, Die Cistercienser des nordöstlichen Deutschlands, Dritter Teil, Gotha 1871, S. 3

bevor sie Frauen den Eintritt in ihren Orden gestatteten. Wie alle frommen Eiferer des Mittelalters sahen sie in der Frau ein Gefäß der Sünde. Sie mißtrauten ihrer moralischen Standhaftigkeit und hielten sie nicht für fähig, die gleichen Entbehrungen auf sich zu nehmen wie die Männer. „Weiber sind gar gift'ge Rosen, Satans Fackeln, Teufels Brand, wenn sie schmeicheln, locken, kosen, ist mit Gift erfüllt die Hand"*, lautet die erste Strophe eines Zisterzienserlieds aus dem 12. Jahrhundert. Mindestens ebenso schwer wie die theologischen Argumente wogen die wirtschaftlichen Gründe: Während die Mönchsklöster alles, was sie brauchten, selbst produzierten, benötigten die Nonnenklöster beträchtliche Zuschüsse. Die adligen Damen, die hinter den Klostermauern Zuflucht suchten, wollten ernährt sein – und die an schwere körperliche Arbeit gewöhnten Frauen aus dem Volk drängten sich nicht danach, den Schleier zu nehmen, schon gar nicht in den eben erst eroberten Landstrichen östlich der Elbe, wo jedes Bauernmädchen, das zupacken konnte, rasch einen Lebensgefährten fand. Weibliche Konversen gehörten daher zu den ganz seltenen Ausnahmen.

Im 13. Jahrhundert gaben die Zisterzienser dem Drängen der weltlichen Feudalherren nach, aber sie hielten sich dabei mehrere Hintertüren offen. Vor allem bedeuteten sie den Adligen: Wenn ihr Wert darauf legt, eure unverheirateten Töchter standesgemäß zu versorgen, dann stattet die Klöster so reich mit Land und Leuten aus, daß sie sich selbst erhalten können und uns nicht auf der Tasche liegen! Der nächste Schachzug bestand darin, die Neugründungen in zwei Gruppen zu unterteilen: Falls die Persönlichkeit der Äbtissin oder die Zusammensetzung des Konvents die Oberen bedenklich stimmte, wurde das Kloster nicht wie die bevorzugten Klöster der ersten Gruppe in den Orden aufgenommen, sondern es erhielt lediglich die Erlaubnis, nach der Zisterzienserregel zu leben. Solche Klöster unterstanden dem Bischof, nicht dem Generalkapitel. Wenn sie aus der Reihe

* ebenda, S. 115

tanzten, was schon im späten 13. Jahrhundert verhältnismäßig häufig vorkam, lehnte der Orden die Verantwortung ab. Die Töchter des märkischen Adels hatten oft ihre eigenen Vorstellungen vom Klosterleben, und die Tatsache, daß alle Nonnenklöster männliche Konversen beherbergten, sogenannte conversi monialium, welche die schweren Arbeiten verrichteten, trug auch nicht gerade zur Läuterung der Damen bei.

Von den acht Zisterziensernonnenklöstern der Mark Brandenburg sind drei – Jüterbog, Ziesar, Seehausen am Oberueckersee – spurlos verschwunden und weitere drei nur als Ruinen oder in verstümmeltem Zustand erhalten geblieben. Die Kirche des vor 1271 gegründeten Klosters Altfriedland südlich von Wriezen wurde mehrmals umgebaut, zuletzt im frühen 20. Jahrhundert, so daß es sich nicht mehr lohnt, sie zu besuchen. Das spätgotische Refektorium dient seit vielen hundert Jahren landwirtschaftlichen Zwecken. Die Altfriedländer Nonnen führten um 1380 ein so lustiges Leben, daß der Bischof von Brandenburg eingreifen mußte. Theodor Fontane hat uns den Wortlaut seiner Ermahnungen mitgeteilt. Wir lesen mit viel Vergnügen, was dem geistlichen Herrn besonders mißfiel: „Außerdem sollt ihr bestrebt sein, durch *Tracht und Kleid*... in Schuhen, in Haarschleifen, in eng schließenden Gürteln, in Gürtelschnebben keinen anderen Schmuck zu haben als solchen, welche die Kirche zuläßt; noch sollt ihr, weil es der Scham, der Sitte und eurem Geschlechte widerstreitet, Maskenspiel und Maskenscherze treiben, noch auch sollt ihr die Geburtstage oder andere jährlich wiederkehrende Feste besonders halten und festlich begehen."* Ob die Damen daraufhin den modischen Putz in ihren Truhen verstauten, ob sie den Karneval und die Geburtstage weniger ausgelassen feierten, ist zumindest zweifelhaft.

Die Ruinen des Klosters. Marienpforte am Rand von

* Zitiert nach: Theodor Fontane, Wanderungen durch die Mark Brandenburg, Zweiter Teil, Das Oderland, Berlin 1976, S. 177 f.

Boitzenburg liegen versteckt. Wer sie besuchen will, muß sich durch dichtes Gestrüpp zwängen, und wenn er sich dabei ein Loch in die Hose reißt, kann er sich nicht einmal damit trösten, etwas Besonderes entdeckt zu haben. Die Nonnen von Marienpforte waren reich, aber die wenigen Mauerreste, in denen wir die Nordwand der Kirche und zwei Wände des Konventshauses erkennen, wirken ärmlich. Das Kloster in Zehdenick, gestiftet 1249, brannte 1801 ab. Es gehörte einst zu jenen märkischen Ordensniederlassungen, welche ihre Einkünfte durch Wunderheilungen aufzubessern versuchten – nicht zur Freude der Bischöfe, die es viel lieber sahen, wenn die Spenden der Pilger in ihre eigene Kasse flossen. Auch hier müssen wir uns die Überbleibsel der Klostergebäude zusammensuchen, aber die Ausbeute ist reicher als in Boitzenburg: Die Ruine des Konventshauses, der nördliche Flügel des Kreuzgangs und einige zweischiffige Räume mit frühgotischen Kreuzrippengewölben entschädigen uns für unsere Mühe.

Die beiden am besten erhaltenen märkischen Zisterziensernonnenklöster finden wir in der Westprignitz. Das Kloster Marienfließ in Stepenitz westlich von Meyenburg wurde schon 1231, Heiligengrabe östlich von Pritzwalk erst 1289 gegründet. Die Überlieferung berichtet, daß Marienfließ ebenso wie Zehdenick ein „Wunderblut" besaß, eine blutige Abendmahlsoblate, deren wundertätige Kraft nach den Vorstellungen des Mittelalters Kranke heilen konnte. Der Bischof von Havelberg bestätigte 1256 die Echtheit der Reliquie. Ob er in gutem Glauben handelte oder sich auf diese Weise einen Anteil an den Einkünften sichern wollte – darüber gingen die Meinungen schon damals auseinander. Aber der Pilgerstrom versiegte, als die Nonnen von Heiligengrabe ihren Schwestern in Marienfließ Konkurrenz machten und ebenfalls ein „Wunderblut" entdeckten, eine Oblate, an der im Unterschied zur Marienfließer Reliquie tatsächlich Blut klebte – das Blut eines Juden aus Meißen, den die fanatisierten Bürger von Pritzwalk, gestützt auf die

Grabkapelle des Klosters Heiligengrabe

widersprüchliche Aussage eines einzigen Zeugen, der Kirchenschändung angeklagt und hingerichtet hatten.

Die Klosterkirche in Stepenitz ist ein frühgotischer Bau aus der zweiten Hälfte des 13. Jahrhunderts. Die Kirche von Heiligengrabe hingegen entstand im 15. Jahrhundert, also in der Periode der Spätgotik. Trotz dieses Zeitunterschieds von fast zweihundert Jahren ähneln die beiden Werke einander wie Zwillingsschwestern. Zunächst fällt auf, daß es sich hier wie dort um einen langgestreckten einschiffigen Raum handelt, dessen schlichter Chor sich aus fünf Seiten eines Achtecks zusammensetzt. Weiter bemerken wir, daß auch die Gewölbeformen übereinstimmen: In beiden Kirchen erblikken wir Kreuzrippengewölbe – und dies bedeutet, daß sich die Meister von Heiligengrabe einer Regel fügen mußten, die in Widerspruch zu den Baugewohnheiten ihrer Zeit stand. Kein Architekt der Spätgotik benutzte noch einen so veralteten Gewölbetyp, wenn ihn nicht ein Befehl seines Bauherrn dazu zwang. Vieles hatte sich in den Klöstern verändert, nicht zum Besseren, wie wir wissen, aber in der Kirchenbaukunst hielten die Zisterzienser nach wie vor an dem Gebot der Schlichtheit fest. Allein hier blieb bewahrt, was sonst aus dem Orden verschwunden war: der vom Ideal der „heiligen Armut“ geprägte strenge Geist der beiden ersten Jahrhunderte.

Heiligengrabe besitzt noch seine alte Klausur, und auch die 1512 geweihte Grabkapelle, in der einst das „Wunderblut“ aufbewahrt wurde, hat die Jahrhunderte überdauert. Zwar ist die Klausur mehrmals umgebaut worden, zuletzt vor ungefähr hundert Jahren. Der stimmungsvolle Kreuzgang, der sich nur durch seine geringere Größe von den Kreuzgängen der Mönchsklöster unterscheidet, blieb jedoch nahezu unversehrt erhalten. Die Grabkapelle südwestlich der Kirche gehört zu den schönsten Werken der norddeutschen Spätgotik, aber sie hat keine Verbindung mehr zur Zisterzienserarchitektur. Prachtvolle Sterngewölbe überspannen den einschiffigen Raum. Der lebhaft gegliederte Staffelgiebel über dem Westportal rief den Pilgern schon von weitem zu, daß hier Trost und Heilung auf sie warteten. Doch die Zahl derer, die an die Kraft des „Wunderbluts“ glaubten, nahm ab. Der brandenburgische Kurfürst Joachim II. (1505—1571) trieb den Orden aus dem Lande und ließ die Reliquie vernichten. Sonst blieb in Heiligengrabe alles beim alten. Der einzige Unterschied zur Zeit vor der

Reformation bestand darin, daß statt der adligen katholischen Nonnen nun adlige evangelische Fräulein in dem Kloster wohnten.

Die Zisterzienser gehörten zu den ersten, die sich der Armen annahmen und sie in das Herrschaftssystem der Kirche eingliederten. Sie speisten sie nicht mit Almosen ab, wie es zum Beispiel die Benediktiner taten. Sie öffneten ihnen eine Freistatt und verlangten dafür nur, daß die Brüder nicht müßig saßen, sondern zur höheren Ehre Gottes die Hände regten. Die Mönche der alten Orden hatten gebetet, nicht gearbeitet: Die Zisterzienser verwandelten die Arbeit in ein Gebet. So wollten sie verhindern, daß sich die Arbeitenden von der Kirche abkehrten und statt der Gemeinschaft der auserwählten Gläubigen die Gemeinschaft ihrer Klasse suchten. Aber das widernatürliche Bündnis der Herrschenden und der Beherrschten zerbrach, weil auch die frömmste Spielart der Ausbeutung Ausbeutung bleibt und Klostermauern den Gang der Geschichte nicht aufhalten können.

Als die Bauern Burgen bauten

Wehrhafte Kirchen und reichgeschmückte Fachwerkhäuser südlich des Thüringer Waldes

Wenn wir in das Gebiet südlich des Thüringer Waldes kommen, fällt uns wohl als erstes die Mundart auf. Statt des gewohnten thüringischen Dialekts vernehmen wir die weichen Laute des Hessischen oder ein hartes, mit rollendem R gesprochenes Fränkisch. Aber das Gebiet zu beiden Seiten der oberen Werra besitzt noch einige andere Eigentümlichkeiten. Die wenigen Städte sind klein und liegen verhältnismäßig weit voneinander entfernt. Die Kreisstadt Meiningen hat etwa 25 000 Einwohner, Schmalkalden 15 000, Hildburghausen 10 000 – und damit hört die Liste der Städte eigentlich schon auf. Die übrigen stadtähnlichen Gemeinwesen dieser Landschaft – Heldburg, Römhild, Themar, Wasungen, Kaltennordheim, Stadtlengsfeld – waren trotz Mauer und Graben jahrhundertelang nicht viel mehr als Ackerbürgersiedlungen.

Wer diese Landschaft kennenlernen will, muß Schusters Rappen aufzäumen und sich in den Dörfern umschauen. Nirgendwo sonst finden wir so viele Zeugnisse jener alten bäuerlichen Kunst, welche im Widerspruch zur Kunst der Ausbeuter entstand und als Waffe im Klassenkampf diente. Indem wir sie aufspüren, entdecken wir, wie tief die Wurzeln unserer sozialistischen Kultur in die Vergangenheit hinabreichen.

7 Kilometer östlich von Meiningen, nicht weit von der Mündung der Schwarza in die Hasel entfernt, liegt das Dorf Rohr. Der hübsche Ort gehört zu den ältesten bäuerlichen Niederlassungen in unserer Republik. Wenn wir die Dorfstraße entlangschlendern, bewegen wir uns auf einem Boden, der bereits vor 1165 Jahren besiedelt war. Schon 815 mußten die „Knechte zu Rohr“ der Kirche Steuern zahlen,

824 entstand hier ein Kloster des Benediktinerordens, im 10. Jahrhundert eine kaiserliche Pfalz, in der 984 sogar ein Reichstag abgehalten wurde, auf dem es wohl recht stürmisch zuging: Die Großen des Reiches zwangen den Bayernherzog Heinrich den Zänker (951–995), den von ihm entführten, noch unmündigen Kaiser Otto III. (980–1002) seiner Mutter Theophanu (um 955–991) zurückzugeben. Diese frühe Zeit hat ein steinernes Zeugnis hinterlassen. Unter dem Chor der Dorfkirche entdecken wir eine dreischiffige Krypta. Es gibt Forscher, die sie für älter halten als die Wipertikrypta zu Quedlinburg.

Aber nicht die frühromanische Krypta mit ihren ungefügen Pfeilern und Gewölben, sondern die in späteren Jahrhunderten rings um den Kirchhof gezogene Wehrmauer ist das erstaunlichste Bauwerk in Rohr. Die Bauern schützten ihr Dorf, indem sie in seiner Mitte eine Burg errichteten. Die Mauer besitzt eine Höhe von 4 bis 6 Metern. Ein noch heute deutlich erkennbarer Absatz läßt den Schluß zu, daß sie einst einen Wehrgang trug, der mit Schießscharten bestückt war. Über dem besonders gefährdeten Tor erhebt sich ein mächtiger Torturm. Vor dem Tor erblicken wir Reste eines kleinen halbkreisförmigen Bollwerks. Seine niedrige Mauer konnte von der Kampfplattform des Turms überschossen werden, so daß dem Angreifer ein besonders dichtes Feuer entgegenschlug. Wer sich dieser Kirchenburg in feindlicher Absicht näherte, tat gut daran, vorher sein Testament zu machen.

Wir haben hier ein Beispiel dafür, daß die Bauern im Dienste der Feudalherren erworbene Fähigkeiten gegen die Feudalherren anwendeten. Wenn der Graf von Henneberg oder irgendein anderer Adliger eine Burg errichtete, mußte das Landvolk fronen, aber so schwer diese Fron auch drückte – die Bauern lernten dabei, wie das Verteidigungssystem einer Burg beschaffen war und auf welche Weise die verschiedenen Abwehrmittel ineinandergriffen. Das dem Tor vorgelagerte Bollwerk, der Torturm, der Wehrgang, der Graben, der sich einst rings um die Mauer zog – alle diese

Torturm der Kirchenburg in Rohr

Elemente wurden der feudalen Militärarchitektur entlehnt. Trotzdem entwickelte sich etwas völlig Neues. Im Unterschied zum Adel bauten die Bauern ihre Burgen nur, um ihre Familie und ihre Habe vor Überfällen zu schützen. Die Funktion der Kirchenburg bestand also nicht darin, andere zu unterdrücken. Statt der herrschenden Klasse zu dienen, diente sie der Selbstverteidigung der Beherrschten.

Feudalburgen brauchten eine ständige Besatzung, auch dann, wenn im Lande Friede herrschte. Sie konnten ihre Aufgabe, die Bauern im Zaum zu halten, nur erfüllen, wenn der große Knüppel stets bereitlag. Die Kirchenburgen dagegen standen in Friedenszeiten leer. Die Gemeinden mußten lediglich dafür sorgen, daß die Befestigungswerke nicht verfielen, aber die laufenden Reparaturarbeiten konnten von den Bauern selbst ausgeführt werden. Die Stärke der Kirchenburg offenbarte sich erst, wenn die Raub- und Fehdelust des Adels wieder einmal einen Krieg provoziert hatte. Der Klang der Alarmglocke schreckte das Dorf auf. Die Frauen und Kinder packten die bewegliche Habe zusammen und trieben das Vieh auf den Kirchhof, die Männer bewaffneten sich und nahmen ihren Platz auf der Mauer ein. Im Jahre 1573 ordnete der Landesherr eine Waffenzählung an. Sie ergab, daß die Bauern von Rohr einunddreißig Feuergewehre, sechsundfünfzig Spieße oder Hellebarden und zwei Streitäxte besaßen. Wenn das Dorf etwa fünfzig Jahre nach der Niederlage der Aufständischen im Deutschen Bauernkrieg (1525) noch neunundachtzig Bewaffnete zu stellen vermochte — wie hoch muß dann die Zahl vorher gewesen sein!

Die Größe der Besatzung machte die Nachteile wett, die sich aus der Lage der Kirchenburg mitten im Dorf ergaben. Die Angreifer konnten die Bauernhäuser als Deckung benutzen und sich so bis auf Sturmentfernung an die Mauer heranarbeiten. Die Verteidiger mußten sich in dieser ersten Phase des Angriffs damit begnügen, die weitere Entwicklung der Dinge abzuwarten. Aber sobald die Feinde den Schutz der Häuser verließen, änderte sich das Bild. Die Kirchenburg spie Feuer. Armbrustbolzen hagelten auf die Stürmenden herab, Faustrohre schleuderten ihnen gehacktes Blei entgegen. Was nutzte dem Ritter hier seine Rüstung? Was dem Soldknecht sein Harnisch? Sie hinderten sie nur daran, rasch in die Deckung zurückzulaufen. In neunzig von hundert

Fällen brach der Angriff schon nach wenigen Metern zusammen. Wen wundert es da, daß die Feudalherren diesen Bauernfestungen lieber aus dem Wege gingen?

Auch die Auseinandersetzungen um das sogenannte Öffnungsrecht zeigen uns, wie hoch die Feudalherren den militärischen Wert der Kirchenburgen einschätzten. Das Werratal kam nur selten zur Ruhe. Der Bischof von Würzburg befehdete die Grafen von Henneberg, im Norden lagen Gebiete, die der Abtei Fulda gehörten, und der Landgraf von Hessen strebte ebenfalls danach, seinen Herrschaftsbereich auszudehnen. Jahrhundertelang wogten die Kämpfe hin und her. Sie nahmen die Kräfte des Adels derartig in Anspruch, daß die Dörfer sich selbst überlassen blieben. Wenn der Bauer in diesem Wirrwarr nicht zugrunde gehen wollte, mußte er eine Selbstschutzorganisation aufbauen. Die in unzählige Kleinkriege verstrickten Feudalherren ließen ihn gewähren, obwohl sich die gegen den Landesfeind geschmiedete Waffe unter Umständen gegen sie selbst kehren konnte. Sie versuchten aber, dieser Entwicklung vorzubeugen, indem sie sich das Recht ausbedangen, die Kirchenburgen auch für eigene Zwecke zu benutzen.

Schon die Tatsache, daß die Feudalherren mit den Gemeinden über das Öffnungsrecht verhandeln mußten, ist bemerkenswert. Man verhandelt nur über Rechte, die strittig sind. Natürlich strebte der Adel danach, die Befugnisse der Gemeinden so weit wie möglich einzuschränken, aber die Bauern hatten gelernt, sich vor seinen Winkelzügen in acht zu nehmen. Sie bestanden darauf, daß die Ergebnisse der Verhandlungen in Weistümern, also in Urkunden mit Rechtscharakter, festgehalten wurden. Der Vertrag, den die Bauern des Dorfes Helmershausen mit den Grafen von Henneberg schlossen, bestimmte zum Beispiel, daß die Gemeinde verpflichtet war, dem „gnedigen herrn graven ... den kerchhoff in sein nothen zu offenen“*. Die Formulierung

* Zitiert nach: Müller/Gräfe, Wehrhafte Kirchen des mittleren Werragebietes, Südthüringer Forschungen 3/67, Meiningen 1967, S. 12

„in sein nothen“ besagt, daß der Graf die Kirchenburg nur betreten durfte, wenn ihm der Feind auf den Hacken saß. Auch in dem 5 Kilometer südlich von Rohr gelegenen Belrieth blieb das Öffnungsrecht auf Kriegszeiten beschränkt. Die Bauern verhinderten auf diese Weise, daß der Feudalherr die dem Selbstschutz dienende Fluchtburg mit einer ständigen Besatzung belegte und so in eine Unterdrückungsburg umwandelte.

Aber nicht nur die Kirchenburgen, sondern auch die Bauernhäuser der Werradörfer sind es wert, daß wir sie uns genau anschauen. Gerade in Rohr finden wir viele Beispiele der bäuerlichen Fachwerkbaukunst. Das Haus Unterdorf 1, die Alte Baderei, ist zum Beispiel 1678 entstanden – und dieses Datum sollte uns zu denken geben. Am Ende des Dreißigjährigen Krieges, der das Werragebiet so gründlich

Alte Baderei in Rohr

verwüstete, daß von hundert Menschen nicht mehr als zwanzig überlebten, besaß Rohr nur noch fünfundzwanzig Haushaltungen und etwa hundertzwanzig Einwohner. Kroaten und Schweden hatten fast den gesamten Viehbestand vernichtet. Die Kriegsschulden des Dorfes, Ergebnis der vielen Einquartierungen, betrugen 28 630 Gulden. Es wäre nicht verwunderlich gewesen, wenn sich die Bauern von Rohr nach dieser Katastrophe damit begnügt hätten, ihre Häuser so einfach wie möglich wiederaufzubauen. Die Wunden des Krieges schmerzten noch viele Jahrzehnte lang. Trotzdem erwachte schon nach einer Generation die Freude am Schönen. In den Dörfern entstanden Fachwerkbauten, reicher geschmückt als je zuvor.

Die Geschichte des Fachwerkbaus reicht bis in die Jungsteinzeit (4500–2000 v. u. Z.) zurück. Bereits damals errichteten die Bauern ihre Häuser in einer Art Skelettbauweise, das heißt, sie schufen zunächst ein tragendes Gerüst aus Holzbalken und füllten dann die Zwischenräume, die Gefache, mit Lehmmauerwerk aus. Jahrtausendelang waren die Fachwerkbauten primitive Gebilde, deren Gerippe sich lediglich aus senkrechten Langständern und waagerechten Tragbalken zusammensetzte. Erst im frühen 15. Jahrhundert begann eine Entwicklung, die allmählich dazu führte, daß die Konstruktionen verbessert und die vielfältigen Möglichkeiten einer künstlerischen Gestaltung der Bauelemente voll ausgeschöpft wurden. Der Stockwerkbau, bei dem jedes Geschoß ein selbständiges Ganzes ist, löste den Ständerbau ab – und ebendiesem Stockwerkbau begegnen wir in den Dörfern des Werratals.

Das Haus Unterdorf 1 in Rohr, das wir jetzt einmal besonders aufmerksam betrachten wollen, steht auf einem niedrigen Steinsockel. Oberhalb dieses Sockels erblicken wir die Fußschwelle, einen starken waagerechten Balken, der den senkrechten Pfosten des ersten Geschosses als Widerlager dient. Waagerechte Querverbindungen, Riegel genannt, und schräge Streben verhindern, daß die Pfosten dem Druck, der auf ihnen lastet, seitlich ausweichen. Eine zweite Schwelle, in der Fachsprache als Rähm oder Rahmholz bezeichnet, schließt die Gliederung des unteren Stockwerks ab und bildet zugleich die Grundlage für die ebenfalls verstrebte und verriegelte Pfostenkonstruktion des Obergeschosses, die bis zu einer dritten Schwelle, dem Dachbalken, reicht. Der Dachbalken fängt den Druck und Schub des Dachstuhls auf. Im Unterschied zum altertümlichen Ständerbau, bei dem die Pfosten von der Fußschwelle bis zum Dachansatz durchlaufen, wurden die Stockwerke deutlich voneinander abgesetzt und auf verschiedene Weise geschmückt.

Es gehört demnach zu den Besonderheiten des Fachwerkbaus, daß die wichtigsten Teile des tragenden Gerüsts sichtbar sind. Die Meister machten sich diesen Umstand zunutze, indem sie die Pfosten, Streben und Riegel so anordneten, daß sie ornamentale Muster bildeten. Am Giebel des Hauses Unterdorf 1 erscheint zum Beispiel die Balkenfigur des Wilden Mannes: Der senkrechte Pfosten und die beiden schrägen Streben verbinden sich hier zu einer Form, die an die Strichmännchen unserer Kinderzeit erinnert. Das Obergeschoß zwischen dem Rahmholz und dem Dachbalken ist noch reicher verziert: In den Brüstungsfeldern unterhalb der Fenster erblicken wir Bogenkreuze und geschnitzte Pfosten, darüber geschwungene Streben mit Auskehlungen an den Kanten. Oder nehmen wir das Haus Unterdorf 8, erbaut im Jahre 1726: Der Meister hat die Brüstungsfelder mit rautenförmigen Ornamenten ausgefüllt, in die Herzen eingelegt sind, und die Unterkanten der beiden Schwellen zahnartig ausgefräst. Im Dachgeschoß finden wir ebenfalls Wilde Männer.

Es fällt uns meist sehr schwer, dörfliche Fachwerkbauten richtig zu datieren. Kenntnisse auf dem Gebiet der Stilkunde helfen uns nur in Ausnahmefällen weiter, weil sich die Volksbaukunst nach anderen Gesetzen entwickelte als die Kunst der herrschenden Klasse. Zwar kam es vor, daß die Volksbaumeister Schmuckformen eines bestimmten Stils verwendeten, aber in der Regel kümmerten sie sich nicht darum, ob diese Formen noch zeitgemäß oder schon überholt waren. Manchmal vergingen Jahrhunderte, bevor man ein überliefertes Motiv durch ein neues ersetzte, und oft erfolgte die Übernahme so spät, daß auch das Neue bereits ein respektables Alter besaß. Die Bogen- und Nasenkreuze in den Brüstungsfeldern der Häuser sind zum Beispiel dem gotischen Formenschatz des 15. Jahrhunderts entlehnt. Wer durch das Werratal wandert, begegnet einer fest im Leben des Dorfes verwurzelten Kunst, die von dem, was damals in den politischen Zentren des Landes geschah, nur geringfügig beeinflußt wurde.

Wenn wir nun das über tausendjährige Rohr verlassen, ist es im Grunde gleich, ob wir uns nach Süden, also in das Grabfeld, oder nach Nordwesten wenden. Überall finden wir Kirchenburgen und Fachwerkhäuser. Der Weg nach Nordwesten führt uns zum Beispiel in die Orte Walldorf und Herpf. Hier stehen die beiden stärksten Bauernfestungen des Werratals. Herpf gehörte einst den Grafen von Henneberg, Walldorf den Bischöfen von Würzburg, aber wir sollten daraus nicht den Schluß ziehen, daß sich die nur 6 Kilometer voneinander entfernten Burgen gegenseitig bedrohten. Der Bauer hatte vom Bauern nichts zu befürchten. Die Gefahr ging von den Feudalherren aus, deren Streifscharen sich besonders gern in Grenzgebieten herumtrieben. Dabei machte es keinen großen Unterschied, auf welcher Seite die Schnapphähne kämpften oder ob sie das Gewerbe des Straßenraubs auf eigene Rechnung ausübten. Die Dorfbewohner taten in jedem Fall gut daran, sich auf das Schlimmste vorzubereiten. Sie konnten nur überleben, wenn sie der nackten Gewalt die Kraft der bäuerlichen Solidarität entgegensetzten – auch über die von den Herren gezogenen Grenzen hinweg.

In Walldorf liegt die Kirchenburg auf einem schmalen, etwa 15 Meter hohen Bergrücken, der nur an der Nordseite verhältnismäßig sanft zur Talsohle abfällt. Hier hielt ein aus dem Fels gehauener Graben, der vom Wehrgang der Mauer

Tor der Kirchenburg in Walldorf

unter Beschuß genommen werden konnte, die Angreifer auf. Die drei anderen Fronten des befestigten Rückens waren „sturmfrei". Wer die Burg von Osten, Westen oder Süden erobern wollte, mußte schweres Belagerungsgerät einsetzen. Anders ließ sich der von Fels und Mauer gebildete Steilhang nicht überwinden. Aber Belagerungen kosteten Zeit, auf alle Fälle mehr, als den meist nach der „Schlag-zu-und-hauab“-Methode operierenden feudalen Streifscharen zur Verfügung stand. Mit jeder Stunde wuchs die Gefahr, daß aus den benachbarten Orten, zum Beispiel aus Herpf, aus Stepfershausen oder auch aus dem nur 5 Kilometer entfernten Meiningen, Hilfe kam.

Aber selbst wenn sich der Entsatz um Stunden, ja sogar um mehrere Tage verspätete, blieben die Verteidiger den Belagerern weit überlegen. Im Unterschied zur Wehrmauer

Kirchenburg in Walldorf

von Rohr ist die Walldorfer Mauer durch fünf mächtige Türme verstärkt worden. Diese nach innen offenen runden Bollwerke springen über die Flucht der Mauer vor. Die hier postierten Schützen konnten den Angreifer also von der Flanke aus unter Beschuß nehmen – und Flankenbeschuß hat den Vorteil, daß er den Gegner meist dort trifft, wo er es am wenigsten erwartet. Gewöhnlich richtete sich der erste Vorstoß gegen das Tor. Die Bauern schützten sich gegen eine Überrumpelung, indem sie den Torweg so anlegten, daß er parallel zur Mauer verläuft, deren Schießscharten hier in vier Stockwerken angeordnet sind. Die Angreifer, die diesen Torweg zu erstürmen versuchten, mußten den Scharten ihre rechte, also nicht vom Schild gedeckte Körperseite zuwenden. Nur wer sich im Kriegshandwerk nicht auskannte, hätte sich in eine solche Falle hineingewagt. Und Krieg war das einzige, wovon der Adel tatsächlich etwas verstand.

Der Weg von Walldorf nach Herpf führt uns durch ein freundliches Hügelland. In Melkers können wir wieder einige Fachwerkbauten bewundern, oberhalb des Dorfes, auf der Höhe des Melkerser Felsens, finden wir Reste einer frühgeschichtlichen Wallanlage, und nach weiteren 3 Kilometern stehen wir vor der Dorfmauer von Herpf. Es kam verhältnismäßig selten vor, daß sich Dörfer durch einen Mauerring vor Angriffen zu schützen versuchten. Die Mauer war unpraktisch, einmal, weil die waffenfähigen Männer der Gemeinde in der Regel nicht ausreichten, sie lückenlos zu besetzen, zum anderen, weil die in einem umwehrten Dorf lebenden Bauern ihre Äcker nur auf zeitraubenden Umwegen erreichen konnten. Der einzige Nutzen einer solchen Anlage bestand darin, daß sie den Verteidigern einen Zeitgewinn verschaffte. Sie hatte die Bedeutung einer vorgeschobenen Linie, die lediglich so lange verteidigt wurde, bis die Habe in Sicherheit und das Kernwerk, die Kirchenburg, abwehrbereit war. Zeit ist im Krieg immer knapp. Wer sie besser zu nutzen versteht als der Gegner, hat bereits einen bedeutenden Vorteil errungen.

Herpf

Es scheint, daß die Grafen von Henneberg das Dorf Herpf ursprünglich zu einem starken Stützpunkt ausbauen wollten. An der Stelle der Kirchenburg stand im 13. Jahrhundert eine Feudalburg. Wir wissen nicht, wann sie von ihrer Besatzung geräumt wurde, und wir können auch nur vermuten, was die Herren dazu bewogen hat, sie den Bauern zu überlassen, statt sie, wie sonst üblich, einem Ritter als Lehen zu geben. Wahrscheinlich machten sich die Bauern die Tatsache zunutze, daß die Grafen ihren Lehnsleuten mißtrauten. Was bedeutete schon ein Treueschwur, wenn der Bischof von Würzburg mit einem vollen Geldbeutel klimperte? Der niedere Adel wechselte die Front, sooft er sich einen Vorteil davon versprach, und der Landesherr besaß kaum eine Möglichkeit, ihn daran zu hindern. Bei den Bauern lagen die Dinge anders. Sie gewannen nichts, wenn sie zur gegnerischen Partei überliefen. Ob hennebergisch oder würzburgisch – so oder so zogen ihnen die Herren das Fell über die Ohren. Warum sollten sie sich in einen Streit mischen, der sie nicht das geringste anging? Die Henneberger übergaben die Burg den Bauern, weil sie so wenigstens davor sicher waren, verraten zu werden. Alles übrige, glaubten sie wohl, würde sich schon finden...

Als die Bauern von Herpf die alte Feudalburg im 14. Jahrhundert zu einem starken Bollwerk umbauten, wendeten sie die modernsten Errungenschaften der mittelalterlichen Befestigungstechnik an. Leider sind große Teile des Burgbezirks überbaut worden und deshalb schwer zugänglich. Die Anlage besaß einen doppelten Mauerring, den wir stellenweise noch gut erkennen können. Vor der Hauptmauer lag ein 2 bis 3 Meter breiter Abschnitt, in der Fachsprache Zwinger genannt, der durch eine zweite, mit Ecktürmen versehene niedrigere Mauer gesichert war. Die Widerstandskraft der Burg nahm also von außen nach innen zu. Selbst wenn es den Angreifern gelang, die vorgeschobene Mauer zu ersteigen und in den Zwinger einzudringen, kamen sie lediglich vom Regen in die Traufe. Der Zwinger bot ihnen keine Deckung, er konnte vom Wehrgang aus mit Geschossen überschüttet werden. Und nur in der Ballade „Schwäbische Kunde" von Ludwig Uhland (1787–1862) forcht sich der wackre Ritter nit, wenn ihm der Feind den Schild mit Pfeilen spickte. In der Wirklichkeit sah er zu, daß er mit heiler Haut davonkam. An der Innenmauer entdecken wir einige Gadenkeller – unterirdische Räume, die in Kriegszeiten die bewegliche Habe der Dorfbewohner aufnahmen und ihnen bei schlechtem Wetter als Unterschlupf dienten. Die Bauern von Herpf waren demnach sogar für eine längere Belagerung gerüstet.

3 Kilometer nordwestlich von Herpf liegt Stepfershausen, das ebenfalls zum Herrschaftsgebiet der Grafen von Henneberg gehörte und auch von einer Mauer umgeben war. Den Zugang zu dem umwehrten Kirchenbezirk deckte ein Torturm, der durch seine Mächtigkeit beeindruckt. Das obere Geschoß mit dem Aufsatz stammt aus dem 18. Jahrhundert. Im Mittelalter trug der Turm eine Kampfplattform mit Zinnenkranz.

Mit den vier Kirchenburgen, die wir bisher kennengelernt haben, ist der Reichturm des Gebiets an bäuerlichen Wehranlagen bei weitem noch nicht ausgeschöpft. Allein im mittleren Werratal finden wir zweiundzwanzig Bauernfestungen aus dem späten 14. oder dem frühen 15. Jahrhundert, und wenn wir uns entschließen, in die Vorderrhön weiterzuwandern, so begegnen wir auch dort Bollwerken, die von Dorfgemeinschaften errichtet und verteidigt worden sind. Die auf einer Anhöhe gelegene, im Norden und Osten doppelt ummauerte Kirchenburg von Kaltensundheim trotzte 1634 den Kroaten des kaiserlichen Generals Isolani (1586–1640). Die Bauern kannten das Los, das sie und ihre Familien erwartete, wenn es der Soldateska gelang, in die Festung einzudringen. Sie konnten nicht ehrenvoll kapitulieren, wie es unter Kavalieren üblich war. Sie mußten sich schlagen – und sie schlugen sich so gut, daß die Kroaten schließlich von ihnen abließen und nach Suhl weiterzogen.

Auch das Gebiet südöstlich von Meiningen war im Mittelalter eine Art Wetterwinkel. Die hier besonders unübersicht-

Tor der Kirchenburg in Kaltensundheim

Altes Backhaus in Kaltensundheim

lichen Besitzverhältnisse führten dazu, daß die Fehden kein Ende nahmen. Leutersdorf gehörte im 14. Jahrhundert zum Beispiel dem Kloster Veßra, Vachdorf dem Bischof von Würzburg, Belrieth dem Grafen von Henneberg, und jeder dieser Feudalherren trachtete danach, sein Gebiet auf Kosten der Nachbarn zu vergrößern. Der niedere Adel schwankte wie ein Rohr im Winde, er kämpfte für den, der am besten bezahlte, und schlug bald auf diese, bald auf jene Partei los. Die Bauern wußten, es gab nur ein Mittel, das den Feudalherren Respekt einflößte und sie davon abhielt, über die Dörfer herzufallen: In keinem anderen Abschnitt des Werratals liegen die Kirchenburgen so dicht beieinander wie auf der etwa 9 Kilometer langen Strecke zwischen Obermaßfeld und Leutersdorf.

Schon der befestigte Kirchhof von Obermaßfeld, westlicher Eckpfeiler des bäuerlichen Verteidigungssystems, war von außergewöhnlicher Stärke. Die Zeit hat hier vieles verwischt, aber die erhaltenen Reste lassen erkennen, daß er einst einen Zwinger mit vorgelagerter Zwingermauer besaß.

Die Bürger von Meiningen, die in den rührigen Einwohnern des Marktfleckens lästige Konkurrenten sahen, hüteten sich davor, diese Kirchenburg auf übliche Weise anzugreifen. Sie schickten erst einmal Späher nach Obermaßfeld – und die Spione berichteten, daß die Bauern den Wachdienst nachts nur sehr lässig versahen. Die Meininger machten sich diese Sorglosigkeit zunutze: Sie schlichen sich im Schutz der Dunkelheit an die Mauern heran, überrumpelten die Wache und eroberten die Burg, bevor ihre Verteidiger überhaupt zur Besinnung kamen. Dann plünderten sie die Vorratslager und zogen mit ihrer Beute von dannen. So geschehen im Jahre 1464.

Die Kirchenburg von Einhausen liegt weniger als 2 Kilometer von Obermaßfeld entfernt. Das Dorf ist auf drei Seiten von Wasser umgeben: Im Norden und Westen fließt die Hasel, im Süden die Werra. Nur von Osten drohte den Bauern Gefahr – und genau hier errichteten sie ihre Festung, ausgezeichnet vor anderen durch einen mächtigen Turm, von dessen Kampfplattform aus das gesamte Vorgelände beschossen werden konnte. Teile der etwa 1,5 Meter starken Ringmauer sind mit Gaden aus Fachwerk versehen. Ihre Zahl läßt Rückschlüsse auf die Zahl der Verteidiger zu. Da jede Familie in der Regel nur einen Gaden besaß und mindestens zwei Bewaffnete stellte, ergibt die Verdoppelung der Gadenzahl die ungefähre Größe der Besatzung. Das benachbarte Belrieth konnte demnach sechzig, Vachdorf, viertes Glied der Festungskette, sogar hundert Bewaffnete aufbieten.

Auch von der Kirchenburg im ehemals würzburgischen Vachdorf finden wir noch eindrucksvolle Reste vor, darunter eine runde Eckbastion, welche die Mauer beträchtlich überragte. Die Vachdorfer Bauernfestung gehörte einst zu jenen Anlagen, welche nicht allein durch einen Zwinger, sondern außerdem durch einen vorgelagerten Wassergraben gesichert waren. Der Angreifer mußte also zunächst den Graben und die Zwingermauer, dann den Zwinger und die Hauptmauer überwinden, bevor er in den Burghof eindringen konnte. Und

Kirchenburg in Vachdorf

hier erwartete ihn eine weitere unangenehme Überraschung: Die Besatzung zog sich in den bergfriedartig ausgebauten Kirchturm zurück und setzte den Widerstand fort. Nicht einmal die Feudalburgen der Grafen von Henneberg hatten ein so tiefgestaffeltes Verteidigungssystem.

Die auf einer Anhöhe gelegene Kirchenburg von Leutersdorf, östlicher Eckpfeiler der Werralinie, blickt auf eine interessante Geschichte zurück. Im 12. Jahrhundert stand hier eine Kirche des Ritterordens der Templer, der 1312 durch einen Machtspruch des Papstes aufgelöst wurde. Die wichtigsten Anklagepunkte lauteten: Ketzerei, Gotteslästerung und Unzucht. Das Glaubensgericht warf den Tempelherren zum Beispiel vor, daß sie in ihren Gottesdiensten einen schwarzen Kater anbeteten und sich den Bruderkuß auf Nabel, Gesäß und Geschlechtsteil gaben. In Wahrheit ging es den geistlichen und weltlichen Großen vor allem darum, die Besitztümer des Ordens zu beschlagnahmen und aufzuteilen. Leutersdorf fiel damals an das Kloster Veßra. Betrachten wir die etwa 3 Meter hohe und 1,5 Meter starke Mauer des Kirchhofs, so fällt uns auf, daß die Steine an der Nordseite kornährenartig zusammengesetzt sind. Wahrscheinlich stammt dieser Kornährenverband noch aus dem 12. Jahrhundert. Die Leutersdorfer Bauern haben hier Reste der alten Templerkirche in den Befestigungsring einbezogen.

Wenn wir das Werratal verlassen und uns nach Süden, in das Grabfeld, wenden, kommen wir in eine Landschaft, die noch darauf wartet, von Wanderlustigen entdeckt zu werden. Wer Freude daran hat, dem Außergewöhnlichen zu begegnen – hier findet er es auf Schritt und Tritt. In Bibra zum Beispiel steht die Ruine einer Feudalburg, deren Wehrmauer mit acht Türmen bestückt ist. Eine Inschrift am gegenüberliegenden Gebäude berichtet uns: „Anno domini 1525 ist das Schlos Bibra mit allen Gebeuen durch die beurische aufrur gar ausgebrant". Kostbarkeiten birgt die 1492 begonnene Kirche. Die zehn Halbfiguren an den Gewölbeansätzen des Chors, der Kirchenväteraltar, der Verkündigungs- und der Apostelaltar, der Grabstein des Hans von Bibra, die Figur des heiligen Kilian – sie alle stammen aus der Werkstatt des Würzburger Bildschnitzers Tilman Riemenschneider (um 1460–1531), der im Sturmjahr 1525 auf der Seite der Bauern kämpfte. Sein allergnädigster Herr, der Bischof von Würzburg, ließ ihn dafür bestialisch foltern.

Grabstein des Hans von Bibra

Von Bibra führt uns der Weg nach Queienfeld, wo früher ebenfalls eine von Wasser umgebene große Kirchenburg stand. Nur der zu einem Bergfried ausgebaute mächtige Kirchturm hat die Jahrhunderte überdauert. Durch das Waldmassiv des Queienbergs gelangen wir nach Exdorf, einer wahrscheinlich schon im 10. oder 11. Jahrhundert entstandenen bäuerlichen Siedlung, die im Unterschied zu vielen anderen Dörfern des Grabfelds allmählich gewachsen ist. Woran wir das erkennen? Vor allem an der planlosen Führung der Straßen und Wege sowie an der unregelmäßigen Anordnung der Gehöfte. Jeder Neuankömmling baute sein Haus, wo es ihm am zweckmäßigsten erschien: So entstand jener Dorftyp, welcher in der Fachsprache der Siedlungsforscher Haufendorf genannt wird.

Über Haina kommen wir in das Naturschutzgebiet der Gleichberge. Hier beginnt das Reich des Basaltgesteins und der großen, mit Felsbrocken übersäten Flächen, von den Geologen Blockmeere genannt. Auf der Höhe des Kleinen Gleichbergs lag einst die Steinsburg, eine in der späten Hallstatt-Eisenzeit (600–250 v. u. Z.) entstandene Befestigungsanlage, die im 2. Jahrhundert v. u. Z. von den Kelten übernommen und zu einer bedeutenden Bergsiedlung ausgebaut wurde. Später, nach dem Abzug der Kelten kurz vor der Zeitenwende, drangen von Norden her Germanen in das Gebiet ein. Vermutlich errichteten sie hier ein Heiligtum ihres Gottes Wodan. Im Mittelalter stand auf dem Gipfel eine Wallfahrtskapelle. Ihre Grundmauern lassen sich noch deutlich erkennen. Das Steinsburgmuseum am Fuß des Kleinen Gleichbergs bewahrt auf, was die Spaten der Archäologen zutage gefördert haben.

Vom Steinsburgmuseum wandern wir weiter nach Dingsleben. Das kleine Dorf sieht aus, als sei es einer Spielzeugschachtel entnommen. Zu beiden Seiten der Dorfstraße liegen Fachwerkhäuser, die oft aus dem 17. oder 18. Jahrhundert stammen. Leider sind einige von ihnen in den letzten Jahren verputzt worden. Diese Fachwerkbauten gehörten einst zu fränkischen Gehöften. Das fränkische Gehöft war die am höchsten entwickelte Form des deutschen Bauernhauses. Es paßte sich den besonderen Bedingungen des landwirtschaftlichen Produktionsprozesses viel besser an als etwa das niederdeutsche Hallenhaus, das Wohnung, Stall und Scheune unter einem Dach vereinigte. Die Erbauer der fränkischen Gehöfte haben Wohn- und Wirtschaftsgebäude

Dingsleben

voneinander getrennt. Die Bauten gruppieren sich um einen rechteckigen Hof. Wohnhaus und Großviehstall stehen einander gegenüber, die Scheune nimmt die Rückfront des Hofes ein. Torhäuser oder aus starken Balken gezimmerte Torgestelle riegeln die der Straße zugekehrte Seite ab. Dingsleben gehört zu den schönsten Dörfern in unserer Republik. Unter den harten Bedingungen der Hörigkeit ließ der Selbstbehauptungswille der Grabfeldbauern hier ein Kunstwerk entstehen.

Auf dem etwa 6 Kilometer langen Weg hinüber zur Bahnstation Reurieth finden wir Zeit, unsere Eindrücke zu ordnen und Bilanz zu ziehen. Dabei wird uns bewußt, daß nicht die Kunst der herrschenden Klasse, sondern die bäuerliche Volkskunst dieser Landschaft ihr Gepräge gegeben hat. Der Klassenkampf nahm unter verschiedenen Bedingungen verschiedene Formen an, aber ob es sich nun um eine im 14. Jahrhundert entstandene Kirchenburg oder um ein Fachwerkgehöft aus dem 18. Jahrhundert handelt — beide bezeugen, daß sich die Bauern nie mit der Unterdrückung abfanden. Im Unterschied zu den Gebieten östlich der Elbe blieben im Werratal und im Grabfeld Reste der alten Dorfrechte erhalten. Auch nach dem Bauernkrieg konnten die Feudalherren hier nicht schalten und walten, wie es ihnen beliebte. Die Enkel der Geschlagenen von 1525 fochten's weiter aus, bis endlich die Stunde der Befreiung kam und die Not des Landvolks endete. Von den Kunstwerken, die uns die Geschichte hinterlassen hat, stehen uns die Schöpfungen der Bauern besonders nah.

Von der Goldenen Pforte zur Schönen Tür

Bergbau und Kunst im Erzgebirge

„Nach den Eisenerzgruben waren es zu Goslar die Bleibergwerke, welche unter Otto dem Großen nach dem Bericht unserer alten Chroniken zuerst in Umtrieb kamen, – nur weiß man nicht genau in welchem Jahr. Es mag aber etwa 220 Jahre vor Freiberg in Meißen gewesen sein. Dessen Gruben begann man nämlich, durch einen gewissen Zufall aufmerksam gemacht, lebhafter vor 373 Jahren abzubauen, von heute ab gerechnet. Da diese nun außerordentlich viel Silber schütteten und deshalb sehr viele Leute von überall zusammenkamen, die sich um den Bergbau bemühten, genau so auch in einigen benachbarten Orten Kolonien anlegten, so entstanden an bedeutenderen und heute noch florierenden Orten Ehrenfriedersdorf, Geyer und Altenberg."* So schilderte der Arzt und Naturforscher Georgius Agricola (1494 bis 1555) – der „Vater der Mineralogie und Bergwerkskunde" – die Anfänge der Silberförderung im Erzgebirge.

Wir wissen heute, daß die Silbervorkommen um Freiberg nicht, wie Agricola glaubte, 1155, sondern erst 1168 entdeckt wurden. Das Gebiet gehörte damals dem bei Nossen gelegenen Kloster Zella, aber die Befugnis, Bodenschätze auszubeuten, hatte der Markgraf von Meißen, und Otto der Reiche (1125–1190) war nicht der Mann, der freiwillig auf eines seiner Privilegien verzichtete. Das Kloster mußte die Fundstätten herausrücken und sich mit einer mageren Entschädigung zufriedengeben. Da es an Menschen fehlte, welche die Erzlager fachgerecht auszubeuten verstanden, rief der Markgraf Bergleute aus Niedersachsen herbei. So entstand seit 1171 die „civitas Saxonum", in deutsch geschriebenen Urkunden „Sächsstadt" genannt. Die Siedlung wuchs so rasch, daß sie schon 1186 Stadtrecht erhielt. Ihr neuer Name Freiberg bekundete, daß in diesem Gemeinwesen freie Leute wohnten, die ohne besondere Erlaubnis nach Silbererz schürfen durften.

* Georg Agricola, Bermannus oder über den Bergbau, Berlin 1955, S. 76

Um zu verstehen, warum die Zeitspanne zwischen der Gründung der „civitas Saxonum“ und der Verleihung des Stadtrechts nur fünfzehn Jahre betrug, müssen wir zweierlei bedenken.

Die Sage berichtet, daß der Entdecker des Freiberger Silbers die ersten Erzbrocken im Wurzelgeflecht eines Baumes gefunden hat. In dieser Sage steckt ein wahrer Kern. Die Vorkommen lagen so dicht unter der Erdoberfläche, daß sie auch mit einfachen Werkzeugen ohne weiteres abgebaut werden konnten. Es war zum Beispiel verhältnismäßig unkompliziert, die Gruben und Schächte trocken zu halten. Das eingedrungene Wasser floß, dem Gefälle der schräg in den Fels gehauenen Stollen folgend, von selbst ab oder wurde mit Eimern ausgeschöpft. Der Vortrieb, also das Hineinarbeiten in den Berg, bereitete ebenfalls noch keine Schwierigkeiten. Es genügte, wenn der Bergmann Schlegel, Eisenkeil und Brechstange zu handhaben verstand. Folglich hatte jeder, der auf eine Silberader stieß, auch die Möglichkeit, sie auszubeuten. Er brauchte dazu kein Kapital, sondern nur Fachkenntnisse und genügend Arbeitskraft.

Ferner war von Bedeutung, daß die im 12. und 13. Jahrhundert gültigen Rechtsnormen dem Bergmann eine Sonderstellung einräumten. Was nutzten dem Feudalherrn Bodenschätze, die in der Erde lagen? Die Höhe seiner Einkünfte hing von der Fördermenge ab; denn nur von gefördertem Erz ließ sich der Bergzehnt erheben. Es nimmt daher nicht wunder, daß die feudalen Gesetze die Bergbauspezialisten vergleichsweise rücksichtsvoll behandelten. In Freiberg galt zum Beispiel die Bestimmung: „Wo eyn man ercz suchen will, das mag her thun mit rechte“*, das heißt, wer nach Erzlagerstätten schürfen wollte, benötigte dazu keine Genehmigung. Und wenn er das Glück hatte, eine ertragreiche Ader aufzuspüren, so erwarb er damit zugleich das Privileg der Nutzung. Diese ungewöhnlich günstigen Bedingungen bewirkten, daß Tausende ihr Bündel schnürten und sich auf den

* Zitiert nach: Deutsche Geschichte, Bd. 1, Berlin 1967, S. 345

Weg machten. Die meisten Einwanderer stammten aus dem Harz, dessen an der Oberfläche gelegene Silbervorkommen allmählich zu versiegen begannen. Sie folgten dem „Berggeschrey“, weil der einzelne in dem neuen Revier bessere Chancen hatte als in anderen Bergbaugebieten.

Es scheint, daß sehr viele Bergleute die von ihnen entdeckten Silberadern auf eigene Rechnung abbauten, häufig mit Hilfe ihrer Familienangehörigen. Diese Eigenlehner verkauften das geförderte Erz in unbearbeitetem Zustand. Sie nahmen weniger ein als jene Bergleute, welche sich zu „Gewerkschaften“ zusammengeschlossen hatten. Die wirtschaftliche Überlegenheit der „Gewerkschaften“ beruhte auf der schon weit fortgeschrittenen Arbeitsteilung. Während in den Familienbetrieben jeder alles tat, spezialisierten sich die Mitglieder der Genossenschaften auf bestimmte Teilgebiete des bergmännischen Produktionsprozesses. Neben den Schächten entstanden Schmelzhütten, und das hier aus dem Erz geschmolzene reine Silber brachte einen viel höheren Gewinn als die rohen Brocken, die der Eigenlehner ablieferte. Noch legten die „Gewerkschafter“ meist selbst Hand an. Die Ausbeutung von Lohnarbeitern spielte im frühen 13. Jahrhundert nur eine untergeordnete Rolle.

Wieviel damals im Freiberger Revier gefördert wurde, ist unbekannt. Trotz der einfachen Abbaumethoden muß die Menge beträchtlich gewesen sein. Die Stadt entwickelte sich so rasch, daß sie in kürzester Frist alle anderen Städte Sachsens überholte. Freiberg erreichte in Jahrzehnten, wozu andere Gemeinwesen Jahrhunderte brauchten. Die guten Verdienstmöglichkeiten lockten Handwerker und Kaufleute an, sie besiedelten die Viertel um die Nikolaikirche und am Untermarkt. Die von ihnen produzierten oder eingeführten Waren fanden ihre Käufer, und es blieb noch genug Geld übrig, wie die Vielzahl der kirchlichen Stiftungen beweist. Der Dom, St. Nikolai, St. Petri, St. Jakobi, die Klöster der Bettelorden – sie alle sind Gründungen des späten 12. oder des frühen 13. Jahrhunderts.

Die spätromanischen Kirchen Freibergs wurden später umgestaltet oder durch Neubauten ersetzt. Wir wissen nur, daß die meisten von ihnen kreuzförmige Basiliken waren. Aber ein großes Werk aus dieser Zeit ist erhalten geblieben: die Goldene Pforte, so genannt, weil einst Farbe und Blattgold den Sandstein bedeckten. Die Meister der Spätgotik, die den spätromanischen Dom nach 1484 in eine Hallenkirche verwandelten, gingen mit diesem Zeugnis der Vergangenheit ausnahmsweise rücksichtsvoll um, wobei ungewiß bleibt, ob sie aus eigenem Antrieb handelten oder sich einer Forderung der Bürgerschaft beugten. Die Pforte, ursprünglich das Westportal des Doms, wurde jedenfalls Stein für Stein abgetragen und mit höchster Sorgfalt an der Südseite wieder zusammengesetzt.

Auch wer nur wenig von Kunst versteht, erkennt, daß dem Schöpfer der Goldenen Pforte Großes gelungen ist. Es gehörte Genialität dazu, die Figuren der biblischen Geschichte so darzustellen, daß sie wie lebendige Menschen wirken. Betrachten wir doch einmal die aus ihren Gräbern Auferstehenden an der Stirnseite des oberen Rundbogens: Wir sehen eine mütterliche Frau, die das Jüngste Gericht so wenig fürchtet, daß sie lächelnd vor den Richterstuhl tritt, ein Mädchen, das sich seiner Blöße schämt, einen Jüngling, der die Grabplatte beiseite wuchtet, einen anderen, der die Hände zum Gebet falten will, einen reifen Mann, der sein Gesicht der Sonne zuwendet, froh, dem Dunkel entronnen zu sein – wieviel Schönheit ist hier vor uns ausgebreitet! Nacktheit galt damals als unzüchtig, ihre bildliche Darstellung war nur erlaubt, wenn sie vom Wortlaut der Bibel gefordert wurde. Der Meister ließ sich die seltene Gelegenheit, nackte Leiber aus dem Stein zu hauen, nicht entgehen – und seine kunstvolle Gestaltung besonders des weiblichen Körpers beweist, daß er ihn nicht nur vom Hörensagen gekannt hat.

Zugegeben, es ist für uns nicht leicht, in die Bildwelt der Goldenen Pforte einzudringen. Was den Zeitgenossen des

Auferstehende an der Goldenen Pforte

Meisters ohne weiteres verständlich war, gibt uns heute manches Rätsel auf, vor allem deshalb, weil der Bildhauer die verschiedenen Gestalten in einer sehr verzwickten Weise gedanklich miteinander verknüpft hat. Die beiden großen Themenkreise der Bibel sind hier zu einer Einheit verschmolzen: „Jedem Ereignis und jeder Gestalt des Alten Testaments entspricht eine analoge Erscheinung aus der Epoche des Neuen Testaments“*. Das Alte Testament schildert die wechselvolle Geschichte des jüdischen Volkes, das Neue Testament berichtet über das Leben Jesu Christi und das Wirken seiner Jünger. Der in einer christlichen Umwelt aufgewachsene und von ihr geprägte Mensch des Mittelalters glaubte, daß zwischen diesen beiden Büchern ein Zusammenhang bestand. Er sah in den Königen und Propheten der altjüdischen Geschichte Vorläufer und Sinnbilder des Erlösers Jesus Christus und seiner Mutter Maria.

Das Bogenfeld über der Tür enthält zum Beispiel eine Mariendarstellung: Im Zentrum erblicken wir die thronende Gottesmutter mit dem Kind, links die Heiligen Drei Könige, rechts den Erzengel Gabriel, in der Bibel einer der obersten Engel, und Joseph, den Ehemann der Maria. Diese Figuren stammen aus dem Neuen Testament. An den beiden Gewänden des Portals hingegen stehen, von einer Ausnahme abgesehen, Gestalten aus dem Alten Testament: rechts der Hohepriester Aaron, Bathseba, die Gattin König Davids, der weise König Salomo und der Prophet Nahum, links der Prophet Daniel, die Königin von Saba, König David und Johannes der Täufer, der zwar zum Personenkreis des Neuen Testaments gehört, aber nach christlicher Auffassung der letzte jüdische Prophet war. Die Auswahl mutet zufällig an, doch der Schein trügt: Alle acht Figuren beziehen sich auf die Darstellung im Bogenfeld. Nach der Auffassung des Mittelalters versinnbildlichte Aaron mit dem grünenden Stab die Jungfräulichkeit Mariens; Daniel, Bathseba und die Königin von Saba bezeugten ihre Gottesmutterschaft; die Könige David und Salomo gehörten zu den Ahnen, die Propheten Nahum und Johannes zu den Vorläufern Christi. Der Prophet Daniel, von dem die Legende berichtet, daß er sogar den Aufenthalt in der Löwengrube überlebte, in die er

* Aaron J. Gurjewitsch, Das Weltbild des mittelalterlichen Menschen, Dresden 1978, S. 157

geworfen wurde, ist für uns besonders interessant: Die Bergleute des Mittelalters sahen in ihm ihren Schutzpatron. Sie dachten wohl: Ob Löwen- oder Silbergrube – Grube ist Grube...

Je länger wir vor der Pforte verweilen, desto mehr erschließt sich uns ihr Reichtum. Selbst jene figürlichen Darstellungen, welche im Gefüge des Portals nur eine Nebenrolle spielen, sind mit einer Sorgfalt ausgeführt, die höchste Bewunderung verdient. Zu Füßen Johannes des Täufers befindet sich der Kopf der Königstochter Salome: Der Legende nach kostete ihr verführerischer Tanz den Propheten das Leben. Wie beeindruckend ist das Gesicht: das starke Kinn, der üppige Mund, die kräftige Nase, die schweren Lider, die breite Stirn. Oberhalb des Salomo sehen wir als Gebälkträger einen Knabenkopf, der jugendlich unbekümmert, mit lausbübischem Lächeln in die Welt blickt, weich in den Formen und bezaubernd in seiner Frische. Ob es sich bei der Halbfigur schräg über dem Knabenkopf tatsächlich um einen Bergmann handelt, darüber gehen die Meinungen der Forscher auseinander. Eines jedoch steht fest: Nicht weltferne Frömmigkeit, sondern harte Arbeit im Schacht oder in der Werkstatt hat dieser Gestalt ihr Gepräge gegeben.

Wer war der Meister der Goldenen Pforte? Sein Name ist uns ebensowenig bekannt wie etwa die Namen derer, welche die tanzenden Engel von Hecklingen oder die Chorschranken der Halberstädter Liebfrauenkirche geschaffen haben. Die herrschende Klasse des Mittelalters sah mit Geringschätzung auf alle herab, die sich ihr Brot mit ihren Händen verdienen mußten. Wer eine produktive Tätigkeit ausübte, mochte er nun Kleider, Schuhe oder Bildwerke herstellen, gehörte zum gemeinen Volk und war keiner Erwähnung wert. Die Kirche, „das große internationale Zentrum des Feudalsystems"*, unterstützte diese Auffassung mit dem Argument, daß Gott die Arbeit als Strafe über den Menschen verhängt habe: „Und zum Manne sprach er: Weil du gehorcht hast der Stimme

* Karl Marx/Friedrich Engels, Werke, Bd. 22, a. a. O., S. 299

deines Weibes und gegessen von dem Baum, von dem ich dir gebot und sprach: Du sollst nicht davon essen –, verflucht sei der Acker um deinetwillen! Mit Mühsal sollst du dich von ihm nähren dein Leben lang.“ (1. Mose 3, 17) Erst im späten 14. Jahrhundert, unter dem Eindruck der ständig wachsenden wirtschaftlichen Überlegenheit der Städte, entschloß sich die Kirche, ihre Auffassung zu berichtigen. Während die Arbeit des Bauern nach wie vor als Strafe galt, wurden die Leistungen der Handwerker jetzt nicht mehr ganz so negativ beurteilt wie früher. Es gab sogar Theologen, die sie „gottgefällig“ nannten. Und mit den Handwerkern rückten auch die Künstler auf...

Immerhin wissen wir, woher der Meister der Goldenen Pforte kam: Er war höchstwahrscheinlich ein Landsmann der aus Niedersachsen eingewanderten Bergleute. Vieles spricht dafür, daß er seine Ausbildung in der Werkstatt des Halberstädter Chorschrankenmeisters erhalten hat. Später ging er auf die Wanderschaft und arbeitete einige Zeit in Frankreich. Nur so läßt es sich erklären, daß an der Goldenen Pforte Bildmotive erscheinen, die den Portalen der französischen Frühgotik entlehnt sind. Schon der Gedanke, das Portal in eine steinerne Bilderbibel zu verwandeln, ist französischer, nicht deutscher Herkunft, und auch das Freiberger „Programm“, also die planvolle Anordnung der Figuren, folgt den „Programmen“ der großen Bischofskirchen von Laon und Reims. Aber das Fremde verbindet sich in Freiberg mit dem Heimischen. Sächsische Spätromanik und französische Frühgotik verschmelzen zu einem neuen Stil, der das im Nachbarland Erworbene verdeutscht und das Deutsche in die europäische Entwicklung eingliedert. Ihr Schöpfer war der erste, der den Mut und die Fähigkeit besaß, in künstlerisches Neuland vorzustoßen.

Solche erfahrenen Meister übernahmen den Auftrag nur, wenn das Angebot ihren Vorstellungen entsprach. Wer einen Künstler von Rang halten wollte, mußte dafür sorgen, daß er sich in der Stadt wohl fühlte. Andernfalls konnte es geschehen, daß er die Arbeit hinwarf und von dannen zog. Der Meister der Goldenen Pforte hat sein Werk vollendet. Dies deutet darauf hin, daß er mit den Arbeitsbedingungen zufrieden war. Die Freiberger gehörten nicht zu jenen Pfeffersäcken, welche den Pfennig dreimal umdrehten, bevor sie ihn ausgaben. Sie handelten nach dem Grundsatz: Leben und leben lassen! Und noch etwas anderes zog die Künstler an: Die Bürgerschaft ließ sich bei der Vergabe von Aufträgen nicht von Vorurteilen leiten. Im Gegenteil, sie begünstigte Talente, die abseits der gebahnten Wege voranschritten und sich nicht viel darum kümmerten, ob ihr Werk der Tradition entsprach.

Rund dreihundert Jahre nach den ersten Silberfunden erlebte Freiberg eine zweite Blütezeit – und wieder brachten die dauernd oder zeitweilig in der Stadt tätigen Meister Ungewöhnliches hervor.

Die Tulpenkanzel, um 1510 geschaffen von dem Bildhauer Hans Witten, dessen Lebensdaten unbekannt sind, steht nur wenige Meter von der Goldenen Pforte entfernt. Der seit langem eingebürgerte Name führt uns in die Irre: In Wahrheit handelt es sich nicht um eine Blume, sondern um einen Baum, gewachsen aus der Volkssage. Sie erzählt: Ein Bergmann träumte, daß ihm ein Engel einen Baum zeigte, in dem ein Schatz verborgen sein sollte. Da er glaubte, daß der Baum silberne Früchte trug, kletterte er in das Geäst. Aber der Engel bedeutete ihm, in den Wurzeln zu suchen. Der Bergmann rief seinen Schutzpatron, den Propheten Daniel, an und entdeckte mit seiner Hilfe ein reiches Silbervorkommen. Hans Witten hat diese Sage Gestalt werden lassen. Am Fuß der Kanzel erblicken wir den Propheten in Bergmannskleidung mit zwei Löwen, Sinnbildern der legendären Löwengrube. Zwischen den Einschnürungen des Kanzelschafts tummeln sich drei Engel. Der von zwei kleinen Hunden begleitete Bergmann sitzt rittlings auf einem Baumstamm und stützt mit seinem Rücken die Kanzeltreppe. Allein die Gestalten am Kanzelkorb fügen sich nicht in die Erzählung ein: Das ver-

Tulpenkanzel

zweigte Blatt- und Rankenwerk umspielt die Büsten der vier Heiligen Augustinus, Gregorius, Ambrosius und Hieronymus.

Werke wie die Tulpenkanzel geben uns über vieles Auskunft, unter anderem auch über das Verhältnis der Menschen zu den gesellschaftlichen Problemen ihrer Zeit. Zunächst fällt uns auf, daß hier der Kunst ein neues Stoffgebiet erschlossen wurde. Der Meister hat sein Thema nicht der Bibel, sondern dem nur mündlich überlieferten Sagenschatz des Volkes entnommen. Dies läßt den Schluß zu, daß sich der ideologische Einfluß der Kirche allmählich zu verringern begann. Die Zeitgenossen des Hans Witten dachten noch in religiösen Begriffen, aber diese Begriffe deckten sich nicht mehr in jedem Fall mit den Anschauungen, welche die Geistlichkeit vertrat. Die Gestaltung des Stoffes sagt das gleiche aus. Trotz ihrer religiösen Bindung rückt die Kunst näher an die Wirklichkeit heran, das heißt, sie versucht, sich mit dem Leben auseinanderzusetzen, und formt Charaktere statt Typen. Die Könige der Goldenen Pforte verkörperten das Selbstbewußtsein und den Machtanspruch einer feudalen Herrenschicht. Der Bergmann der Tulpenkanzel ächzt unter der Last, die auf seine Schultern drückt: Das Besondere ergibt sich hier aus dem Tun, nicht aus dem Sein. Der Meister wußte aus Erfahrung, daß ein Mensch, der harte Arbeit leistet, weniger gepflegt aussieht als jemand, der von seinen Zinsen lebt. Im Unterschied zu vielen anderen verzichtete er darauf, das Rauhe zu glätten. In der Gestalt des Bergarbeiters kündigt sich etwas Neues an: Der gemeine Mann meldete sich zu Wort – und seine Stimme erreichte auch die Künstler.

Im Heiligen Römischen Reich Deutscher Nation reifte eine revolutionäre Situation heran, und es war kein Zufall, daß sich der Widerspruch zwischen dem Entwicklungsstand der Produktivkräfte und den feudalen Produktionsverhältnissen, Hauptursache der allgemeinen Gärung, gerade im Erzgebirge besonders deutlich ausgeprägt hatte. Friedrich Engels schrieb 1889: „Mir ist dabei erst recht klar geworden ... wie sehr die Gold- und Silberproduktion Deutschlands (und Ungarns, dessen Edelmetall dem ganzen Westen via Deutschland vermittelt wurde) das letzte treibende Moment war, das Deutschland 1470–1530 ökonomisch an die Spitze Europas stellte und damit zum Mittelpunkt der ersten bürgerlichen Revolution, in religiöser Verkleidung der sog. Reformation, machte. Das *letzte* Moment in dem Sinn, daß es zu der relativ hohen Zunfthandwerks- und Zwischenhandelsentwicklung kam und damit für Deutschland gegenüber Italien, Frankreich, England den Ausschlag gab."* Die Fortschritte im Berg- und Hüttenwesen beschleunigten die revolutionäre Entwicklung, indem sie sowohl die wirtschaftlichen und politischen Gegensätze zwischen dem schon auf kapitalistische Weise produzierenden Bürgertum und dem Feudaladel als auch die sozialen Spannungen zwischen Ausbeutern und Ausgebeuteten verschärften.

Der Bergbau wurde um das Jahr 1500 auf ganz andere Weise betrieben als zur Zeit des ersten „Berggeschreys". Die Oberflächenvorkommen des erzgebirgischen Reviers waren bereits im 14. Jahrhundert erschöpft. Wer Silber gewinnen wollte, mußte nun in die Tiefe vorstoßen, aber mit jedem Meter vergrößerte sich die Gefahr von Einstürzen und Wassereinbrüchen. Besonders das Trockenhalten der Stollen bereitete den Bergleuten Schwierigkeiten. In vielen Bergwerken mußte die Arbeit eingestellt werden, weil die primitiven Schöpfvorrichtungen das eindringende Wasser nicht bewältigen konnten. Die Bergbehörden warfen den Grubeneignern vor, daß sie die Stollen „lessiglich gebuwet", also unsachgemäß angelegt hätten. In Wahrheit handelte es sich weniger um ein technisches als um ein finanzielles Problem: Die Erschließungsarbeiten kosteten viel mehr Geld, als die Eigenlehner und die „Gewerkschaften" aufzubringen vermochten. Jahre verstrichen, bevor die Grube Gewinn abwarf. Wer kein Kapital besaß, blieb auf der Strecke.

Zunächst verschwanden die Eigenlehner, dann veränderte sich der Charakter der „Gewerkschaften". Das feudale Bergrecht erlaubte den Mitgliedern der Arbeitsgenossenschaften, ihre Anteile an den Grubenfeldern frei zu veräußern – und viele, die sich nicht mehr anders helfen konnten, machten von dieser Möglichkeit Gebrauch. So entstand eine neue Schicht von Anteilseignern, die Fundgrübner, deren

* Karl Marx/Friedrich Engels, Werke, Bd. 37, Berlin 1978, S. 274

wachsende Macht vor allem darauf beruhte, daß sie im Unterschied zur Gruppe der „Gewerkschafter" alten Typs über viel Geld verfügte. Besonders in den Handelszentren am Rand des Gebirges hatte sich ein gewisser Geldüberschuß angesammelt: Er floß in den Bergbau und bewirkte dessen Umgestaltung. Auf diese Weise bildeten sich in den Revieren allmählich frühkapitalistische Produktionsverhältnisse heraus, die zu wesentlichen Veränderungen in den Produktionsmethoden und den Klassenbeziehungen führten. Erst jetzt war es möglich, auch jene Vorkommen auszubeuten, welche sich tief unter der Erdoberfläche befanden. Um 1470 erscholl ein neues „Berggeschrey"...

Die Fundorte lagen hoch im Gebirge, dort, wo einige Jahrzehnte später die Städte Annaberg und Schneeberg aus dem Boden wuchsen. Schon im 14. Jahrhundert hatten wagemutige Bergleute versucht, das Schneeberger Vorkommen zu erschließen, aber ihre Bemühungen waren erfolglos geblieben. Statt Silber förderten sie nur Zinn, dazu noch in so geringen Mengen, daß sich der Abbau nicht lohnte. Mit dem Übergang zu frühkapitalistischen Produktionsmethoden änderte sich die Lage. Die Bergbautechnik entwickelte sich jetzt so rasch, daß es bald keine Schwierigkeiten mehr bereitete, Tiefschächte in den Berg zu treiben und sie mit Hilfe von Pumpen und Schöpfrädern trocken zu halten. Georgius Agricola, der die Gruben von Schneeberg und Annaberg aus eigener Anschauung kannte, wies mit Stolz auf die „gewaltige Teufe" der Erzgebirgsschächte hin: „In Geyer, meiner Vaterstadt, wie auch neuerdings in Schneeberg, haben die Schächte 200 Lachter Teufe, aus denen große Reichtümer zu unseren Lebzeiten gefördert worden sind"*. Mit dem Wort Teufe bezeichnet der Bergmann den senkrechten Abstand der Schachtsohle von der Erdoberfläche. Die Lachter, ein heute nicht mehr gebräuchliches bergmännisches Längenmaß, betrug etwa 2 Meter.

* Georg Agricola, a. a. O., S. 87

„Die bisherigen kleinen Mittelstände", schrieben Karl Marx und Friedrich Engels im Kommunistischen Manifest, „die kleinen Industriellen, Kaufleute und Rentiers, die Handwerker und Bauern, alle diese Klassen fallen ins Proletariat hinab, teils dadurch, daß ihr kleines Kapital für den Betrieb der großen Industrie nicht ausreicht und der Konkurrenz mit den größeren Kapitalisten erliegt, teils dadurch, daß ihre Geschicklichkeit von neuen Produktionsweisen entwertet wird."* Ebendieser Prozeß, der schließlich dazu führte, daß nur noch zwei große Klassen, Bourgeoisie und Proletariat, einander gegenüberstanden, vollzog sich im Erzgebirge früher als in vielen anderen Gebieten des Heiligen Römischen Reiches. Noch aber hatten Ausbeuter wie Ausgebeutete einen gemeinsamen Feind. Beide Klassen verfolgten unterschiedliche Ziele, aber um diese Ziele zu erreichen, mußten sie zunächst die feudalen Hemmnisse aus dem Weg räumen.

Dem frühkapitalistischen Fundgrübner standen Bergarbeiter gegenüber, die sich ihrer Klassensituation bewußt zu werden begannen. Mindestens neunzig von hundert Bergleuten besaßen nur noch ihre Arbeitskraft, das heißt, sie waren zu Lohnempfängern geworden, deren Mehrarbeit sich der Unternehmer aneignete. Schon dieses gemeinsame Schicksal erzeugte ein Gefühl der Zusammengehörigkeit. Die modernen Produktionsmethoden wirkten in die gleiche Richtung. Wer in der Tiefe das Erz aus dem Fels schlug, mußte sich auf seinen Nebenmann verlassen können. Anders als in den kleinen Gruben der Eigenlehner setzte die Arbeit im technisch komplizierten Großbetrieb Solidarität voraus – und diese Solidarität blieb auch über Tage wirksam. Die Amtleute von Freiberg klagten zum Beispiel darüber, daß die Häuer früher „nicht so große bunde unde macht en gruben gehabt haben, also sie sich nu bie eczlicher cziet angenomen"**. Die Klage beweist, daß die Bergleute des Erzgebirges

* Karl Marx/Friedrich Engels, Werke, Bd. 4, Berlin 1977, S. 469 f.

** Zitiert nach: Klaus Schwarz, Untersuchungen zur Geschichte der deutschen Bergleute im späten Mittelalter, Berlin 1958, S. 87

ihre wichtigste Waffe, die Solidarität, zu gebrauchen verstanden – oft mit soviel Geschick, daß sie die Bergherren überrumpelten und zum Nachgeben zwangen.

Es war nur folgerichtig, daß sich diese besonderen gesellschaftlichen Bedingungen auch in der Kunst widerspiegelten. So seltsam es klingen mag: Die an der Wende vom 15. zum 16. Jahrhundert entstandenen spätgotischen Hallenkirchen des Erzgebirges nahmen viele Gedanken der frühbürgerlichen Revolution vorweg. Ein Kernsatz der Lehre des Reformators Martin Luther (1483–1546) lautete, daß der Mensch allein durch den Glauben selig werden kann. Damit war der berufsmäßige Vermittler zwischen Gott und Mensch, der Priester, überflüssig geworden. Die alten Kirchenbaumeister, gleichgültig, ob sie nun Hallen oder Basiliken errichteten, hatten den Priestern als den Spendern der göttlichen Gnade eine Sonderstellung eingeräumt: Die geistlichen Herren saßen im Chor, während sich die Gemeinde, oft noch durch eine Schranke von ihnen getrennt, im Langhaus versammelte. In den spätgotischen Hallenkirchen von

Schneeberg

Annaberg, Pirna und Schneeberg ist diese Zweiteilung des Kirchenraums verschwunden. Niemand vermag hier zu sagen, wo das Langhaus endet und der Chor beginnt.

Die Annenkirche in Annaberg wurde 1499 begonnen, die Marienkirche in Pirna 1502, die Wolfgangskirche in Schneeberg 1515, aber erst im Oktober 1517 schlug Martin Luther seine 95 Thesen an die Tür der Schloßkirche von Wittenberg. Diese Daten beweisen zweierlei: einmal, daß die Revolution seit dem späten 15. Jahrhundert sozusagen in der Luft lag, zum anderen, daß die Klassengegensätze, die zu ihrem Ausbruch führten, gerade im Erzgebirge besonders deutlich in Erscheinung traten. Kirchenbaumeister müssen ihre Werke den besonderen Formen des Gottesdienstes anpassen. Die Vereinheitlichung des Kirchenraums läßt den Schluß zu, daß die Gemeinden jenen Formen, welche dem Gottesdienst früher das Gepräge gegeben hatten, nur noch einen geringen Wert beimaßen. Priester und Gläubige standen sich nun nahezu gleichberechtigt gegenüber. Von allen Vorrechten, die der Geistliche einst besaß, blieb allein das Vorrecht des Lehrens übrig. Die Massen strömten nicht in die Kirche, um einem prächtigen Schauspiel beizuwohnen. Sie kamen, um der Predigt zu lauschen – und die Verwandlung der Kirche aus einem Ort des „Wunders" in eine Stätte der Unterweisung machte den abgesonderten Chor überflüssig.

Es fällt uns oft schwer, uns in den Geist einer Zeit hineinzuversetzen, in der, wie Friedrich Engels schrieb, „alle revolutionären, gesellschaftlichen und politischen Doktrinen zugleich und vorwiegend theologische Ketzereien sein mußten"*. Der Wortschatz der spätmittelalterlichen Revolutionäre ist uns fremd. Wir begreifen nur mit Mühe, was sie gemeint haben, wenn sie von der Vernichtung des römischen Sodoms und der babylonischen Hure oder wie Thomas Müntzer vom Geist Gottes sprachen. In den Kirchenbauten aber spiegelt sich das revolutionäre Geschehen

* Karl Marx/Friedrich Engels, Werke, Bd. 7, a. a. O., S. 343 f.

in einer für uns viel verständlicheren Weise wider als in den Predigten und Sendschreiben. Wer wissen will, was damals im Bewußtsein der unterdrückten Volksmassen vor sich ging, sollte diese Kirchen genau betrachten. Er erfährt dabei unter anderem, daß Gotik nicht gleich Gotik war. Die vom Geist der Revolution beeinflußten gotischen Meister des Erzgebirges wollten etwas ganz anderes als die Architekten der vorangegangenen Jahrhunderte. Der neue Inhalt sprengte die alte Hülle...

Schauen wir uns die Annaberger Annenkirche an, ein Bauwerk, das bereits nach sechsundzwanzig Jahren vollendet war. Was ist von der alten Gotik geblieben? Eigentlich nur noch die Einteilung des Raums in drei Schiffe. Alles übrige hat sich von Grund auf gewandelt. Die gotischen Meister des 13. und 14. Jahrhunderts trieben den Raum in die Höhe: Der Mensch sollte sich vor dem Angesicht Gottes klein fühlen. In Annaberg sind die Verhältnisse so gewählt worden, daß die Breite des Raums (25 Meter) seine Höhe um etwa 5 Meter übertrifft. Dieses Übergewicht der Breite löst in uns andere Empfindungen aus als die Betonung der Höhe. Wir spüren, daß uns der Raum nicht dazu veranlassen soll, auf den Gebrauch unseres Verstands zu verzichten. Der Gläubige, der diese Kirche betrat, behielt sein Denkvermögen.

Im Unterschied zu den älteren Hallenkirchen der Küstenstädte und des norddeutschen Binnenlands kommt die Breite des Raums in der Annenkirche voll zur Geltung. Die Pfeiler sind in so weiten Abständen aufgestellt und dazu noch so dünn gebildet, daß sie die drei Schiffe nicht mehr wie früher voneinander trennen. Das durch die großen Fenster einfallende Licht breitet sich gleichmäßig aus und dringt bis in die letzten Winkel. Während die im 14. Jahrhundert entstandenen Hallen so gegliedert waren, daß die Längsrichtung betont wurde, ist hier die Schrägansicht viel reizvoller als der dem Lauf des Mittelschiffs folgende Blick nach Osten. Auch die Gewölbeformen tragen ihr Teil dazu bei, die Grenzen

Gewölbe der Annenkirche in Annaberg

zwischen den Raumteilen zu verwischen. Einst herrschte das Kreuzrippengewölbe vor. Jetzt verschlingen sich die Rippen zu komplizierten Stern- und Blattmustern und schwingen dabei über die trennenden Linien hinweg. Ja, wir entdecken sogar, daß sich die Enden einiger Rippen vom Gewölbe lösen und dort, wo sie zusammentreffen, ein Gehänge ergeben.

In den Bauten der Hochgotik hatten die Rippen eine bestimmte Funktion zu erfüllen: Sie bildeten das tragende Gerüst der Gewölbe. Die Meister der Spätgotik hingegen bauten Gewölbe, die sich selbst trugen und zudem so leicht waren, daß die schlanken Pfeiler den Druck ohne weiteres aufzufangen vermochten. Die Rippen, aus der strengen Zucht des gotischen Systems entlassen, verwandelten sich in reine Schmuckelemente, mit denen die Architekten nach Belieben „spielen“ konnten. Auch das Problem der Schubableitung wurde auf neue Weise gelöst. Die Meister von Annaberg zogen die Strebepfeiler in das Innere des Gebäudes, statt sie, wie bisher üblich, vor den Außenwänden aufzustellen. Nur an den drei flachen Nischen im Osten blieb die alte Gliederung erhalten. Sonst erinnert nichts mehr an die Bauweise der vergangenen Zeit.

Ob die Annenkirche tatsächlich von einem Meister namens Conrad Pflüger entworfen wurde, darüber streiten sich die Gelehrten. Mit Sicherheit wissen wir nur, daß Peter Ulrich (gest. 1513), genannt Peter von Pirna, und Jakob Heilmann von Schweinfurth, ein Schüler des Böhmen Benedikt Ried (etwa 1454–1534), in Annaberg tätig waren. Neben ihnen arbeiteten mehrere Bildhauer und Maler. Wir kennen zwar ihre Werke und auch ihre Namen, aber ihre Lebensdaten sind in den meisten Fällen unbekannt. Die Halbfiguren der Propheten und Könige in den Seitenschiffen sowie der Münzer- und der Bäckeraltar gehen zum Beispiel auf Christoph Walther zurück, Stammvater einer weitverzweigten sächsischen Bildhauerfamilie, die erst in der dritten Generation erlosch: Der letzte Walther starb kurz vor dem Jahr 1600.

Es ist erstaunlich, wie rasch die in Annaberg tätigen Meister auf den revolutionären Aufschwung reagierten. Schon 1520, also nur drei Jahre nach Luthers Thesenanschlag, begann Franz Maidburg mit der Arbeit an den hundert steinernen Reliefs der Emporenbrüstung. Alle Revolutionäre jener Zeit, gleich, welcher Klasse sie angehörten, rechtfertigten ihr Tun mit dem Hinweis auf die Lehren Christi, wie sie im Neuen Testament überliefert waren – und eben die dort geschilderten Ereignisse stellte der Künstler dar.

Die Begebenheiten der altjüdischen Geschichte spielen nur noch eine ganz untergeordnete Rolle. Der Meister konzentrierte sich auf das Leben des „Erlösers" und hob dabei jene Szenen hervor, welche auf revolutionäre Weise ausgelegt werden konnten. Das Volk fand hier bestätigt, daß es recht daran tat, sich der katholischen Geistlichkeit und den weltlichen feudalen Machthabern zu widersetzen.

Die Aktionen der Bergarbeiter trieben die revolutionäre Bewegung voran. Während die Fundgrübner schon vor dem Sturmjahr 1525 zu erkennen gaben, daß sie sich mit Reformen begnügen wollten, kämpften die Besitzlosen vor allem dafür, daß sich die Dinge von Grund auf wandelten. Der gemeine Mann, der von seiner Hände Arbeit lebte, ließ sich nicht länger beiseite schieben. Sein Widerstand bewirkte, daß auch die Künstler aufmerksam zu werden begannen und den Daseinsbedingungen des Volkes mehr Beachtung schenkten als je zuvor. Zwei Werke legen hierfür Zeugnis ab: An der Treppe der von Franz Maidburg geschaffenen Kanzel (1516) sehen wir einen Häuer bei der Arbeit im Stollen, und auf der Rückseite des von der Knappschaft, einer zunftmäßigen Vereinigung der Bergleute, gestifteten Bergaltars (1521) hat der Maler Hans Hesse jene Arbeitsvorgänge dargestellt, welche sich über Tage abspielten.

Hans Hesse, dessen erstes nachweisbares Werk 1497 entstand, lebte seit 1509 in Annaberg. Er schilderte das harte Los der Ausgebeuteten mit offenkundiger Anteilnahme. Der Maler kannte sich im Bergbau aus. Betrachten wir einmal die Figuren im Vordergrund: Zwei Männer arbeiten an der Winde, ein dritter zerkleinert das Erz, der vierte fährt es mit dem Schubkarren weg, der fünfte scheint ein Aufpasser, der sechste ein Bergherr zu sein. Wenigstens deutet die Tatsache, daß beide reicher gekleidet sind als die übrigen und sich nicht am Produktionsprozeß beteiligen, auf eine höhere soziale Stellung hin. Der Klassenkonflikt, der sich hier abzeichnet, wird noch dadurch verschärft, daß der Meister den Personen, die sich untätig verhalten, gerade jene Arbeitsvorgänge ge-

Bergaltar

genüberstellte, von denen Georgius Agricola meinte, sie seien von allen die schwersten: „Vom frühen Morgen bis zum späten Abend müssen sie mit Schubkarren weiterfahren, was sie heraufgewunden haben. Wie Sisyphus zu seinem Felsen, so gehen auch sie immer wieder zu der gleichen Arbeit zurück.“* Schon diese kurze Untersuchung des Vordergrunds

* Georg Agricola, a. a. O., S. 83

vermittelt uns die Erkenntnis, daß es sich nicht, wie manche bürgerlichen Kunsthistoriker behaupten, um eine unparteiische Schilderung des spätmittelalterlichen Bergbaubetriebs handelt. Der Maler hat Partei ergriffen – und eben dies macht sein Werk für uns besonders wertvoll.

Die Kunst aus der Zeit der frühbürgerlichen Revolution war in hohem Maße wirklichkeitsnah und volkstümlich, und zudem sah sie die Welt mit neuen Augen. Die Revolution stellte alles in Frage, was bisher als unumstößlich gegolten hatte. Es gab keine „ewige Wahrheit" mehr, an die sich der Künstler halten konnte. Es gab nur eine Wahrheit, die Tag für Tag neu erobert und immer wieder überprüft werden mußte. Wenn der Künstler seinen Platz in dieser sich wandelnden Gesellschaft behaupten wollte, mußte er die Dinge so darzustellen versuchen, daß die Aussage des Kunstwerks mit den Einsichten und Empfindungen der Volksmassen übereinstimmte.

Wer die Schöne Tür des Hans Witten nur oberflächlich, gleichsam im Vorübergehen, betrachtet, kommt leicht zu dem falschen Schluß, daß wir es hier mit einem Werk alter Prägung zu tun haben. Dargestellt ist eine sagenhafte Begebenheit aus dem Leben des heiligen Franz von Assisi (1182–1226), Gründer des Franziskanerordens, der sich vor allem der Armen- und Krankenpflege widmete. Die Wortführer der neuen Lehre lehnten den Heiligenkult strikt ab. Schon der als Ketzer verbrannte tschechische Reformator Jan Hus (um 1371–1415) hatte ihn verurteilt und den Gläubigen empfohlen, die von der katholischen Kirche eingesetzten „Nebengötter" nicht zu beachten. Aber der heilige Franz, den seine italienischen Landsleute zärtlich „il poverello", den „kleinen Armen", nannten, war eine im Volk sehr beliebte Gestalt der christlichen Überlieferung. Hans Witten stellte den alten Stoff so dar, daß er einen neuen Sinn erhielt, der den gewandelten Anschauungen entsprach.

Im oberen Feld der Tür sehen wir einen sogenannten Gnadenstuhl, wie ihn der Legende nach Franziskus kurz vor

Schöne Tür

seinem Tode erblickt hat. Der von acht Engeln umgebene Gottvater hält das Kreuz mit dem Leichnam Christi auf dem Schoß. Rechts, in einen Winkel des Portals eingefügt, kniet der Heilige, ihm gegenüber die Jungfrau Maria. Ihre Gesichter und ihre Gebärden spiegeln wider, daß sie von der wunderbaren Erscheinung im Innersten ergriffen sind. Die katholische Kirche sah in den Heiligen Gnadenspender: Der

Franziskus der Schönen Tür spendet keine Gnade, sondern er empfängt sie als Lohn für seine Beharrlichkeit im Glauben. Nichts deutet darauf hin, daß er zwischen Gott und Mensch vermitteln will. Die Darstellung legt vielmehr dafür Zeugnis ab, daß der Gläubige eines Vermittlers nicht bedarf. Mit anderen Worten: Das Werk des Hans Witten sagt das Gegenteil von dem aus, was die alte Kirche für richtig hielt. Die Annaberger müssen dies gespürt haben. Anders ist es nicht zu erklären, daß sie zwar den Franziskanerorden aus der Stadt vertrieben, aber die vom Thema her „papistische" Schöne Tür 1577 aus dem verlassenen Franziskanerkloster in die nun evangelische Annenkirche übernahmen.

Die Annaberger Annenkirche und die Marienkirche in Pirna ähneln einander wie Zwillingsschwestern. Das ist kein Wunder, denn sie haben denselben Vater: Der Entwurf, der in Pirna ausgeführt wurde, geht höchstwahrscheinlich auf jenen Peter Ulrich zurück, welchen wir schon aus Annaberg kennen. Nur in Einzelheiten wich der Meister von den dort erarbeiteten Lösungen ab. So legte er die Strebepfeiler nach alter Weise der Außenwand vor, vielleicht weil sie ihn im Innern störten. Er verzichtete auch darauf, die Weite des Raums durch Emporen einzuengen. Die steinernen Galerien an der Nord- und Westseite wurden erst um 1570 eingebaut. Das Verhältnis von Höhe und Breite beweist ebenfalls, daß Peter Ulrich den Raum noch mehr vereinheitlichen wollte, als es in Annaberg geschehen war: Die Breite übertrifft die Höhe nicht wie dort um 5, sondern um volle 7 Meter (25:18). Die Form der Pfeiler sagt das gleiche aus: Sie sind so schlank, daß wir uns unwillkürlich fragen, wie sie die Last der Gewölbe überhaupt zu tragen vermögen.

Der Schöpfer der Gewölbe ist unbekannt. Der in den Urkunden mehrfach erwähnte Pirnaer Ratsbaumeister Wolfgang Blechschmidt war wohl nur für die Ausführung der Pläne verantwortlich. Verschiedene Anzeichen deuten darauf hin, daß die Gemeinde einen Spezialisten zu Rate gezogen hat, vielleicht einen Schüler des Jakob Heilmann von

Schweinfurth. Auf alle Fälle gehörte der Unbekannte zu jenen Zauberkünstlern, welche selbst das scheinbar Unmögliche möglich machten. In der südlichen Chornische sehen wir zum Beispiel Hobelspan- und Schleifenrippen. Die Hobelspanrippe löst sich vom Gewölbe und wirbelt herab, die Schleifenrippen treten frei aus der Wand hervor, überkreuzen sich und gehen dann in das Sterngewölbe über. In der mittleren Chornische sind zwei Rippen Baumstämmen nachgebildet. Ein nackter wilder Mann und eine wilde Frau, Verkörperungen der sagenhaften Waldgeister, klettern an ihnen empor. Früher gab es in der Kirche noch zwölf weitere Baumstammrippen mit wilden Männern, aber die humorlose evangelische Geistlichkeit des späten 18. Jahrhunderts glaubte die Würde des Gotteshauses in Gefahr und ließ sie entfernen.

Die Marienkirche wurde 1546 vollendet. Die Revolution war vorüber. Nicht die aufständischen Volksmassen, sondern die konterrevolutionären Fürsten hatten den Sieg davongetragen. Es „begann jenes Markten und Feilschen um die beizubehaltenden oder zu reformierenden Institutionen und Dogmen, jenes widerwärtige Diplomatisieren, Konzedieren, Intrigieren und Vereinbaren, dessen Resultat die Augsburgische Konfession war, die schließlich erhandelte Verfassung der reformierten Bürgerkirche"*. Das im Jahre 1530 veröffentlichte Augsburger Bekenntnis faßte die Lehrmeinungen der Lutheraner zusammen und grenzte sie von den Leitsätzen der katholischen Kirche ab. Vierzehn Jahre später versuchte ein Pirnaer Maler, dieses Bekenntnis und die sich aus ihm ergebenden geistlichen Schlußfolgerungen in Bilder umzusetzen – eine schwierige Aufgabe, wenn wir bedenken, daß viele Begriffe der neuen Theologie nur mit Hilfe von Symbolen und Umschreibungen dargestellt werden konnten.

Die Gemälde in den Gewölbefeldern der Marienkirche sind es wert, daß wir sie uns genau anschauen. Wir entdecken

* Karl Marx/Friedrich Engels, Werke, Bd. 7, a. a. O., S. 348 f.

Gewölbe der Marienkirche in Pirna

dabei viel Schönes und Merkwürdiges. Oft hat der Meister Szenen aus dem Alten und dem Neuen Testament einander gegenübergestellt, zum Beispiel die Himmelfahrt des altjüdischen Propheten Elia und die Himmelfahrt Christi. Es kommt auch vor, daß er Gestalten aus der Bibel mit der

Gegenwart verknüpft: So trägt der Evangelist Lukas den Porträtkopf Luthers und der Evangelist Markus den des Wittenberger Theologen und Humanisten Philipp Melanchthon (1497–1560), der sich durch seine Bemühungen auf dem Gebiet des Bildungswesens den ehrenden Beinamen „Lehrmeister Deutschlands" erwarb. In einem Gewölbefeld der nördlichen Pfeilerreihe erblicken wir eine nackte Frau, die am Pranger steht: Sie versinnbildlicht die verfolgte Unschuld. Aber nicht immer ist die Symbolik so leicht zu durchschauen wie in diesem Fall. Welche Bedeutung besitzt zum Beispiel der auf einem Hund reitende Knabe, der einen fliehenden Pferdemenschen hetzt? Wir wissen es nicht – und wir brauchen uns dessen nicht zu schämen. Bisher hat noch niemand alle Rätsel dieser Bilderfolge lösen können...

Pirna lag am Rande des Bergbaugebiets, Schneeberg in einem seiner Zentren. Die Erschließung der Silbervorkommen hatte den Ort so rasch aufblühen lassen, daß er schon 1481 Stadtrecht erhielt. In Schneeberg traten die Klassengegensätze noch unverhüllter zutage als in anderen Revieren. Die Erzadern befanden sich hier so tief unter der Erdoberfläche, daß der einzelne Häuer nicht mehr die geringste Möglichkeit besaß, sich zum Fundgrübner hinaufzuarbeiten. Allein das Trockenhalten der Gruben verlangte einen Kapitalaufwand, der in die Tausende ging. Die Aussicht, rasch reich zu werden, lockte Unternehmer und Spekulanten an, aber nur die kapitalkräftigsten unter ihnen vermochten sich in diesem Dschungel zu behaupten. Wer nicht mithalten konnte, zog ruiniert von dannen. „Vom Schneeberg hat viel mancher man / gros gut vnd gelt erworben, / Wiewol ich doch vernomen han, / jr vil sind gantz verdorben"*, heißt es in einem Bergarbeiterlied aus dem späten Mittelalter. Und der böhmische Humanist Paulus Niavis (gest. 1515) schrieb: „Wenn einer reich wird, so arbeiten hundert umsonst; sie stecken Gold und Silber hinein und bekommen Steine und Dreck heraus... Und wenn wir

* Zitiert nach: Klaus Schwarz, a. a. O., S. 27

die Sache recht betrachten, so hat man viel mehr Geld in jenen Schneeberg und die umliegenden Berge hineingesteckt als Gewinn daraus gezogen."* Die Fundgrübner versuchten ihr Risiko zu vermindern, indem sie die Ausbeutung der Bergarbeiter verschärften. Die Knappen griffen zur Waffe des Streiks. 1478 legten sie zum erstenmal die Arbeit nieder.

Die Schneeberger besaßen schon eine Stadtpfarrkirche, sie war 1474 begonnen und nach etwa fünf Jahren vollendet worden, aber die bescheidene Halle genügte ihren Ansprüchen nicht mehr: Sie ließen sie abreißen und begannen 1515 noch einmal von vorn. Da sie nicht zu knausern brauchten, verpflichteten sie einen erfahrenen Meister, der bereits in anderen Orten Proben seines Könnens abgelegt hatte. Und dieser Hans Meltwitz (gest. 1520 oder 1526), nach einer seiner früheren Arbeitsstätten auch Hans von Torgau genannt, zog die äußersten Schlußfolgerungen aus dem in Annaberg und Pirna entwickelten spätgotischen Bauprogramm. Er vereinfachte den Grundriß, indem er auf die drei Nischen im Osten verzichtete. Statt ihrer erblicken wir nur noch eine flache Ausbuchtung, die aus vier Seiten eines Sechzehnecks gebildet ist. Als nächstes veränderte er das Verhältnis von Breite und Höhe, das, wie wir wissen, in Pirna 25:18 betrug: Der Meister legte der Breite 2 und der Höhe einen Meter zu, so daß er ein Verhältnis von 27:19 erreichte. Auch die Form der Gewölbe wurde dem Zweck der Raumvereinheitlichung angepaßt. Die scharfkantigen Rippen verschlingen sich zu einfachen Sternmustern – die Zeit der Spielereien war vorüber. Die Emporen umspannen nun den gesamten Raum, nicht mehr wie in Annaberg nur das Langhaus. Damit hat der Chor seine Sonderstellung endgültig verloren. Die in den letzten Jahrzehnten des 15. Jahrhunderts begonnene Entwicklung zum Einheitsraum ist abgeschlossen.

Am 19. April 1945, drei Wochen vor der Kapitulation der faschistischen Wehrmacht, schossen amerikanische Tief-

* ebenda, S. 26

flieger die Wolfgangskirche in Brand. Das Feuer glühte den Sandstein aus. Die schlanken Pfeiler gaben nach, die Gewölbe stürzten zusammen. Nur die Umfassungsmauern und Teile der Emporenkonstruktion blieben erhalten. Das reifste Werk der erzgebirgischen Spätgotik schien verloren. Seitdem sind über vierzig Jahre vergangen. Wer heute nach Schneeberg kommt, sieht, wie sich Denkmalpfleger, Architekten, Maurer, Steinmetzen und Kunsthandwerker mühen, die Kirche originalgetreu wiederaufzubauen. Solche Arbeiten erfordern viel Zeit. Moderne Baustoffe – Gußbeton, Platten, Eisenträger usw. – lassen sich nur in Ausnahmefällen verwenden, zum Beispiel bei der Erneuerung des Dachstuhls. In der Regel müssen die Steinmetzen jedes einzelne Werkstück mit der Hand in die passende Form bringen. Allein das Setzen der neuen Pfeiler nahm Jahre in Anspruch, und einige Zeit wird noch vergehen, bis der Kirchenraum wieder so aussieht, wie ihn die Älteren in Erinnerung haben.

Die Marienkirche in Marienberg, letztes Glied in dieser Kette, ist ein Spätling unter den Hallenbauten des Erzgebirges. Erst 1558 begonnen und 1564 vollendet, entstand sie zu einer Zeit, als die Gotik in anderen Teilen des Heiligen Römischen Reiches bereits erloschen war. Nur in den sächsischen Bergstädten hielten die Kirchenbaumeister nach wie vor an den überlieferten Formen fest. Allein in der Größe blieb die Marienberger Pfarrkirche hinter ihren Schwestern in Annaberg, Pirna und Schneeberg zurück. Sonst stimmte sie mit ihnen überein – wenigstens bis zum Stadtbrand von 1610, der auch sie zerstörte. Ein Dresdner Meister baute sie nach 1667 wieder auf: Das spätgotische Raumbild und der üppige Stil des späten 17. Jahrhunderts verschmolzen miteinander. Die Erfahrung zeigt, daß sich alle echten Stile gut vertragen. In der Marienkirche wurden die Pfeiler der Spätgotik durch Säulen ersetzt, Kreuzgewölbe traten an die Stelle der alten Sternmuster, und statt des schmächtigen spätgotischen Maßwerks erblicken wir kräftige Stuckverzierun-

Marienkirche in Marienberg

gen. Trotzdem blieb der ursprüngliche Raumeindruck erhalten. Der Meister zollte der Vergangenheit Respekt, indem er den Grundriß und die Verhältnisse nicht veränderte. Die Formen, die er benutzte, ordnen sich dem Gewachsenen unter.

Nur 4 Kilometer von Marienberg entfernt liegt Großrükkerswalde. Es wurde wie fast alle Dörfer in den oberen Lagen des Erzgebirges verhältnismäßig spät gegründet, wahrscheinlich nicht vor dem Ende des 13. Jahrhunderts. Der tiefe Wald, das rauhe Klima und der magere Boden schreckten die Siedler ab. Solange es in den Gebieten nördlich des Gebirges noch genügend rodungsfähiges Land gab, dachte niemand daran, sich hier oben niederzulassen. Nur der Druck der Not ließ die Siedlungsgrenze allmählich bis zum Gebirgskamm vorrücken. Die Bauern mußten härter arbeiten als in den Dörfern der Ebene, um den Zehnten und die anderen Feudalabgaben bezahlen zu können, und lebten stets am Rand einer Hungerkatastrophe. So ging es fast zwei Jahrhunderte lang, und es schien, als würde es immer so bleiben. Da erscholl das große „Berggeschrey“ ...

Früher befanden sich die nächsten größeren Märkte in Freiberg und Chemnitz, dem heutigen Karl-Marx-Stadt. Sie lagen zudem inmitten oder am Rande von dichtbesiedelten Gebieten, so daß sie nicht auf die geringen Lebensmittelüberschüsse, welche die Gebirgsdörfer produzierten, angewiesen waren. Jetzt wuchsen in unmittelbarer Nähe der Dörfer Städte aus dem Boden. Annaberg besaß schon um 1500 etwa 8 000 Einwohner, in Schneeberg lebten ungefähr 6 000, in Ehrenfriedersdorf 3 000, in Geyer 2 000 Menschen, und sie alle mußten mit Nahrungsgütern versorgt werden. Der Bauer hatte nun ein Interesse daran, die Produktion zu steigern, sei es, indem er dem Wald neue Ackerflächen abgewann oder indem er bessere Arbeitsmethoden anwandte. Geld strömte in die Dörfer. Die Bauern gelangten zu einem bescheidenen Wohlstand, und diese Wendung zum Besseren weckte ihr Selbstbewußtsein. Das Landvolk des Gebirges meldete Forderungen an. Da es den Herren nicht über den Weg traute, verlieh es seinen Wünschen Nachdruck, indem es sich für kommende Auseinandersetzungen rüstete. Die Gebirgler entschlossen sich, nicht mehr in die Wälder zu flüchten, wenn ein adliger Schnapphahn anrückte. Von jetzt an wollten sie ihre Dörfer verteidigen. So entstanden die erzgebirgischen Wehrkirchen...

Es gibt zwei Typen wehrhafter Kirchen in unserer Republik. Den ersten, die Kirchenburg, haben wir im Werratal kennengelernt. Hier war der Kirchhof befestigt, während die Kirche selbst meist keine Verteidigungseinrichtungen besaß und den Schutzsuchenden lediglich als Unterschlupf diente. Die Bauern wehrten den Angriff also in einer vorgeschobenen Linie ab. Wenn es den Stürmenden gelang, diese Linie zu überrennen, konnte nur noch ein Wunder die Besatzung retten. Im Erzgebirge hingegen wurden die Kirchen zu Kernwerken ausgebaut, die Widerstandskraft dieser Bauernfestungen nahm folglich von außen nach innen zu. Die rings um den Kirchhof gezogene Mauer bildete lediglich ein erstes Hindernis. Dem Angreifer, der sich ihrer bemächtigte, stand die schwerste Arbeit noch bevor: Er mußte sich ungedeckt an das Kernwerk heranarbeiten. Ein solcher Angriff kostete nicht nur Blut, sondern auch Zeit – und mit jeder Minute wuchs die Gefahr, daß von irgendwoher, zum Beispiel aus der benachbarten Stadt, Entsatz herbeieilte und die Belagerer im Rücken packte.

In Großrückerswalde ist eine solche Wehrkirche aus dem späten 15. Jahrhundert nahezu unversehrt erhalten geblieben. Das über rechteckigem Grundriß errichtete Gebäude liegt auf einem Hügel inmitten des Dorfes. Seine Fenster besaßen ursprünglich die Form von Schießscharten, aber die Masse der Verteidiger stand nicht hinter diesen Scharten, sondern auf dem Wehrgang unterhalb des Daches, der ungefähr dreißig bis vierzig Schützen Platz bot – genug, um auch einen starken Gegner in respektvoller Entfernung zu halten. Zudem springt dieser Wehrgang etwas vor, das heißt, er schaltete den toten Winkel am Fuß der Kirche aus, jenen schmalen Streifen, welchen die Bolzen und Kugeln der Verteidiger nicht mehr erreichen konnten. Der scheinbar so sichere tote Winkel verwandelte sich in eine Falle: Die Schützen öffneten die Bodenluken des Wehrgangs und bekämpften den Feind, indem sie kochendes Wasser oder heißes Pech auf ihn hinabschütteten. Auch Jauche, in den

Wehrkirche in Großrückerswalde

Dörfern stets zur Hand, tat in einem solchen Fall gute Dienste. Welcher hochwohlgeborene Strauchritter hatte es schon gern, wenn die verachteten Bauernlümmel ihn mit Fäkalien empfingen?

In anderen Gebirgsdörfern sind ebenfalls Reste von Befestigungsanlagen erhalten. Die Dorfkirchen in Lauterbach, Dörnthal und Mittelsaida besitzen zum Beispiel noch ihre alten Wehrgänge. In St. Michaelis steht ein Torhaus, das einst die schwächste Stelle im Mauerring, die Kirchhofspforte, deckte. Auch die verschanzten Friedhöfe in Lichtenberg, Cämmerswalde und Großhartmannsdorf beweisen, daß sich die Bauern des Erzgebirges ihrer Haut zu wehren verstanden. Grenzgebiete waren im Mittelalter stets besonders gefährdet. Die wenigen Landreiter, die an der Grenze Dienst taten, reichten nicht aus, um das Einsickern von Buschklepperbanden zu verhindern. Die Gebirgler mußten eine eigene Verteidigungsorganisation aufbauen, und sie taten dies so geschickt, daß jeder, der sich in feindlicher Absicht nahte, in ein Fangnetz geriet, aus dem es so leicht kein Entrinnen gab. In den heutigen Landkreisen Brand-Erbisdorf und Marienberg lagen die Bauernfestungen so dicht beieinander, daß sich ihre Besatzungen im Notfall gegenseitig unterstützen konnten. Wer mit einem anband, bekam es mit allen zu tun — und das nötigte den raublustigen Feudaladel zur Vorsicht.

Der Silberbergbau hatte die Kunst des Erzgebirges aufblühen lassen, aber mit jedem Jahr rückte das Ende der großen Zeit näher. Nur zwei Generationen lang warfen die Betriebe so hohe Erträge ab, daß mit den Überschüssen aufwendige künstlerische Projekte wie die Stadtkirchen finanziert werden konnten. Schon in der Mitte des 16. Jahrhunderts verringerte sich der Umfang der Produktion. Das Annaberger Revier förderte um 1560 gerade noch so viel, daß die Erschließungskosten wieder hereinkamen. In Schneeberg häuften sich die Bankrotte. Nicht wenige Gruben wurden aufgegeben oder wenigstens so lange stillgelegt, bis die Anteilseigner neues Kapital herbeigeschafft hatten. Allein in dem erst 1519 erschlossenen Marienberger Revier stieg die Fördermenge bis 1570 an, aber auch hier blieb die Ausbeute weit hinter den Erwartungen zurück. Viele Bergleute mußten sich nach anderer Arbeit umsehen. Die meisten von ihnen versuchten in den nahe gelegenen Zinn- und Kobaltgruben unterzukommen.

Unter diesen Umständen war es nicht möglich, die einmal

Bergarbeiter als Träger der Bergmannskanzel im Dom zu Freiberg

erreichte Höhe zu behaupten. Die Bergherren mußten sparen. Sie gaben nur noch kleinere Werke in Auftrag – Werke von der Art der Bergmannskanzeln im Freiberger Dom (1638) und in der Stadtkirche zu Glashütte (1650). In einigen Orten blieben die in spätgotischer Zeit begonnenen Bauten unvollendet. Die Bürgerschaft von Glashütte faßte um 1520 den Plan, eine dreischiffige Hallenkirche zu errichten, aber der Geldmangel zwang sie, sich schließlich mit einem Schiff zufriedenzugeben. Bezeichnend ist auch, daß die Dorfgemeinden ihre Kirchen immer häufiger mit Werken der Volkskunst ausstatteten. Die Gemälde an den Emporen der Kirche in Hartmannsdorf wurden von bäuerlichen Meistern geschaffen, und ein Bauer schnitzte die Geburt Christi in der Dorfkirche zu Bockau. Allein in Freiberg, nach wie vor die wichtigste Stadt des Kurfürstentums Sachsen, behaupteten sich die beiden Großwerkstätten der Bildhauerfamilien Lorentz und Böhme.

Im 18. Jahrhundert kam der Bergbau allmählich zum Erliegen. Zwar versuchten die Grubenherren, die Fördermenge wieder in die Höhe zu treiben, aber die Raubbaumethoden, die sie dabei anwendeten, beschleunigten nur den Verfallsprozeß. Die große Zinngrube am Geyersberg brach 1704 zum Teil und 1803 ganz zusammen. So entstand die berühmte Geyersche Binge, ein Erdloch von 70 Meter Tiefe, 200 Meter Länge und 160 Meter Breite. Auch in Seiffen waren die Zinnlagerstätten nahezu erschöpft, so daß sich der Abbau kaum noch lohnte. Die Bergleute lernten die Not kennen. Nur die geringen Erträge ihrer kleinen Häuslerwirtschaften retteten sie vor dem Hungertod. Aber diese Häuslerwirtschaften verhinderten auch, daß aus dem Bergarbeiter ein Proletarier wurde, der nichts zu verlieren hatte als seine Ketten. Das erzgebirgische Halbproletariat blieb an die Scholle gebunden. Es besaß nicht einmal die Möglichkeit, der verschärften Ausbeutung dadurch zu entrinnen, daß es von dannen zog. Die Hausindustrie löste den Bergbau ab ...

In der Hausindustrie herrschte das Verlagssystem vor, das heißt, der Unternehmer, Verleger genannt, gab dem Heimarbeiter das Material und nahm ihm die fertigen Produkte zu einem vorher festgesetzten Preis ab. Die Annaberger Verlegerin Barbara Uttmann (um 1514–1575), die um 1570 etwa neunhundert Spitzenklöpplerinnen beschäftigte, war die erste, die auf diese Weise zu Reichtum kam. Nach dem

Dreißigjährigen Krieg dehnte sich die Hausindustrie weiter aus. Nicht nur die arbeitslosen Bergleute, sondern auch die verelendeten Gebirgsbauern mußten sich den Bedingungen der Verleger fügen. Die Herstellung von Posamenten, also von Borten, Fransen, Quasten und Schnüren, nahm einen immer größeren Umfang an, und gegen Mitte des 18. Jahrhunderts setzte sich das Verlagssystem auch in der Spielwarenproduktion durch. Die alte Bergwerkssiedlung Seiffen wurde damals zu „Deutschlands Spielzeugschachtel". Schon zu dieser Zeit verdienten die Heimarbeiter nur so viel, daß es gerade zu Brot, Quark und Hering reichte, aber ihre Lage verschlechterte sich von Jahrzehnt zu Jahrzehnt. Die Konkurrenz der mit Maschinen ausgestatteten großen Fabriken drückte die Heimarbeiterlöhne weit unter das Existenzminimum.

Friedrich Engels hat den teuflischen ökonomischen Mechanismus der Hausindustrie folgendermaßen beschrieben: „Was die Familie auf ihrem eignen Gärtchen und Feldchen erarbeitet, das erlaubt die Konkurrenz dem Kapitalisten vom Preis der Arbeitskraft abzuziehen; die Arbeiter müssen eben jeden Akkordlohn nehmen, weil sie sonst gar nichts erhalten und vom Produkt ihres Landbaus allein nicht leben können; und weil andrerseits eben dieser Landbau und Grundbesitz sie an den Ort fesselt, sie hindert, sich nach andrer Beschäftigung umzusehn... Man schlägt den ganzen Kapitalprofit heraus aus einem Abzug vom normalen Arbeitslohn und kann den ganzen Mehrwert dem Käufer schenken. Das ist das Geheimnis der erstaunlichen Wohlfeilheit der meisten deutschen Ausfuhrartikel."* 1881 erreichte eine fünfköpfige Seiffener Spielzeugmacherfamilie bei einer täglichen Arbeitszeit von dreizehn Stunden einen Wochenlohn, der im günstigsten Fall 12,80 Mark betrug. Die Arbeitsstunde eines Heimarbeiters war dem Verleger also ganze 3 Pfennige wert. In den Gebirgsdörfern ging der Hungertyphus um...

* Karl Marx/Friedrich Engels, Werke, Bd. 21, a. a. O., S. 331 f.

Die wenigen erhaltenen volkskünstlerischen Werke aus dem 16. und 17. Jahrhundert belegen, daß im Gebirge von jeher geschnitzt, gewebt und geklöppelt worden war. Der Verleger beutete die im Volk vorhandenen Fertigkeiten auf kapitalistische Weise aus, und diese Ausbeutung hatte zur Folge, daß die Volkskunst in zunehmendem Maße verflachte. Wer vom frühen Morgen bis zum späten Abend an der Drechselbank steht oder am Klöppelkissen sitzt, findet kaum noch die Kraft zu schöpferischer Gestaltung. Die erzgebirgische Volkskunst geriet in Gefahr, von minderwertigen Massenprodukten verdrängt zu werden. Wenn trotzdem ein Rest der alten Fertigkeiten bewahrt blieb, so lag dies vor allem daran, daß sich die Heimarbeiterschaft politisch zu organisieren und gegen die Unternehmerwillkür zu wehren begann. Im Widerstand entwickelte sich ein neues Selbstbewußtsein, das auch die künstlerische Produktion beein-

Figurengruppe von Auguste Müller

flußte. In einigen Fällen führte die Wiederbelebung der Volkskunst zu erstaunlichen Ergebnissen.

Wer nach Seiffen kommt, sollte auf keinen Fall versäumen, sich das erst 1953 gegründete Erzgebirgische Spielzeugmuseum anzuschauen – nicht nur wegen des großen Weihnachtsberges und der vielen Weihnachtspyramiden, sondern mehr noch wegen jener kleinen, unbeholfen anmutenden Figuren oder Figurengruppen, welche das Museum aus dem Nachlaß der Spielzeugschnitzer Auguste Müller (1847–1930), Louis Hiemann (1857–1939), Karl Müller (1879–1958) und anderer übernommen hat. Hier ist der Alltag des Dorfes gestaltet worden – ohne jede Beschönigung und ohne jeden Appell an bürgerliches Mitleid. Die Volkskünstler lebten in bitterster Armut, und der „Männelmacher“ Karl Müller fand erst wenige Jahre vor seinem Tode endlich die Anerkennung, die er verdiente. Trotzdem arbeiteten sie unverdrossen weiter und „schnitzelten“ in ihren kargen Mußestunden immer neue Gestalten aus dem Holz. Ihre Schöpfungen haben dreierlei gemeinsam: „Beschränkung in den künstlerischen Mitteln, straffe Konzentration auf die Wesenheit, das Vermögen, Typisches einer Erscheinung klar auszudrücken.“* In der kleinen Gruppe „Mann und Frau mit Schlitten“ der Auguste Müller beispielsweise steckt eine große künstlerische Kraft.

Mit dem Sieg des Sozialismus endete das Erzgebirgselend. Die Staatsmacht der Arbeiter und Bauern sorgte dafür, daß die Menschen hier in sozialer Sicherheit leben können. Nichts von dem, was die Vergangenheit an Großem und Schönem hinterlassen hatte, ging verloren. Früher war die Kunst des Erzgebirges nur wenigen bekannt. Heute gehört sie zum geistigen Besitz des ganzen Volkes. Wir haben gelernt, sie zu verstehen, und erkannt, daß ihre eigenartigen Formen fortschrittliches Gedankengut widerspiegeln. Ob es sich nun um ein Werk der Architektur oder um die Schöpfung eines Bildhauers handelt – sie alle sind von der Vorstellung geprägt,

* Manfred Bachmann, Seiffener Spielzeugschnitzer, Leipzig 1956, S. 31

daß die Welt zum Besseren verändert werden muß. „Es gab eine Zeit, wo Deutschland Charaktere hervorbrachte, die sich den besten Leuten der Revolutionen anderer Länder an die Seite stellen können"*, schrieb Friedrich Engels in der Einleitung zu seinem Buch über den deutschen Bauernkrieg. Auch die Meister der erzgebirgischen Spätgotik gehören zu diesen Charakteren.

* Karl Marx/Friedrich Engels, Werke, Bd. 7, a. a. O., S. 329

Wo der König Feste feierte

Schlösser und Gärten im Dresdner Land

Es war schon ein Elend mit diesem August, den man den Starken nannte! Zunächst konnte es ihm mit dem Bau des Dresdner Zwingers nicht rasch genug vorangehen. Trotz der grimmigen Kälte, die im Winter 1718/19 herrschte, zwang er die Bauleute, Nachtschichten einzulegen, und er reagierte höchst ungnädig, als diese für harte Arbeit gutes Geld verlangten und ihrer Forderung mit einem Streik Nachdruck verliehen. Die mörderische Hetze führte dazu, daß die Zahl der Unfälle emporschnellte. So mancher, der den Bauplatz als gesunder Mann betreten hatte, verließ ihn als Krüppel. Der Generalintendant Christoph von Wackerbarth (1662–1734), verantwortlich für die Finanzierung des Projekts, war ratlos: Er durfte 48 000 Taler im Jahr verbauen – und hatte auf Befehl seines Königs bereits 192 000 Taler ausgegeben. Der Architekt Matthes Daniel Pöppelmann (1662–1736) wollte vor allem die Arbeiter pünktlich bezahlt sehen. Er erinnerte den König daran, daß sich unter ihnen „viele blutarme Leute" befanden, „nicht imstande, eine Woche lang ihren Lohn bei diesen teueren Zeiten zu entbehren"*. Aber diese und andere mahnende Worte waren in den Wind gesprochen...

Nach dem September 1719 erlosch das Interesse des Bauherrn. Der Zwinger, obwohl noch unvollendet, hatte seinen Zweck als Kulisse eines großen höfischen Spektakels erfüllt. Der gekrönte Phantast gab nun anderen Launen nach. Die Gelder flossen nach Pillnitz, nach Moritzburg oder in die Baukasse des Japanischen Palais, das zu einem „Porzellanschloß" umgestaltet werden sollte. Zwei Jahre lang blieb auf dem Bauplatz an der „Scharfen Ecke" der Dresdner Festungsanlage alles ruhig. Erst 1722 erreichte Pöppelmann, daß August der Starke (1670–1733) dem Werk wieder einige Aufmerksamkeit schenkte. Aber das versprochene Geld ließ mehr als einmal auf sich warten, so daß die Arbeit im Unter-

* Zitiert nach: Hubert Georg Ermisch, Der Dresdner Zwinger, Dresden 1953, S. 26

schied zu früher nur schrittweise vorankam. Es verging noch ein volles Jahrzehnt, bis der Zwinger endlich fertig war.

Der Zwinger! Jedermann kennt ihn oder hat wenigstens von ihm gehört. Aber kennen wir ihn wirklich so gut, daß wir auf alle Fragen, die sich bei seinem Anblick aufdrängen, eine Antwort wissen? Schon der Verwendungszweck des Bauwerks läßt sich nicht mit einem Satz erklären. Ursprünglich sollte auf dem Gelände zwischen den beiden alten Festungswällen – eben dem Zwinger – nur ein Gewächshaus errichtet werden, dazu bestimmt, die kostbaren Orangenbäume Augusts des Starken vor der Winterkälte zu schützen. Die bevorstehende Hochzeit des sächsischen Kronprinzen mit der österreichischen Prinzessin Maria Josepha ließ dann allmählich den Plan reifen, diese Orangerie zu einem großen Freilichttheater auszubauen, zu einer Stätte prunkvoller höfischer Feste, an denen Hunderte als Mitwirkende und Tausende als Zuschauer teilnahmen. Im Jahre 1727 kam ein weiterer Verwendungszweck hinzu. Der König befahl, „daß binnen hiro und sechs Wochen alle in hiesigem Regiments-Hause vorhandene Königl. effecten, so noch daselbst in unterschiedlichen Cabinetern befinden, nichts davon ausgeschlossen, wie auch nebst der Königl. Handbibliothek, diejenige so auf dem Klepperstalle steht, an die in dem auch Königl. Zwinger Garthen angewiesene Oerter transportiret werden sollen"*. Mit den „effecten" waren die Bestände der Kunstkammer gemeint. So wurde der Zwinger zu einem Museum ...

Auch die Frage nach dem Schöpfer dieses einzigartigen Mehrzweckgebäudes läßt sich nicht so leicht beantworten. Der königliche Oberlandbaumeister Matthes Daniel Pöppelmann, ein gebürtiger Westfale, war in dem großen Zwingerkollektiv nur der Erste unter Gleichen. Er legte fest, was und wie gebaut werden sollte, er wählte aus, was ihm von den üppigen und schwingenden Formen des Barocks passend erschien, aber die Bedeutung seiner Mitarbeiter

* ebenda, S. 56 f.

Wallpavillon des Dresdner Zwingers

wuchs in dem Maße, wie die von ihm entworfenen Pläne ausgeführt wurden. Schauen wir uns doch einmal den Wallpavillon oder das Kronentor an: Wer kann hier sagen, wo die Architektur aufhört und die Plastik beginnt? Die vielen hundert Bildwerke sind so fest mit dem Bau verbunden, daß er „bluten" würde, wenn man sie entfernte. Der künstlerische Wert eines Architekturwerks hing damals nicht allein von der Begabung des Architekten, sondern auch von dem Können und der schöpferischen Mitarbeit des Bildhauers ab. Die Tatsache, daß der Architekt Pöppelmann in dem bärtigen bayrischen Bildhauer Balthasar Permoser (1651–1732) einen Partner fand, der ihm in jeder Beziehung ebenbürtig war, gehört zu den großen Glücksfällen der Kunstgeschichte. Gesetzt den Fall, Pöppelmann hätte mit einem durchschnittlichen Talent zusammenarbeiten müssen, mit irgendeinem gediegenen Handwerker, wie es deren Hunderte gab – der Zwinger wäre nicht das geworden, was er ist: das schönste und originellste Bauwerk des deutschen Barocks.

In der Schrift eines Architekturtheoretikers aus den Reihen des österreichischen Hochadels finden wir den Satz: „Das Geldt ist nur, schene Monumenta zu hinterlassen, zue ebiger und unsterblicher Gedechtnuß"*. Der Verfasser, ein Fürst von Liechtenstein, sprach hier aus, was seine Standesgenossen dachten. Fast alle Bauwerke dieser Zeit, gleichgültig, ob es sich um Schlösser, Kirchen oder Bürgerhäuser handelt, sind im Auftrag oder wenigstens unter der Aufsicht eines absoluten Herrschers errichtet worden. Wir nennen diese Herrscher absolut, weil sie in ihren Ländern die unumschränkte Macht ausübten. Sie konnten Gesetze erlassen, Steuern erheben, Bündnisse schließen, Kriege erklären, ohne vorher die Zustimmung des Adels und der Städte einholen zu müssen. Karl Marx wies darauf hin, daß „die absolute Monarchie in den Übergangsperioden erscheint, wo die alten Feudalstände untergehen und der mittelalterliche Bürgerstand zur modernen Bourgeoisklasse sich heranbildet, ohne daß noch eine der streitenden Parteien mit der andern fertig geworden wäre"**. Während es dem absoluten Herrscher zum Beispiel in Frankreich mit Unterstützung des erstarkenden Bürgertums gelang, die Interessen des Adels dem Gesamtinteresse des feudalen Staates unterzuordnen, konnte der Adel in den deutschen Territorialstaaten mit ihrem schwach entwickelten Bürgertum seine politischen und wirtschaftlichen Vorrechte weitgehend bewahren. Hier trat die absolute Monarchie in „ihrer allerverkrüppeltsten, halb patriarchalischen Form"*** auf. Im Gegensatz zum zentralstaatlichen Absolutismus erschwerte der territorialstaat-

* Zitiert nach: Dr. Martin Wackernagel, Baukunst des 17. und 18. Jahrhunderts in den germanischen Ländern, Berlin-Neubabelsberg 1915, S. 51

** Karl Marx/Friedrich Engels, Werke, Bd. 4, a. a. O., S. 346

*** ebenda, Bd. 3, a. a. O., S. 178

liche die Herausbildung eines bürgerlichen Nationalstaats und hemmte die kapitalistische Entwicklung.

August der Starke, der 1694 zur Regierung kam, war sozusagen das Musterexemplar eines deutschen Barockfürsten. Sein Herrschaftsgebiet, das Kurfürstentum Sachsen, hatte anderen deutschen Staaten einiges voraus: Es gehörte zu den am dichtesten besiedelten Territorien des zerfallenden deutschen Kaiserreichs und besaß zudem ein leistungsfähiges städtisches Gewerbe, das nicht nur für den inneren Markt, sondern auch schon für den Export produzierte, also Geld ins Land brachte. Trotz dieser günstigen Voraussetzungen stand das Kurfürstentum mehr als einmal vor dem Bankrott. August der Starke lernte nie, seine Möglichkeiten real einzuschätzen. Besessen von der Idee, als großer Herrscher in die Geschichte einzugehen, bürdete er seinen Untertanen Lasten auf, die sie nicht zu tragen vermochten. Allein der Erwerb der polnischen Königskrone im Jahre 1697 kostete Sachsen mehrere Millionen. Hunderttausende flossen in die Taschen der Günstlinge männlichen und weiblichen Geschlechts, weitere Hunderttausende in die Börsen derer, welche die großen Feste arrangierten. Schon 1694 erklärten die sächsischen Stände, sie wollten „vor Gott und vor aller Welt an dem aus den neuen Steuerverwilligungen entstehenden Unheil unschuldig sein"*.

Die Baukunst war nur eines der vielen Mittel, mit denen König August den Preis der Unsterblichkeit zu erlangen versuchte – und dazu noch von allen das harmloseste. Die Baugelder machten lediglich etwa zehn Prozent der jährlichen Staatseinnahmen aus. Was bedeuteten die 1500 Taler, die Pöppelmann nach seiner Ernennung zum Oberlandbaumeister (1718) als Jahresgehalt erhielt, gegen die 100 000 Taler, welche die Gräfin Cosel (1680–1765) als Jahresrente einstrich? Der Nordische Krieg (1700–1721), in dessen Verlauf das sächsische Heer von den Schweden unter Karl XII. (1682–1718) so fürchterlich verprügelt wurde, daß

* Zitiert nach: Max Seydewitz, Dresden, Musen und Menschen, Berlin 1971, S. 93

August den Sieger schließlich um Gnade bitten mußte, kostete Sachsen das Hundertfache der Summe, welche die Schlösser und Gärten verschlangen.

Es ist erstaunlich, daß eine Gesellschaftsordnung mit so vielen abstoßenden Zügen gerade auf dem Gebiet der Baukunst Hervorragendes geleistet hat. Aber der Baukunst bekam gut, was den Untertanen in der Regel schlecht bekam: die Konzentration der Machtmittel in einer Hand. Außerdem hielt sich der König meist in Warschau auf. Es fehlte ihm einfach die Gelegenheit, seine Befugnisse als Bauherr so wahrzunehmen, wie es andere absolute Herrscher taten. Er mußte, ob er wollte oder nicht, den Architekten die Vollmacht geben, in seinem Namen Entscheidungen zu treffen, zum Beispiel darüber, wie ein bestimmter Stadtteil städtebaulich geordnet werden sollte. Nur wenn es um seine geliebten Schlösser ging, mischte er sich in die Planung ein. Die Baumeister reagierten gelassen. Sie wußten, daß der König nicht gerade zu denen gehörte, die sich durch Fleiß und Beharrlichkeit auszeichneten. Ein paar Tage nur — dann wandte sich Seine Majestät vergnüglicheren Beschäftigungen zu. Es steht zu vermuten, daß die Architekten über das Unwesen der Mätressenwirtschaft viel milder urteilten als etwa die sittenstrengen lutherischen Prediger: Wenn die Lubomirska, die Königsmarck, die Cosel oder die Dönhoff lockte, kehrte im Oberbauamt wieder Ruhe ein.

August der Starke hatte Glück mit seinen Baumeistern. Einige von ihnen erwarb er sozusagen im Ausverkauf. 1713 kam es in Preußen zu einem Regierungswechsel. Der neue König Friedrich Wilhelm I. (1688—1740) löste den Hofstaat seines prachtliebenden Vaters auf und setzte die „Schmarotzer", zu denen er auch die meisten Künstler rechnete, kurzerhand vor die Tür. Bedeutende Architekten waren über Nacht brotlos geworden. Einer der Entlassenen, der Franzose Zacharias Longuelune (1669—1748), trat schon 1715 in sächsische Dienste. 1722 folgte ihm der Schwede Johann Friedrich von Eosander (1670—1729), 1728 der Franzose

Jean de Bodt (1670–1745). Longuelune, Lehrer an der Dresdner Ingenieurakademie, widmete sich vor allem der Ausbildung des Nachwuchses. Die beiden bedeutendsten Meister der zweiten und dritten Generation, Johann Christoph Knöffel (1686–1752) und Friedrich August Krubsacius (1718–1789), sind durch seine Schule gegangen.

Das Oberbauamt war die Befehlszentrale des sächsischen Barocks. Wer in Dresden oder in der näheren Umgebung der Residenz bauen wollte, mußte seine Pläne hier zur Begutachtung einreichen. Das Kollegium entschied dann darüber, ob der Bau wie vorgesehen oder erst nach Erfüllung bestimmter Auflagen errichtet werden durfte. Das vom Oberbauamt erarbeitete Regelwerk von 1720 legte zum Beispiel eine Hauptgesimshöhe von höchstens 17,5 Metern fest. Wer glaubte, diese Vorschrift mißachten zu können, wurde mit Nachdruck daran erinnert, daß in Dresden nur der König Gesetze nicht zu respektieren brauchte. Galt es, größere Aufgaben zu lösen, die eine Zusammenfassung der Kräfte erforderten, so beauftragte der Amtschef seine wichtigsten Mitarbeiter, Entwürfe zu liefern. Diese wurden kritisch gegeneinander abgewogen, und aus dem Vergleich von Projekten und Gegenprojekten entwickelte sich dann der endgültige Plan. Natürlich ging es dabei nicht immer friedlich zu, aber so heftig der Meinungsstreit auch geführt wurde – in den meisten Fällen brachte er ausgezeichnete Resultate.

Das Japanische Palais auf dem rechten, dem Neustädter Ufer der Elbe ist ein solches Gemeinschaftswerk. Wer es vom Zwinger aus erreichen will, muß die Georgi-Dimitroff-Brücke überqueren und sich dann links halten. Ursprünglich stand hier das Holländische Palais, ein von Pöppelmann entworfenes Schlößchen, das dem Grafen Jakob Heinrich von Flemming (1667–1728) gehörte. August der Starke kaufte es seinem Staatsminister 1717 ab. Zehn Jahre später wurde das Palais zu einem „Porzellanschloß“ umgebaut: Der König wollte in dem neuen Gebäude seine umfangreiche

Japanisches Palais

Sammlung von chinesischem, japanischem und Meißner Porzellan unterbringen. Die nachweislich an der Planung beteiligten Meister – Pöppelmann, Longuelune, de Bodt und Knöffel – wählten mit Zustimmung des Bauherrn eine Vierflügelanlage. Die Aufgabe war schwierig, vor allem, weil sich die Anschauungen der Franzosen und der Deutschen grundlegend voneinander unterschieden. Pöppelmann konnte jener vornehmen Zurückhaltung, welche die französische Akademie ihren Schülern predigte, nichts abgewinnen; Longuelune und de Bodt sahen in dem Überschwang der deutschen Barockarchitektur nur ein Abweichen vom Wege des guten Geschmacks. Aber die gemeinsame Arbeit führte zusammen, was zunächst unvereinbar schien. Pöppelmann erklärte sich mit einer ruhigen Gliederung der Fronten einverstanden, während die beiden Franzosen zu der Einsicht kamen, daß der von den vier Flügeln eingefaßte Hof eine lebhaftere und festlichere Gestaltung erforderte. Trotz der verschiedenen „Hände“ wirkt das Werk wie aus einem Guß.

Die Luftangriffe vom Februar 1945 ließen große Teile der Barockstadt Dresden in Flammen aufgehen. Aber noch immer ist Dresden eine Stadt, in der wir mehr über Wesen und Vielfalt des Barocks erfahren können als in jedem anderen Gemeinwesen unserer Republik. In der Rähnitzgasse, nur etwa 200 Meter vom Japanischen Palais entfernt, finden wir zum Beispiel Antwort auf die Frage, wie die Architekten des 18. Jahrhunderts bürgerliche Bauaufgaben gelöst haben. Dabei fällt uns vor allem eines auf: Die Häuser drängen sich nicht hervor, wie es später, in der Zeit des Industriekapitalismus, geschah, sondern ordnen sich dem Gesamtbild der Straße unter. Selbst ein so großes und reiches Gebäude wie das Haus Nummer 19, ein 1730 entstandenes Werk des Ratsmaurermeisters Johann Gottfried Fehre (1685–1753), fügt sich den Regeln der vom Oberbauamt erlassenen Bauordnung. Es mag sein, daß der einzelne Bürger, der ein Haus errichten wollte, gegen diese „von oben“ gesetzte Ordnung murrte. Der Stadt brachte die Diktatur der obersten Baubehörde beträchtliche Vorteile: Sie wirkte der architektonischen Willkür entgegen und erhob den Städtebau in den Rang einer Kunst.

Vor kurzem ist die Hauptachse der rechtselbischen Neustadt, die Straße der Befreiung, wiederhergestellt worden. Die Architekten haben die erhalten gebliebenen barocken Bürgerhäuser an der Westseite (Nr. 9 bis 19) geschickt in das neue Ensemble einbezogen. Das Haus Nr. 13, das Kügelgen-Haus, stammt zum Beispiel aus dem Jahr 1712. Seine Fassade ist viel reicher gegliedert als die Fronten der um 1730 entstandenen Kleinbürgerhäuser in der Friedrich-Engels-Straße, die in den Karl-Marx-Platz vor dem Japanischen Palais mündet. Wir wissen nicht, wer diese Häuser gebaut hat, aber ob sie nun auf Johann Gottfried Fehre oder auf einen anderen städtischen Handwerksmeister zurückgehen – sie beweisen, daß die Architekten des Barocks auch mit vergleichsweise bescheidenen Mitteln bedeutende städtebauliche Wirkungen zu erreichen imstande waren. Der Absolutismus achtete streng darauf, daß jeder Untertan in den Grenzen seines Standes blieb und das Bürgertum nicht etwa versuchte, den Adel baukünstlerisch zu übertrumpfen. Der Dresdner Bürger zog den Kopf ein und ließ geschehen, was der Monarch über ihn verhängte. Noch kam es ihm nicht in den Sinn, Gleichberechtigung zu fordern. Er gab sich mit dem zufrieden, was ihm die im Auftrag des Fürsten handelnden Stadtbaumeister zugestanden.

Auf dem Weg zurück in die linkselbische Altstadt kommen wir an dem berühmten Goldenen Reiter vorüber. Das Denkmal, von Ludwig Wiedemann (1690–1754) nach 1732 in Kupfer getrieben und dann im Feuer vergoldet, steht auf dem Neustädter Markt, der „Blockhaus" genannten Brükkenwache (1730) von Zacharias Longuelune schräg gegenüber. Schon die Tatsache, daß August der Starke selbst dieses Reiterstandbild in Auftrag gegeben hat, läßt Rückschlüsse auf den Geist der Zeit zu. Die Herrscher des Barocks waren so felsenfest von ihrer Größe überzeugt, daß sie die Lobhudeleien der Hofpoeten mit dem Urteil der Nachwelt gleichsetzten. Auch die Pose des Reiters ist verräterisch: So und nicht anders wollte der König von seinen Untertanen gesehen werden – ein triumphierender Sieger, der über die Menge hinwegblickt, ein Gewaltiger, dessen starkes Roß alles in den Staub zu treten droht, was sich dem Willen seines Herrn zu widersetzen wagt. Die Geschichte spricht eine andere Sprache: Der „Gewaltige" gab in den Schlachten des Nordischen Krieges Fersengeld, und sein „Triumph" bestand darin, daß er sich mit Hilfe der Russen noch einmal aus der tödlichen Umklammerung herauswand. Nur der Sieg, den Zar Peter I. (1672–1725) bei Poltawa 1709 über die Schweden erfocht, rettete Sachsen vor dem völligen Ruin.

Bevor wir den Strom überschreiten, sollten wir uns die Silhouette der Altstadt anschauen. Sie sieht heute anders aus als zu der Zeit, da der Italiener Bernardo Bellotto

Goldener Reiter

(1721–1780), bekannt unter dem Namen Canaletto, sie malte, aber sie ist noch immer schön. Rechts das von Gottfried Semper (1803–1877) entworfene Opernhaus und das „Italienische Dörfchen“, so genannt, weil hier einst die Wohn- und Arbeitsstätten italienischer Bauhandwerker standen, in der Mitte die 1738 begonnene Katholische Hofkirche, ein Werk des römischen Barockarchitekten Gaëtano Chiaveri (1689–1770), links die Brühlsche Terrasse, auf deren Höhe einstmals das von Knöffel erbaute Palais des Grafen Heinrich von Brühl (1700–1763) stand, seines Zeichens Staatsminister König Augusts III. (1696–1763) und als solcher einer der größten „Plusmacher“ seines Jahrhunderts: Die zur Untersuchung seiner Amtsführung eingesetzte Kommission wies ihm nach, daß er Staatsgelder in Höhe von 5 311 153 Talern unterschlagen hatte – ein hübsches Sümmchen, mit dem sich schon einiges anfangen ließ in einer Zeit, in der Maurer einen Wochenlohn von 12 Groschen erhielten. Das Palais Brühl sowie die Brühlsche Bibliothek wurden um 1900 abgerissen und durch Neubauten ersetzt. Die Frauenkirche hinter der Brühlschen Terrasse, Hauptwerk des Ratszimmermeisters George Baehr (1666–1738), sank nach den Luftangriffen in sich zusammen. Die in der Gemäldegalerie aufbewahrten Stadtansichten des Bernardo Bellotto legen dafür Zeugnis ab, welch eine geniale Schöpfung Dresden damals verlorengegangen ist.

Auch die Katholische Hofkirche brannte im Februar 1945 aus, aber im Unterschied zur Frauenkirche blieben ihre Umfassungsmauern erhalten, so daß sie in mühevoller Arbeit wiederhergestellt werden konnte. Gaëtano Chiaveri hatte vor seiner Berufung nach Dresden in Sankt Petersburg, dem heutigen Leningrad, und in Warschau gearbeitet. Er gehörte zu jenen reisenden italienischen Barockarchitekten, welche in allen Ländern Europas willkommen waren, weil sie sich den verschiedenartigen Wünschen der Bauherren mit viel Geschick anzupassen verstanden. Die einheimischen Baumeister, an ihrer Spitze Johann Christoph Knöffel, nahmen den Italiener nicht gerade mit offenen Armen auf. Sie sahen in ihm einen Schützling der Hofgeistlichkeit und fürchteten wohl auch, daß seine am römischen Barock geschulte Kunst einen fremden Klang in das Stadtzentrum bringen würde. Chiaveri besiegte ihr Mißtrauen, indem er für seine drei-

Katholische Hofkirche

schiffige Kirche Formen wählte, die sich gut in das bestehende Ensemble einfügten. Der elegante, sich von Geschoß zu Geschoß verjüngende Turm ist dem Formenschatz des deutschen Barocks entlehnt, und ähnliches gilt für die Verknüpfung von Architektur und Bildhauerkunst: Was wäre die Hofkirche ohne jene achtundsiebzig Heiligenfiguren, welche Lorenzo Mattielli (1688–1748) geschaffen hat?

Aber die Gestalt des römischen Architekten ist für uns auch noch in anderer Hinsicht interessant. Wir wissen sonst nicht eben viel über Charakter und Lebensart der in Sachsen tätigen Barockbaumeister. Gaëtano Chiaveri macht eine Ausnahme. Die Tatsache, daß er Anfeindungen ausgesetzt war und sich gegen Intrigen wehren mußte, ließ die Papierflut anschwellen – und aus der Fülle der Schriften und Gegenschriften erwächst das Bild eines Mannes, der sich standhaft weigerte, auf das im höfischen Dresden übliche menschliche Niveau hinabzusteigen. Es ist zum Beispiel verbürgt, daß er es strikt ablehnte, von den Lieferanten Geschenke anzunehmen. Kein Wunder, daß die bestechlichen Kammer- und Landbauschreiber des Oberbauamts in ihm ihren Todfeind sahen! Wenn die Zahlungen stockten, schoß er den Handwerkern den Lohn aus eigener Tasche vor, was schließlich dazu führte, daß der Hof ihm nach zehnjähriger Arbeit 6 190 Taler schuldete. Es versteht sich fast von selbst, daß er nur einen Bruchteil der ausgelegten Summe wiedersah. Das Oberbauamt setzte für die groben Arbeiten Strafgefangene ein: Chiaveri wehrte sich gegen das auf dem Bauplatz herrschende Prügelsystem, indem er die Verantwortlichen darauf hinwies, daß „diese Leute wegen derer tragenden schweren Beinschellen nicht so hurtig als andere karren und arbeiten könnten, im allgemeinen könnten sie so große Anstrengung und Übertreibung nicht vertragen, ohne krank zu werden, weil sie namentlich ... nicht eben die kräftigste Kost und hinlängliche Quantität zum Sattessen erhielten“*. Die an Korruption und Brutalität gewöhnten Architekten atmeten jedenfalls erleichtert auf, als der italienische „Querulant“ Dresden 1748 den Rücken kehrte.

Das Beispiel des Hofes weckte den Ehrgeiz des Adels, aber von den vielen damals erbauten barocken Stadtpalästen ist so gut wie nichts erhalten geblieben. Das Palais Wak-

* Zitiert nach: Eberhard Hempel, Gaetano Chiaveri, Dresden 1955, S. 29

kerbarth, das Coselpalais, das Kurländer Palais – sie alle sanken in Schutt und Asche. Nur der Repräsentationsbau der sächsischen Landstände, das 1770 begonnene sogenannte Landhaus in der Ernst-Thälmann-Straße nahe dem Pirnaischen Platz, erinnert noch an die einstige Pracht. Sein

Treppe des Landhauses

Schöpfer Friedrich August Krubsacius gehörte zu jenen Architekten, welche sich in der Theorie schon zu bürgerlichen Kunstideen bekannten, in der Praxis jedoch nach wie vor der barocken Tradition verhaftet blieben. Mit dem Treppenhaus, Kernstück der Anlage, gelang ihm ein Werk, das den Vergleich mit den Arbeiten Pöppelmanns und Knöffels nicht zu scheuen braucht. Die beiden Treppenarme schwingen nach außen und streben dann wieder aufeinander zu; sie vereinigen sich auf einem Podest in der Höhe des dritten Geschosses. Die den Anstieg unterbrechenden Absätze hatten einst praktische Bedeutung. Das Hofzeremoniell schrieb dem Hausherrn genau vor, bis zu welchem Absatz er seinen Gästen entgegengehen mußte. Mitglieder des königlichen Hauses wurden am Fuß der Treppe, im Rang Gleichgestellte auf halber Höhe empfangen. Das Landhaus beherbergt heute das Museum für Stadtgeschichte, aber selbst wenn wir nicht vorhaben, uns die hier vereinigten reichen Sammlungen anzuschauen – das Treppenhaus, diese letzte große Schöpfung des sächsischen Barocks, ist schon einen Aufenthalt wert.

Dresden besaß zur Zeit Augusts des Starken etwa 47000 Einwohner. Das 1727 begonnene Palais Marcolini, das ursprünglich einem Herzog von Württemberg-Teck und später dem Grafen Brühl gehörte, lag damals außerhalb der Stadt. Nach 1845 wurde es zum Krankenhaus umgebaut und dabei so verändert, daß heute nur noch wenig an den alten Zustand erinnert. Wir könnten uns den Weg in die Friedrichstraße ersparen, wenn im Garten des ehemaligen Schlosses nicht ein Wunderwerk barocker Bildhauerkunst stünde: der 1746 vollendete Neptunbrunnen von Lorenzo Mattielli. Der Meister, aus Vicenza gebürtig, war 1739 über Wien nach Dresden gekommen. Er forderte ein Jahresgehalt von 560 Talern, dazu für jede Statue 500 Taler extra, und der Hof zahlte ihm diese Summen, weil er wußte, daß er für sein Geld Arbeiten von sehr hoher Qualität erhielt. Im Neptunbrunnen vereinigte Mattielli alle künstlerischen Erfahrungen, die er

Neptunbrunnen im Garten des Palais Marcolini

im Laufe seines Lebens gesammelt hatte. Schauen wir uns an, wie die Fels- und Grottenarchitektur aus der Breite in die Höhe wächst, wie die plastischen Formen allmählich dichter werden, wie sie ineinandergreifen und sich aufeinander beziehen, bis die emporstrebende Bewegung endlich in den Figuren der antiken Meeresgötter Neptun und Amphitrite ausklingt! Der Überschwang des deutschen Barocks und das Maßgefühl der italienischen Kunst sind hier zu einer Synthese verschmolzen, wie sie schöner nicht gedacht werden kann.

Bevor wir die Friedrichstadt verlassen und mit der Straßenbahn zum Großen Garten hinüberfahren, sollten wir noch einen Blick auf die schlichte Matthäuskirche neben dem Marcolini-Palais werfen. Hier wurde Pöppelmann 1736 beigesetzt. Die kleine Gemeinde räumte seinem Leichnam einen Ehrenplatz in der Gruft der Kirche ein, weil, wie es in einem zeitgenössischen Dokument heißt, „der Hochselige zu deren Erbauung nicht wenig kontribuieret"*. Schräg gegenüber, auf dem 1721 angelegten Alten katholischen Friedhof, ruht der andere Meister des Zwingers, der Bildhauer Balthasar Permoser. Sein Grabdenkmal, eine von ihm selbst geschaffene Kreuzigungsgruppe, steht jetzt in der Friedhofskapelle.

Der östlich der Altstadt gelegene Große Garten führt uns in die Frühzeit des sächsischen Barocks. Das Palais in seinem Zentrum, eine Schöpfung des kurfürstlichen Oberlandbaumeisters Johann Georg Starke (um 1640–1695), wurde schon 1679 begonnen, und 1684, also zehn Jahre vor dem Regierungsantritt Augusts des Starken, entwarf der Obergärtner Johann Friedrich Karcher (1650–1726), ein Schüler des Franzosen André Le Nôtre (1613–1700), den Plan für die Umgestaltung des Gartens. Seit 1661 arbeitete Le Nôtre an seinem Hauptwerk, dem Park von Versailles. In der Anwendung der dort entwickelten Gestaltungsgrundsätze war Karcher allen anderen deutschen Gartenarchitekten um ein volles Jahrzehnt voraus. Dresden, bis dahin eine Residenz, wie es deren in Deutschland Dutzende gab, eroberte sich damals die Position, die es dann fast ein Jahrhundert lang behauptete: Aus dem Provinznest, das niemand im weiten Umkreis ernst nahm, wurde eine der wichtigsten Stätten der deutschen Kunst. Nur Wien und München konnten sich mit Dresden messen.

* Zitiert nach: Fritz Löffler, Das alte Dresden, Dresden 1955, S. 70

Spätere Generationen haben den von Le Nôtre geschaffenen Gartentyp eine „Vergewaltigung der Natur“ genannt – in gewisser Beziehung mit Recht. Der Gartenkünstler sah seine Hauptaufgabe darin, die gewachsenen Formen so zu verändern, daß sie sich der erstrebten Wirkung bedingungslos unterordneten. Nichts blieb, wie es ursprünglich war. Hügel, die den Blick versperrten, wurden abgetragen, Bäume und Sträucher zu Kugeln oder Würfeln zurechtgestutzt, Wege ausgelöscht oder begradigt. Von hohen Heckenwänden eingefaßte Alleen führten auf das Schloß zu, das auf diese Weise dem Besucher gegenwärtig blieb, auch wenn er sich in weit entfernten Teilen des Gartens aufhielt. Das Schloß beherrschte den Park, nicht anders als der Fürst den Staat. Die strenge Gartenordnung hätte ihren Sinn verloren, wenn das Schloß aus irgendwelchen Gründen verschwunden wäre. Aber Strenge bedeutete nicht Langeweile. Der Gartenschöpfer wirkte der Gefahr der Eintönigkeit entgegen, indem er das Gefüge durch Springbrunnen, Blumenbeete, Wasserbecken und Werke der Bildhauerkunst auflockerte. Die lebhafte Gliederung der vor den beiden Fronten des Schlosses gelegenen Gartenabschnitte beweist, daß Karcher diese Mittel geschickt einzusetzen verstand. Le Nôtre brauchte sich seines deutschen Schülers nicht zu schämen...

August der Starke benutzte das Palais im Großen Garten meist nur als Kulisse für höfische Feste. Er zog es vor, in Schlössern zu wohnen, die er selbst hatte errichten lassen. 1718 übernahm er zum Beispiel die an der Elbe gelegene Herrschaft Pillnitz, früher Eigentum der 1716 in Ungnade gefallenen Gräfin Cosel. Pöppelmann erhielt den Auftrag, hier ein „indianisches Lusthaus“ zu erbauen. Dieses Lusthaus, das sogenannte Wasserpalais, war schon 1721 vollendet, aber sei es, daß der König in der Geographie nicht so recht Bescheid wußte, sei es, daß er seinem Baumeister freie Hand gab, sich irgend etwas Exotisches auszudenken – statt des geforderten „indianischen“ entstand ein „chinesischer“ Bau, der genauso aussah, wie sich die höfische Gesellschaft des frühen 18. Jahrhunderts die Architektur des alten Chinas vorstellte. Die Ostasienmode drückte eine romantische Sehnsucht nach dem Fremden und Ungewöhnlichen aus.

Pillnitz teilte das Schicksal so vieler anderer „augusteischer" Bauten in und um Dresden: Zunächst spornte der König Architekten, Bildhauer und Handwerker zur Eile an, dann erlahmte sein Interesse, und das Werk blieb liegen. Nachdem die Arbeiten am Bergpalais (1723) und an der von Zacharias Longuelune entworfenen Orangerie (um 1730) abgeschlossen waren, zog wieder Ruhe in Pillnitz ein. Nur selten legte eine Gondel an der Wassertreppe an, und die Schloßschänke, die schon zur Zeit Augusts des Starken bestand, zählte auch an Sonntagen nicht mehr als ein Dutzend Besucher. Das Ensemble mußte fast hundert Jahre lang auf seine Vollendung warten. Das Neue Palais, ein Werk

Wasserpalais in Pillnitz

des Dresdner Architekten Christian Friedrich Schuricht (1753–1832), entstand erst in dem Jahrzehnt nach 1818. Inzwischen hatte sich der Geschmack gewandelt. Die neue Generation sprang mit den überlieferten Formen nicht gerade rücksichtsvoll um. Nur die Tatsache, daß in der königlichen Kasse wieder einmal Ebbe herrschte, verhinderte die Umgestaltung des an der Maillebahn gelegenen „französischen" Heckengartens in einen Landschaftspark. So blieben große Teile der barocken Anlage bis in unsere Zeit erhalten. Wasser- und Bergpalais beherbergen heute ein Museum für Kunsthandwerk, und zwar eines der reichsten in unserer Republik.

Schon der alte Name Maillebahn deutet darauf hin, daß August der Starke mit seinem Hof hier draußen in Pillnitz vor allem Erholung vom Nichtstun suchte. Maille war ein dem Golf verwandtes Schlagspiel, bei dem es so gemessen zuging, daß die Herren ihre Seidenfräcke und die Damen ihre Reifröcke nicht abzulegen brauchten. Die herrschende Klasse der Barockzeit hielt nichts von Sportarten, die den Kavalier schwitzen ließen! Nicht einmal der älteste feudale Sport, die Jagd, machte eine Ausnahme. Es kam nur noch sehr selten vor, daß der Fürst den Hirsch zu Pferde hetzte – und wenn es doch geschah, so wurde dabei gemogelt, indem man das Tier durch alle möglichen Jägertricks an einer raschen Flucht hinderte. Was damals „teutsche Jägerey" hieß, hatte mit dem, was wir unter Jagd verstehen, so gut wie nichts zu tun. Das Wild wurde in den meisten Fällen „eingestellt", also in ein Gatter getrieben, und dann in einen Zwangsweg hineingejagt, der an der Schützentribüne vorüberführte. Dort warteten die Kavaliere, umgeben von Büchsenspannern, welche ihnen die schußfertigen Gewehre zureichten. Auch Frauen beteiligten sich an diesem Gemetzel. Es ist verbürgt, daß die Gräfin Cosel in einer halben Stunde zwölf Hirsche abknallte, dazu ein Wildschwein, dem der König mit eigener Hand den Fang gab. August spielte bei solchen Gelegenheiten gern den Kraftmeier ...

Nördlich von Dresden, am Ostrand des wildreichen Friedewalds, lag das alte Jagdschloß Moritzburg, das Hans von Dehn-Rothfelser (1500–1561) in den vierziger Jahren des 16. Jahrhunderts erbaut hatte. Aber dieses Schloß war für die gewachsenen Ansprüche des Hofes viel zu klein. Wenn der König eine Jagd veranstaltete, strömten Hunderte zusammen, darunter viele Gäste „von Geblüt", die auf Bequemlichkeit nicht verzichten wollten. So erhielt das Oberbauamt 1723 den Auftrag, die Anlage von Grund auf umzugestalten. Dabei sollte die frühbarocke Schloßkapelle, eine Schöpfung des Oberlandbaumeisters Wolf Caspar von Klengel (1630–1691), möglichst geschont werden. Pöppelmann und Longuelune teilten sich die Arbeit: Der Meister des Zwingers lieferte die Entwürfe, der Franzose überwachte ihre Ausführung und griff korrigierend ein, wenn sich diese oder jene Einzelheit als nicht realisierbar erwies. Dreizehn Jahre lang hatten die Architekten und Handwerker zu tun – eine ungewöhnlich lange Frist, die darauf schließen läßt, daß im Laufe des Umbaus zahlreiche komplizierte Probleme auftauchten, deren Bewältigung Zeit kostete.

Das alte Schloß, ein schlichter dreigeschossiger Rechteckbau, war zum Schutz vor umherstreifendem Raubgesindel mit einer Mauer umgeben. Pöppelmann bezog die Ecktürme der Mauer in die Gestaltung ein, indem er sie aufstockte und fest mit dem erweiterten Hauptgebäude verband – ein genialer Gedanke, der unter anderem auch beweist, wie geschickt sich der Meister den verschiedenartigen Gegebenheiten anzupassen wußte. Die vier Türme nehmen das Schloß in die Mitte: Sie fassen zusammen, was sonst wohl doch als Ergebnis eines Kompromisses mit bereits Vorhandenem zu erkennen wäre. Rings um das Schloß zieht sich eine große Terrasse. Sie dient dem Gebäude als Sockel und steigert so seine Monumentalität. Ihr Geländer ist mit Vasen und Kinderfiguren aus der Werkstatt der Dresdner Bildhauer Benjamin Thomae (1682–1751) und Johann Christian Kirchner (gest. 1732) geschmückt. Die Ausstattung der Säle

Jagdschloß Moritzburg

und Zimmer lag in den Händen des Franzosen Raymond Leplat (1644–1742), der die Maler Louis de Silvestre (1675–1760) und Lorenzo Rossi (1690–1731), den Tapetenmacher Pierre Mercier (gest. 1729) sowie die besten einheimischen Kunsthandwerker zur Mitarbeit heranzog. Große Teile des kostbaren Mobiliars gingen im Frühjahr 1945 verloren. Sie wurden durch Möbel aus anderen Schlössern ersetzt. So behauptete Moritzburg seinen Rang „als umfassendstes Museum der sächsisch-dresdnerischen Handwerkskunst des 18. Jahrhunderts"*.

Aber nicht nur das Schloß, sondern auch die Landschaft wurde umgestaltet. Die Freude am Urwüchsigen und Ungebundenen war der herrschenden Klasse der Barockzeit fremd. Das freie Wachstum der Naturformen widersprach ihrem Schönheitsempfinden. Wenigstens die nähere Um-

* ebenda, S. 60

gebung des Schlosses sollte von der Hand des Menschen geprägt sein, auch wenn es sich wie hier um ein Jagdschloß handelte. Pöppelmann und Longuelune erfüllten diese Forderung, indem sie die rings um das Schloß gelegenen vier kleinen Teiche zu einem großen und annähernd rechteckigen Teich vereinigen ließen. Auch der schon 1693 entstandene Tiergarten nördlich des Schlosses wurde erweitert und den Bedingungen der barocken Hofjagd angepaßt. Die durch das Waldmassiv gehauenen schnurgeraden Schneisen hatten einst einen praktischen Zweck: Sie erleichterten den Jägern die Arbeit des Einkreisens und verringerten die Gefahr, daß das „eingestellte" Wild vor Erreichen der Schützenstände ausbrach. Wer die raffinierten Methoden der barocken Schneisenjagd kennt, ist über die vielen hundert Geweihe, die in den Sälen der Moritzburg hängen, nicht erstaunt. Er wundert sich höchstens darüber, daß hin und wieder doch ein Hirsch der Massenschlächterei entrann.

Schloß Moritzburg läßt uns so leicht nicht wieder los. Schon die von Pierre Mercier geschaffenen Ledertapeten sind sehenswert, um wieviel mehr erst die Schloßkapelle mit ihren üppigen Stuck- und Sandsteinornamenten, der Monströsensaal mit seinen unzähligen Geweihmißbildungen und der Billardsaal mit den großen Wandgemälden des Franzosen Louis de Silvestre, den August 1716 als Hofmaler nach Dresden geholt hatte. Aber die Moritzburger Anlagen halten noch eine weitere Überraschung für uns bereit: Wenn wir aus den Fenstern des Speisesaals blicken, entdecken wir in einer Entfernung von etwa 2 Kilometern das Fasanenschlößchen, das Johann Daniel Schade (1730–1798) in den Jahren zwischen 1769 und 1782 für einen Großneffen Augusts des Starken, Kurfürst Friedrich August III. (1750–1827), erbaut hat. August der Starke wäre nie auf den Gedanken gekommen, seine Tage in einem Schlößchen zu verbringen, dessen Äußeres eher an einen Pavillon als an einen Fürstensitz erinnerte. Ein König mußte königlich wohnen! Sein Nachfahr dachte darüber anders ...

Fasanenschlößchen

Das Fasanenschlößchen bedeckt nur eine Grundfläche von 13,4 Metern im Quadrat. Der Kurfürst und seine Familie wohnten in den acht Puppenstuben des Untergeschosses. Wenn die erlauchten Herrschaften essen wollten, mußten sie in das Dachgeschoß hinaufsteigen: Dort befindet sich der Speisesaal. Die Ausstattung der Räume ist vom „Zopfstil“ geprägt, also von einem Barock, der seinen großen Schwung, seine majestätische Haltung verloren hat und bereits mit bürgerlichen Kunstideen zu kokettieren beginnt. Alte Ansichten lassen erkennen, daß es einst in der näheren Umgebung des Schlößchens viele Merkwürdigkeiten gab, zum Beispiel einen großen Vogelkäfig aus Lattenwerk, „Garnhaus“ genannt, und eine „otaheitische Hütte“, die als Teesalon diente. Von diesen Kuriositäten blieb allein der kleine Hafen mit dem Leuchtturm erhalten, Basis eines kursächsischen Hochseegeschwaders, das aus einer Minifregatte und ein paar Gondeln bestand.

Der Absolutismus war in eine tiefe Krise geraten. Die wirtschaftlich erstarkte Bourgeoisie meldete sich zu Wort. Sie begann zu begreifen, daß sie zwar ohne den Herrscher, der Herrscher aber nicht ohne sie auskommen konnte. Es mehrten sich die Stimmen derer, die das durch kein Gesetz eingeschränkte Fürstenregiment unerträglich nannten. Was früher als selbstverständlich galt, wurde nun als Provokation empfunden. Der Bürger nahm es nicht mehr schweigend hin, daß der Hof in einem Monat verschwendete, was das Land in einem Jahr erarbeitet hatte – und die wachsende Schärfe seiner Kritik nötigte den Herrscher zum Rückzug. Die großen Schlösser standen leer, die barocken Gärten verödeten. Der Fürst floh in eine Scheinwelt, die sich von der Wirklichkeit vor allem dadurch unterschied, daß es in ihr so zuging, wie es den Wunschvorstellungen der Durchlauchtigkeiten entsprach. Marie-Antoinette (1755–1793), Königin von Frankreich, ließ sich im Park von Versailles ein Dörfchen erbauen, Friedrich Wilhelm II. (1744–1797), König von Preußen, zog sich in die Abgeschiedenheit einer künstlichen Burgruine zurück: Kurfürst Friedrich August III. wollte in seinem Moritzburger Fasanenschlößchen wie auf einer einsamen exotischen Insel leben – ein seltsamer Robinson, dem ein paar Dutzend livrierter Freitags den Aufenthalt so angenehm wie möglich machten.

Ebenso wie das Jagdschloß Moritzburg ist auch der zwischen Dresden und Pirna gelegene Barockgarten Großsedlitz eine Gemeinschaftsarbeit des Oberbauamts. Der Garten gehörte ursprünglich dem Grafen Wackerbarth, der ihn 1723 August dem Starken verkaufte. Die Pläne des königlichen Phantasten gingen wieder einmal ins Maßlose: Die von Knöffel erbaute Obere Orangerie sollte beseitigt, die Hauptachse des Parks nach Osten verschoben und an ihrem Nordende ein großes Schloß errichtet werden. Pöppelmann, Longuelune und Knöffel erhielten den Auftrag, unabhängig voneinander Entwürfe anzufertigen und sie dem Bauherrn zur Begutachtung vorzulegen. Leider sind diese Entwürfe 1728 verbrannt, so daß wir nicht mehr mit Sicherheit feststellen können, auf welchen Meister diese oder jene Einzelheit zurückgeht. Da die Mittel von Anfang an spärlich flossen und 1727 versiegten, blieb Großsedlitz wie so viele andere Werke der „augusteischen“ Zeit unvollendet.

Das Schicksal hat es mit diesem Park nicht gut gemeint. 1756 kamen die Preußen: Sie zerschlugen die Wasserkünste und benutzten die Statuen als Zielscheiben. Nach dem Siebenjährigen Krieg (1756–1763) war Sachsen ruiniert. Fast ein Jahrhundert lang blieb Großsedlitz sich selbst überlassen. Die in der Mitte des 19. Jahrhunderts begonnenen Wiederherstellungsarbeiten verlangsamten den Verfall, aber sie hielten ihn nicht auf. Barockgärten sind sehr empfindliche Gebilde, sie müssen Tag für Tag mit gleicher Sorgfalt betreut werden – und ebendiese Betreuung fehlte dem Park. Erst der Sozialismus schuf hier Wandel. Die Denkmalpflege unserer Republik nahm sich des Gartens an und erreichte in jahrzehntelanger Arbeit, daß er zu neuem Leben erwachte. So wurde erhalten, was sonst unrettbar verloren gewesen wäre.

Le Nôtre hatte den Gartenkünstlern den Rat gegeben, das Hügelland zu meiden, weil, wie er meinte, nur in der Ebene „majestätische“ Wirkungen erreicht werden konnten. Die Schöpfer von Großsedlitz bewiesen, daß diese Behauptung falsch war: Sie paßten die Formen des französischen Parks einem bewegten Gelände an, genauer gesagt, einer Talmulde,

Stille Musik

deren Nordrand verhältnismäßig steil abfällt, während die südliche Begrenzung einen etwas geringeren Neigungswinkel aufweist. Ja, es scheint, daß gerade das Ungewöhnliche der Situation sie dazu veranlaßte, nach ungewöhnlichen Lösungen zu suchen. Großsedlitz ist ein Park der Treppen, Rampen, Fontänen und Kaskaden, das heißt, die Höhenunterschiede zwischen den einzelnen Gartenteilen, den „Parterres", sind nicht etwa verschleiert, sondern im Gegenteil bewußt herausgearbeitet worden. Die schönste Treppenanlage, die „Stille Musik" gegenüber der Unteren Orangerie, geht, wenn nicht alles täuscht, auf Pöppelmann zurück. Arbeitsüberlastung hinderte den Meister wohl daran, mehr als diesen einen Entwurf zu liefern. Namhafte Kunsthistoriker vertreten die Auffassung, daß nicht er, sondern Zacharias Longuelune der Schöpfer des Gesamtplans war.

Wir wissen, daß August der Starke seine Architekten nicht

gerade königlich und auch nicht eben pünktlich bezahlt hat. Manche von ihnen sahen sich daher nach einer Nebenbeschäftigung um. Der baulustige Adel machte von diesem Angebot gern Gebrauch. Die meisten Aufträge heimste Johann Christoph Knöffel ein – zu unserem Glück; denn fast alle Dresdner Werke des Oberlandbaumeisters sind im Februar 1945 zerstört worden. Christoph von Wackerbarth, der 1728 von seinem Amt als Generalintendant der Zivil- und Militärgebäude zurückgetreten war, ließ sich von Knöffel seinen Alterssitz „Wackerbarths Ruhe" in der Niederlößnitz erbauen. Ein späterer Eigentümer hat an dem Schlößchen herumgepfuscht, aber das stattliche Treppenhaus hinter der Eingangshalle und der achteckige Gartenpavillon am Hang des Weinbergs blieben unversehrt erhalten. „Wackerbarths Ruhe" gehört heute zu einem volkseigenen Weingut.

Auch die Schlösser in Rammenau und Zabeltitz sind aller Wahrscheinlichkeit nach von Knöffel entworfen worden. Schloß Rammenau, in der Nähe von Bischofswerda gelegen, zählt zu den interessantesten Bauwerken des Dresdner Barocks. Auch der Adel wollte seine Macht zur Schau stellen, aber im Unterschied zu den fürstlichen Bauherren mußte er darauf achten, daß der architektonische Aufwand, den er trieb, nicht auf Kosten der Wirtschaftlichkeit ging. Die fronenden Bauern arbeiteten widerwillig. Ob ein Feudalgut hohe oder niedrige Erträge abwarf, hing in entscheidendem Maße von dem System der Überwachung ab. Schloß und Wirtschaftsgebäude rückten daher so eng zusammen, daß der Produktionsprozeß vom Schloß aus kontrolliert werden konnte. In Rammenau, dem Geburtsort des Philosophen Johann Gottlieb Fichte (1762–1814), der mit Leidenschaft für die Französische Revolution Partei nahm, ist eine solche typische Adelsanlage aus der Barockzeit erhalten geblieben. Nur ein Gitter trennt den Schloßbezirk von dem nach einheitlichem Plan erbauten Wirtschaftshof. Das Schloß, heute Kulturzentrum und Fichte-Museum, erhebt sich über huf-

Schloß Rammenau

eisenförmigem Grundriß. Die zurückhaltende Gliederung seiner Fronten deutet darauf hin, daß Knöffel mehr von dem Franzosen Longuelune als von Pöppelmann gelernt hat. Allein das geräumige Treppenhaus erinnert an den Meister des Zwingers.

In Zabeltitz, etwa 40 Kilometer nördlich von Dresden, arbeitete Knöffel wieder einmal für den Grafen Wakkerbarth. Es scheint, daß der Herr Graf die Baukosten falsch berechnet hatte. Wie sollen wir es sonst erklären, daß die Fronten des Schlosses nur eine aufgemalte Gliederung erhielten? Nahezu alle adligen Bauherren des sächsischen Barocks folgten dem Beispiel ihres Königs, indem sie über ihre Verhältnisse bauten. Die Architekten sahen sich daher oft genötigt, statt der teuren echten Stoffe billige Ersatzmittel zu verwenden. Stuck täuscht Marmor vor, und wenn das Geld nicht einmal für Stuck reichte, behalf man sich mit Papiermaché.

Im Unterschied zu den ehemals königlichen Schlössern, die heute meist als Museen dienen, sind die Adelsbauten nach

1945 den Gemeinden oder dem Bildungswesen übereignet worden. Das Palais in Zabeltitz beherbergt zum Beispiel eine Verkehrsschule der Reichsbahn. Wir sollten uns dadurch nicht abhalten lassen, es zu besuchen. Hier wie anderswo gilt der alte Spruch: Klopfet an, so wird euch aufgetan! Das Anklopfen lohnt sich: Selbst in abgelegenen Gegenden des Dresdner Landes finden wir Bauwerke von erstaunlich hoher Qualität. Wer kennt schon den kleinen Ort Reinhardtsgrimma östlich von Dippoldiswalde? Das Schloß, jetzt Fachschule für Landwirtschaft, ist eine Schöpfung des Knöffel-Schülers Johann Friedrich Knöbel (1724–1792), von dem wir sonst nur wissen, daß er am Bau des Neuen Gewandhauses in Dresden beteiligt war. Allein in Reinhardtsgrimma konnte sich seine Begabung frei entfalten. Die Gartenfront des Schlößchens mit ihrem bogenförmig vorspringenden Mittelteil und dem koketten Türmchen zählt, wennschon nicht zu den gewichtigsten, so doch zu den reizvollsten baukünstlerischen Leistungen aus der zweiten Hälfte des 18. Jahrhunderts. Und da wir uns nun einmal im Kreis Dippoldiswalde aufhalten: In Schmiedeberg, 10 Kilometer von Reinhardtsgrimma entfernt, steht die 1716 vollendete Dreifaltigkeitskirche, ein Werk George Baehrs.

Adel und Bürgertum lebten damals in verschiedenen, streng voneinander getrennten Welten. Grenzüberschreitungen kamen nur sehr selten vor, auch im Bereich der Kunst. Wenn ein Adliger ein Schloß bauen wollte, wandte er sich selbstverständlich an die Mitarbeiter des königlichen Oberbauamts – nicht etwa an einen Meister, der, wie George Baehr, aus dem verachteten Handwerkerstand kam. Das Bürgertum dachte ähnlich, nur mit umgekehrtem Vorzeichen: Architekten wie Pöppelmann und Knöffel galten ihm schon deshalb als verdächtig, weil sie im Dienst eines Königs standen, der durch sein ganzes Leben verriet, daß ihm die Grundsätze der christlichen Moral völlig gleichgültig waren. Daraus ergab sich eine Zweiteilung: Während die Mitarbeiter des Oberbauamts vorwiegend Aufgaben der herrschenden Klasse lösten, beschäftigte sich George Baehr vor allem mit den schwierigen Problemen des protestantischen Kirchenbaus, das heißt, er arbeitete für bürgerliche Gemeinden, die auf kirchlichem Gebiet eine gewisse Selbständigkeit besaßen. Seine Werke zeigen, wie ungerecht die Baumeister des Hofes urteilten, die in ihm nur einen Handwerker sahen, der versuchte, sich in die Kunst zu drängen.

Für uns sind diese protestantischen Kirchen besonders wertvoll. Ob es sich nun um den bescheiden ausgestatteten Saalbau in Schmiedeberg oder um die viel aufwendigere Kirche in Großenhain handelt, erbaut von dem Baehr-Schüler Johann Georg Schmid (1707–1774) – sie beweisen, daß es neben dem Barock der herrschenden Klasse auch einen bürgerlichen Barock gab, der sich in seiner ideologischen Aussage bewußt von den Moralauffassungen des Adels abgrenzte. Die Gemeinden waren in der Regel arm, sie konnten nur in Ausnahmefällen mit Zuschüssen aus der Baukasse des Königs rechnen, aber Meister wie George Baehr und Johann Georg Schmid machten aus der Not der Armut die Tugend der Schlichtheit. Und das Schlichte behauptet sich neben dem Prächtigen. In Königsbrück (Kreis Kamenz) steht zum Beispiel ein um 1700 errichtetes Schloß von gewaltigen Abmessungen, Werk eines Bauherrn, der unter allen Umständen von sich reden machen wollte. Der 1719 vollendete Barockturm der kleinen Stadtkirche nimmt es mit ihm auf und weicht vor der feudalen Anmaßung nicht zurück.

In den Dörfern lagen die Dinge anders. Hier besaß der adlige Gutsherr das Kirchenpatronat, das heißt, er hatte das Recht, sich in die inneren Angelegenheiten der Gemeinde einzumischen. Es verstand sich von selbst, daß er alle strittigen Fragen so beantwortete, wie es seinem Klasseninteresse entsprach. Auch wenn es darum ging, eine neue Kirche zu bauen, war die Gemeinde von der Zustimmung des Patrons abhängig – und der achtete darauf, daß der Neubau im Rahmen des Althergebrachten blieb, also nicht etwa die Vorherrschaft des Schlosses in Frage stellte. Ob Wachau,

Neschwitz oder Oberlichtenau – das Verhältnis von Schloß und Kirche ist überall das gleiche. Die untergeordnete Bedeutung des religiösen Gemeindezentrums spiegelt die Tatsache wider, daß in den Dörfern der Barockzeit die Herrschaft über dem Herrgott stand: Die allerhöchsten Damen und Herren begaben sich in die Kirche, um dem Höchsten zu danken...

Die Namen der Meister, welche die Schlösser in Wachau, Neschwitz und Oberlichtenau entworfen haben, sind uns nicht überliefert, aber nahezu alles deutet darauf hin, daß sie zu den Mitarbeitern des Oberbauamts gehörten. Das in der Nähe von Königsbrück gelegene Schloß Oberlichtenau, heute Kinderheim, geht wahrscheinlich auf einen Architekten aus der Schule Longuelunes zurück. Die strenge Gliederung des um 1720 entstandenen zweigeschossigen Baus läßt jedenfalls den Schluß zu, daß sich der Unbekannte von den maßvollen Lehren des Franzosen mehr angezogen fühlte als von der temperamentvollen Kunst des Zwingermeisters. In Wachau und Neschwitz erklingt eine andere Melodie: Hier besitzt der Barock wieder den großen Schwung, den ihm Pöppelmann verliehen hat. Schloß Wachau, 15 Kilometer nordöstlich von Dresden, ist das Werk eines Mannes, der aus dem vollen schöpfte und dabei nicht viel danach fragte, ob alles, was er für richtig hielt, auch regelrecht war. Aber der höchste Preis gebührt dem 1723 erbauten Schloß Neschwitz, das heute eine Vogelschutzstation beherbergt. Wer wissen will, was es heißt, Architektur und Gartenkunst unter ein Gesetz zu bringen, so daß der Garten die Gedanken der Architektur aufnimmt und weiterführt, muß in den kleinen sorbischen Ort nördlich von Bautzen fahren!

Was einst dem Vergnügen weniger diente, ist heute Eigentum aller. Wir wissen, daß die Kunst des Barocks Ausdruck einer Herrschaftsform war, die dem Volk nicht das geringste Mitspracherecht einräumte. Trotzdem hat unser Staat Millionen ausgegeben, um die barocken Schlösser und Gärten vor dem Verfall zu bewahren – nicht allein aus

Gründen der kulturpolitischen Verantwortung, sondern auch aus Erwägungen, die mit unserem Verhältnis zur Geschichte zusammenhängen. Geschichte läßt sich nicht auslöschen, aber sie kann in doppeltem Sinn aufgehoben, also zugleich überwunden und bewahrt werden. Diese doppelte Aufhebung setzt voraus, daß wir mit der Geschichte zu leben lernen, indem wir ihre Zeugnisse in unser alltägliches Dasein einbeziehen. Jedes Erbe will genutzt sein; denn erst die Nutzung macht lebendig, was sonst tot bliebe. Die Dresdner haben dies begriffen: Wenn sie in den Zwinger strömen, um einer Serenade zu lauschen, wenn sie nach Pillnitz, nach Großsedlitz fahren, um dort ein Chorkonzert zu hören, so heben sie Vergangenheit auf und nehmen in Besitz, was ihnen von Rechts wegen schon seit Jahrhunderten gehört.

Im Kostüm der Antike

Das Dessauer Gartenreich

Wer zur rechten Zeit kommt, kann an der Elbe den Vesuv in Tätigkeit sehen. Mächtige Rauchwolken quellen aus dem Krater des Vulkans, Flammen lodern empor, Asche rieselt herab, aber niemand rennet, rettet, flüchtet wie vor 1 900 Jahren die unglücklichen Bewohner von Pompeji, Herculaneum und Stabiae. Im Gegenteil, der feuerspeiende Berg ist von Menschen umlagert. Sie würden noch dichter herandrängen, wenn zwischen ihnen und dem Vesuv nicht eine Wasserfläche läge. Manchmal drückt ein Windstoß den Qualm zur Seite. Glühende Lava riecht metallisch: Hier nehmen wir nur den Geruch von brennendem feuchtem Stroh wahr. Nicht Hephaistos, der griechische Gott des Feuers, sondern eine Anordnung des Gartendirektors von Wörlitz hat den Vulkan ausbrechen lassen...

Der auf einer Insel gelegene künstliche Vesuv ist nicht die einzige Absonderlichkeit im Park von Wörlitz. Wir finden hier auch ein Labyrinth, dessen enge und dunkle Felsengänge man möglichst nicht im hellen Anzug betreten sollte, und eine Kettenbrücke, die so bedrohlich schwankt und rasselt, daß ein Gartenbüchlein aus dem Jahre 1788 die Besucher mit dem Hinweis beruhigen zu müssen glaubte, der Übergang sei völlig gefahrlos. Und dann die vielen Tempel! Die Götter der Griechen und Römer versammeln sich in Wörlitz zum Familientag. Venus, die Göttin der Liebe, erscheint sogar in zweifacher Gestalt. Damit jene Gottheiten, welche keinen eigenen Tempel erhielten, nicht glauben, daß sie vergessen wurden, hat der Architekt Friedrich Wilhelm von Erdmannsdorff (1736–1800) auf dem Elbwall ein kleines Pantheon erbaut, ein Haus für „alle Götter", wie die Übersetzung des griechischen Wortes lautet. Spätestens hier stellt so mancher Besucher die Frage: „Haben die das alles ernst gemeint?"

Wie man's nimmt! Der künstliche Vulkan war natürlich eine Spielerei, ebenso wie das kleine griechische Freilicht-

Villa Hamilton

theater an seiner Nordseite oder die hübsche Villa Hamilton auf der Ostspitze der Insel. Mit dem Labyrinth hat es eine andere Bewandtnis: Es sollte ein Gleichnis des menschlichen Lebens sein und versinnbildlichen, „wie selbst die rauhesten, verworrensten, gefährlichsten Wege, wenn nur Geduld und Klugheit nicht ermüden, am Ende durch eine verborgene, nicht voraus zu sehende Wendung zum Glücke leiten"*. Auch die rasselnde Kettenbrücke besaß einst einen solchen geheimen Sinn. Ihre Aufgabe bestand darin, die Gedanken nach China zu lenken, „wo die Kühnheit des Menschen zuerst luftige durch reißende Ströme geschiedene Felsenwände durch dieses Mittel vereinigt haben soll"**.

Wenn es darum ging, den Gästen die Bedeutung der vielen Götterbilder und -tempel zu erklären, wählte der Verfasser des Buches, ein Hofbeamter des Fürsten Leopold Friedrich Franz (1740–1817) von Anhalt-Dessau, besonders gefühlvolle Worte. Die Kopie einer antiken Venus erweckte bei ihm

* Zitiert nach: Paul Ortwin Rave, Gärten der Goethezeit, Leipzig 1941, S. 31
** ebenda, S. 28

Venustempel

den Eindruck, „es habe die Göttin, aus dem Bade verscheucht, sich ans Gestade, ihre Nacktheit zu bergen, hinter Rosen versteckt"*. Der Anblick des Rundtempels nördlich der Kettenbrücke bewirkte, daß „frohe Ahndungen sich in unserem Inneren" erheben, denn hier sehen wir das „mystische Heiligtum der himmlischen Venus, welche im Urbeginn aller Dinge, durch ihr allmächtiges Kind, den Amor, die verschiedenen Geschlechter gegattet und also das Menschengeschlecht fortgepflanzt hat"**. Wir können solche und andere Rührseligkeiten nicht lesen, ohne über sie zu lächeln, aber die Zeitgenossen nahmen sie so ernst, wie sie gemeint waren.

Der schwülstige Ton sollte uns nicht davon abhalten, die Sätze auf ihren Inhalt zu prüfen. Dabei entdecken wir, daß sich hinter den weitschweifigen, manchmal fast unverständlichen Formulierungen fortschrittliche Ideen verbergen. In

* ebenda, S. 26
** ebenda, S. 34

den Worten über die Kettenbrücke kam Hochachtung vor den kulturellen Leistungen eines asiatischen Volkes zum Ausdruck. Gewiß, der Verfasser des Gartenbüchleins sprach hier nur nach, was der englische Architekt William Chambers (1723–1796) in seinem berühmten Werk „Ansichten von chinesischen Bauten" (1753) geäußert hatte, aber dies ändert nichts an der grundsätzlichen Bedeutung des Urteils: Die Zeit, in der die Völker Asiens ausnahmslos als unkultiviert galten, war vorüber.

Auch die häufige Verwendung der Begriffe „Mensch" und „Menschengeschlecht" gibt uns zu denken. Sie beweist, daß der einzelne nicht mehr allein danach beurteilt wurde, welcher Klasse er angehörte und welchen Rang er in der feudalen Gesellschaft einnahm. Wer sich mit seinen Forderungen und Ratschlägen an das Menschengeschlecht wandte, setzte die Gleichheit der Menschen stillschweigend voraus. Er brachte zum Ausdruck, daß er alle Erdenbürger, ob hoch oder niedrig geboren, ob im Palast oder in der Hütte aufgewachsen, mit demselben Maßstab maß – und daß er jedes durch Geburt erworbene Klassenvorrecht für widernatürlich hielt. „Adel, Vermögen, Rang und Würden – oh, das macht übermütig! Was haben Sie denn geleistet, um das alles zu erringen? Sie haben sich die Mühe gemacht, geboren zu werden, und weiter nichts; im übrigen sind Sie ein Mensch wie tausend andre"*, ließ der französische Dichter Pierre Augustin Caron de Beaumarchais (1732–1799) seinen Figaro sagen – und die Götter im Park von Wörlitz sagten das gleiche, nur nicht so witzig wie der Diener des Grafen Almaviva.

Karl Marx hat einmal davon gesprochen, daß gerade die zur Herrschaft drängende Bourgeoisie gewisser Illusionen bedarf, um den bürgerlich beschränkten Inhalt ihres Kampfes vor sich selbst zu verbergen. „Die Menschen", heißt es im „Achtzehnten Brumaire des Louis Bonaparte", „machen ihre eigene Geschichte, aber sie machen sie nicht aus freien

* Beaumarchais, Figaros Hochzeit oder Der tolle Tag, Leipzig 1953, S. 159 f.

Stücken, nicht unter selbstgewählten, sondern unter unmittelbar vorgefundenen, gegebenen und überlieferten Umständen. Die Tradition aller toten Geschlechter lastet wie ein Alp auf dem Gehirne der Lebenden. Und wenn sie eben damit beschäftigt scheinen, sich und die Dinge umzuwälzen, noch nicht Dagewesenes zu schaffen, gerade in solchen Epochen revolutionärer Krise beschwören sie ängstlich die Geister der Vergangenheit zu ihrem Dienste herauf, entlehnen ihnen Namen, Schlachtparole, Kostüm, um in dieser altehrwürdigen Verkleidung und mit dieser erborgten Sprache die neue Weltgeschichtsszene aufzuführen."*

Aber warum beschwor das deutsche Bürgertum in der zweiten Hälfte des 18. Jahrhunderts ausgerechnet die Geister des griechischen und römischen Altertums zu seinem Dienst herauf? Der Rückgriff auf die Kunst der Antike war eine Art Kriegserklärung, gerichtet gegen die von feudalen Vorstellungen geprägte Kunst des Barocks. Der Bürger lehnte den Barock ab. Er forderte von der Kunst, daß sie nicht länger dem Vergnügen der Bevorzugten dienen, sondern den Sieg der Vernunft vorbereiten sollte. Die Werke der Griechen und Römer nahmen scheinbar vorweg, was das noch in rosenroten Illusionen befangene Bürgertum für das Endziel seines Kampfes hielt: eine Staatsordnung, in der Ideal und Wirklichkeit übereinstimmten.

Wir wissen, daß die Kultur der Griechen und Römer die Kultur einer Sklavenhaltergesellschaft war. Die „freie Menschlichkeit", die in den antiken Bauten und Bildwerken zum Ausdruck kam, beruhte letztlich auf der unbezahlten Arbeit völlig Rechtloser, die nicht einmal als Menschen, sondern nur als „stimmbegabte Instrumente" galten. Der Bürger nahm hier den Schein für das Sein. Die Ausgeglichenheit der antiken Kunst verleitete ihn zu Schlußfolgerungen, die zwar nicht mit der geschichtlichen Realität, wohl aber mit dem bürgerlichen Klasseninteresse übereinstimmten. „In Absicht der Verfassung und Regierung von Griechenland ist

* Karl Marx/Friedrich Engels, Werke, Bd. 8, Berlin 1978, S. 115

die Freiheit die vornehmste Ursache des Vorzugs der Kunst. Die Freiheit hat in Griechenland alle Zeit den Sitz gehabt, auch neben dem Throne der Könige, welche väterlich regierten, ehe die Aufklärung der Vernunft ihnen die Süßigkeit einer völligen Freiheit schmecken ließ"*, schrieb der Begründer der modernen Altertums- und Kunstwissenschaft, Johann Joachim Winckelmann (1717–1768), in seiner 1764 erschienenen „Geschichte der Kunst des Altertums". Diese Sätze wurden zur „Schlachtparole" aller, welche die Gesellschaft im bürgerlichen Sinn umgestalten wollten.

Schon in seinen „Gedanken über die Nachahmung der griechischen Werke in der Malerei und Bildhauerkunst" (1755) hatte Winckelmann die Forderung erhoben, der Kunst des Barocks, die nach seiner Auffassung „Verzärtelung, Faulheit und Knechtschaft der Völker beförderte"**, eine vom Geist der Antike beeinflußte Kunst entgegenzustellen. Die kleine Schrift erregte großes Aufsehen, vor allem, weil hier zum erstenmal ein künstlerisches Programm formuliert worden war, das die Wünsche des aufstrebenden Bürgertums knapp und überzeugend zusammenfaßte. Aber vorerst fand sich niemand, der aus diesem Programm praktische Schlußfolgerungen zog. Die deutschen Fürsten besaßen einen ausgeprägten Klasseninstinkt, der sie davor warnte, der geistigen Rebellion Tür und Tor zu öffnen, und dem deutschen Bürgertum fehlten die Mittel zur Verwirklichung so großer Plane. Erst 1766 begegnete Winckelmann zwei Männern, deren Begeisterung für die Kunst des Altertums sich nicht in Worten erschöpfte, sondern zu Taten drängte. Der eine war der junge Fürst Leopold Friedrich Franz von Anhalt-Dessau, der andere sein Baumeister Friedrich Wilhelm von Erdmannsdorff.

Der Gelehrte, der Architekt und der Fürst ergänzten sich in geradezu idealer Weise: Winckelmann hatte das Wissen,

* Johann Joachim Winckelmann, Geschichte der Kunst des Altertums, Weimar 1964, S. 116

** Johann Joachim Winckelmann, Kleine Schriften und Briefe, Weimar 1960, S. 263

Erdmannsdorff die praktische Erfahrung und der junge Herr das Geld. Erst das Zusammenwirken dieser drei Faktoren ließ jenen von der antiken griechischen Klassik abgeleiteten neuen Stil entstehen, welcher als „Klassizismus“ in die Kunstgeschichte eingegangen ist.

Es gibt so viele Schlösser in unserer Republik, daß es sogar dem Fachmann oft schwerfällt, den Überblick zu behalten. Die Zeit der Fürsten- und Adelsherrschaft hat überall, in den Städten wie in den Dörfern, Spuren hinterlassen, und nicht immer sind diese baukünstlerischen Zeugnisse der Vergangenheit so beschaffen, daß es sich lohnt, ihnen unsere Aufmerksamkeit zu widmen. Das von Erdmannsdorff entworfene Schloß in Wörlitz, 1769 begonnen und 1773 vollendet, ist das erste rein klassizistische Bauwerk auf deutschem Boden und schon deshalb wert, daß wir es uns genau anschauen. Wir erfahren so, worin das Neue des Klassizismus bestand und warum das aufstrebende Bürgertum gerade diesen Stil als den seinen betrachtete.

Bereits die Lage des Wörlitzer Schlosses sollte uns zu denken geben. Die Baumeister des Barocks hatten das Schloß stets so in den Park eingefügt, daß es das Zentrum des gesamten Ensembles bildete. Von hohen Heckenwänden eingefaßte schnurgerade Alleen führten sternförmig auf das Bauwerk zu und hoben es so nachdrücklich hervor, daß niemand über seinen hohen Rang im Zweifel blieb. In Wörlitz hingegen liegt das Schloß am Rande des Parks, genauer gesagt, in einem abgesonderten kleinen Schloßgarten, der im Süden von den Häusern des Städtchens und im Norden vom Wörlitzer See begrenzt ist. Es beherrscht also den Park nicht mehr, sondern ordnet sich ihm unter. Nur seine Größe weist den Besucher noch darauf hin, daß es sich um das wichtigste Bauwerk im Park handelt.

Als nächstes fällt auf, wie wenig das Gebäude mit jenen Vorstellungen übereinstimmt, welche sich sonst mit dem Begriff „Schloß“ verbinden. Schloß – das war einst etwas so Mächtiges, Prächtiges und Erhabenes, daß den Untertanen

Schloß Wörlitz

gleichsam der Atem stockte, wenn sie sich ihm nahten. Schon die gewaltigen Abmessungen des barocken Schlosses schüchterten die Menschen ein, um wieviel mehr erst der Pomp, mit dem es ausgestattet war. Anders das Schloß in Wörlitz: Es ist so schlicht gegliedert, daß wir uns unwillkürlich fragen, ob wir es überhaupt noch als Schloß bezeichnen können. Seine Bewohner haben es jedenfalls stets nur „das Haus" genannt – und dieses Wort gibt die Eigenart des um einen kleinen Lichthof gruppierten rechteckigen Baukörpers viel treffender wieder als jeder andere Name. Im Grunde erinnert allein noch der Säulenvorbau daran, daß hier einst ein Fürst „von Gottes Gnaden“ wohnte. Die übrigen Bauteile sind nicht mehr von dem Gedanken der feudalen Prachtentfaltung geprägt.

Ähnliches gilt für das Innere des „Hauses“. Wir finden hier lediglich zwei Räume, die den Zwecken der Repräsentation dienten: den Großen Saal hinter dem Lichthof und den Speisesaal an der linken Schmalseite des Gebäudes. Es war ein Wunsch des Fürsten, die Wände des Großen Saals mit Kopien nach Gemälden des Italieners Annibale Carracci (1560–1609) zu schmücken. Erdmannsdorff erfüllte ihm diesen Wunsch, doch es steht zu vermuten, daß er es mit schlechtem Gewissen tat: Die kräftigen Farben der Bilder geben dem Raum einen Charakter, der noch an den Barock erinnert, also mehr in die Vergangenheit als in die Zukunft weist. Erst im Speisesaal sind die der Antike entlehnten klassizistischen Schmuckformen „mit aller Simplizität“ verwendet worden. Simplizität heißt wörtlich übersetzt Einfachheit. Die Künstler des Klassizismus gebrauchten den Begriff, um jenes Besondere zu bezeichnen, welches entsteht, wenn sich das Einfache mit dem Schönen verbindet – und ebendiese Verbindung hat Erdmannsdorff im Speisesaal erreicht.

Die Welt der Antike ist uns fremd geworden. Gewöhnlich müssen wir im Lexikon nachschlagen, wenn wir erfahren wollen, welche Aufgaben dieser oder jener Gott nach den Vorstellungen der Griechen und Römer zu erfüllen hatte. Die Gebildeten des 18. Jahrhunderts, die in ihrer Jugend bis zum Überdruß mit Latein und Griechisch geplagt worden waren, kannten sich da besser aus. Sie wußten sofort, daß der Gott Hymen die Hochzeitspaare und die Göttin Juno Pronuba die Ehe beschützte. Erdmannsdorff machte sich diese Kenntnisse zunutze. „Ohnerachtet die Wahl von dergleichen Verzierungen von nicht großer Wichtigkeit ist, so glaube ich dennoch, sie sei glücklicher und angenehmer, wenn selbige

Gedanken erregen, die der Bestimmung des Ortes gemäß sind"*, heißt es in einem seiner Briefe aus dem Jahre 1771. Schmuck sollte also nicht nur zieren: Seine Aufgabe bestand auch darin, auf die Bedeutung der Räume hinzuweisen. Der Kundige entdeckt hier eine Fülle von Anspielungen...

So hat Erdmannsdorff für das Schlafzimmer der Fürstin Motive ausgewählt, die das eheliche Glück versinnbildlichen: Hymen führt ein verschleiertes Paar an einem Perlenband zum Hochzeitslager, Liebesgötter tanzen um einen Altar, auf dem das heilige Herdfeuer brennt, und der Bettnische gegenüber steht die Büste der tugendhaften Julia Sabina, Gattin des römischen Kaisers Hadrian (76–138). Allerdings ging es in diesem Raum nicht so harmonisch zu, wie es die Symbole verkünden. Der Dessauer Fürst war von seinem mächtigen Nachbarn, dem Preußenkönig Friedrich II. (1712–1786), gezwungen worden, eine Prinzessin aus dem Hause der Markgrafen von Brandenburg-Schwedt zu heiraten – und was kann schon dabei herauskommen, wenn einer zwei junge Menschen gegen ihren Willen ins Schlafzimmer zerrt?

Die kleine Bibliothek in der Südostecke des Gebäudes gilt mit Recht als der schönste und interessanteste Raum des Wörlitzer „Hauses". An ihren Wänden sehen wir Bildnisse von Dichtern, Philosophen und Historikern. Der Bauherr Leopold Friedrich Franz hat hier sein literarisches Glaubensbekenntnis abgelegt, ein erstaunliches Bekenntnis, wenn man bedenkt, was die allerhöchsten Herrschaften sonst zu lesen pflegten. Friedrich II. von Preußen ließ nur die Franzosen gelten und hielt die Theaterstücke des englischen Dramatikers William Shakespeare (1564–1616) für „lächerliche Farcen, die eines kanadischen Wilden würdig sind"**. Der junge Fürst protestierte gegen dieses Urteil, indem er Shakespeare und vielen anderen großen Engländern des 17.

* Zitiert nach: Adolph Hartmann, Der Wörlitzer Park und seine Kunstschätze, Berlin 1913, S. 41

** Die Werke Friedrichs des Großen, 8. Bd., Berlin 1913, S. 88

und 18. Jahrhunderts einen Ehrenplatz in seiner Bibliothek einräumte. Auch der Schweizer Jean Jacques Rousseau (1712–1778), dessen Staatslehre von der Voraussetzung ausging, daß alle Menschen gleiche Rechte besitzen, und der Deutsche Gotthold Ephraim Lessing (1729–1781), der in seinem Trauerspiel „Emilia Galotti" den Kampf des Bürgers gegen den menschenfeindlichen Despotismus gestaltete, sind mit Bildnissen geehrt worden.

Bevor wir das Schloß verlassen, sollten wir uns die Frage stellen, ob wir ein paar Tage oder einige Wochen lang in ihm wohnen möchten. In den Schlössern des Barocks war der Fürst sozusagen immer im Dienst. Die Größe der Räume und ihre prunkvolle Ausstattung forderten von ihm, daß er Haltung bewahrte und um dieser „majestätischen" Haltung willen große Unbequemlichkeiten in Kauf nahm. Schon der Gedanke, in einem der riesigen barocken Staatsbetten übernachten zu müssen, macht uns schaudern. Die Einladung, im Wörlitzer Schloß zu wohnen, nähmen wir dagegen wohl gern an. Hier sind die Räume klein und dazu so ausgestattet, daß sie nicht nur nach damaligen, sondern auch noch nach heutigen Begriffen behaglich wirken. Der Fürst lebte in diesem Haus wie ein reicher Privatmann, der vor allem auf Bequemlichkeit Wert legt. Rang und Titel blieben draußen vor der Tür. Das bedeutet: Bürgerliche Gedanken sind in die Schloßarchitektur eingedrungen und haben sie so umgestaltet, daß die Klassengrenze, welche den Fürsten vom Fabrikanten trennt, im künstlerischen Bereich zu verschwimmen beginnt. Wörlitz setzte ein Zeichen, und der Bürger verstand es zu deuten...

Auf dem Weg zur Amtsfähre, die den Schloßgarten mit den Anlagen am Weidenheger verbindet, kommen wir an dem ebenfalls von Erdmannsdorff entworfenen Vestatempel (1789/90) vorüber. Man sieht es diesem Rundtempel nicht an, daß er einst den kleinen jüdischen Gemeinden von Wörlitz, Oranienbaum und Coswig als Bethaus gedient hat. Das Liliputfürstentum Anhalt-Dessau war der erste deutsche

Gotisches Haus

Staat, der die gegen die jüdische Minderheit gerichteten drückenden Sondergesetze aufhob und den Juden auf vielen Gebieten Gleichberechtigung einräumte. Jenseits der Elbe, im benachbarten Preußen, standen die Menschen jüdischen Glaubens zu dieser Zeit noch unter einem Ausnahmerecht, das ihre persönliche Freiheit einschränkte und sie den Schurigeleien der königlich-preußischen Bürokratie preisgab. Das aufstrebende Bürgertum wollte die Juden befreit wissen, weil es hierin den ersten Schritt zu seiner eigenen Befreiung sah. Der Fürst von Anhalt-Dessau, ein „weißer Rabe" unter seinesgleichen, gab dieser Forderung nach ...

Vom Weidenheger gelangen wir über die Schwimmende und die Neue Brücke in jenen Teil des Parks, welcher nach dem Hofgärtner Johann Leopold Schoch (1728–1793) den Namen „Schochs Garten" erhalten hat. Nach einigen hundert Metern stehen wir vor dem Gotischen Haus (begonnen 1773), das im Unterschied zu den klassizistischen Tempeln nicht von Erdmannsdorff, sondern von dem Architekten Georg Christoph Hesekiel (1732–1818) erbaut worden ist. Ursprünglich sollte hier eine Gärtnerfamilie wohnen, aber der Fürst fand Gefallen an den bizarren Formen des mittelalterlichen Stils und ließ das Gebäude allmählich erweitern – übrigens nicht allein aus künstlerischen Gründen: Seine Herzensfreundin, in deren Gesellschaft er sich von der Langeweile seiner Zwangsehe erholte, brauchte eine Unterkunft. Die Zeitgenossen erklärten diesen Versuch, die Gotik wiederzubeleben, meist auf recht willkürliche Weise. Der Verfasser des Gartenbüchleins von 1788 bemerkte nur „all das Mühsame, Gezierte, Seltsame und einigermaßen Abenteuerliche, nebst der unbeschreiblichen Verschwendung der Arbeit, so dem sogenannten Gotischen Geschmacke eigen ist"*. Er fühlte sich in den Räumen des Gotischen Hauses „gleichsam mit tausend Erinnerungen aus jenen finsteren Zeiten der Pfaffenherrschaft und des Ritterschwindels überschüttet"**.

Diese Erklärung geht am Kern des Problems vorbei. Der Fürst wollte kein „Mahnmal der Reaktion" errichten. Er paßte sich hier lediglich einer Zeitströmung an, die so mächtig war, daß sie auch den jungen Johann Wolfgang von Goethe (1749–1832) ergriff: Goethes Aufsatz „Von deutscher Baukunst", dem Meister des Straßburger Münsters, Erwin von Steinbach (um 1244–1318), gewidmet und 1773 veröffentlicht, ist auf das Jahr genauso alt wie das Wörlitzer Gotische Haus. Anders ausgedrückt: Die Wiederbelebung der Gotik lag damals sozusagen in der Luft. Das Bürgertum, bestrebt, sich von der französisierten adligen Oberschicht abzugrenzen, entdeckte seine eigene nationale Vergangenheit. Die Werte, die es dabei zutage förderte, weckten in ihm den Wunsch, den bewundernden Worten Taten folgen zu lassen. Die Engländer gaben diesem Wunsch als erste nach. Sie lösten damit eine Bewegung aus, die das um seine Selbstbehauptung ringende Bürgertum des Kontinents tief beein-

* Zitiert nach: Paul Ortwin Rave, a. a. O., S. 36

** ebenda, S. 35

flußte und schließlich dazu führte, daß die Neugotik neben den Klassizismus trat. Während der Klassizismus von der Freiheit des Menschen sprach, erinnerte die Neugotik jener Zeit an die Würde der Nation.

Es war kein Zufall, daß damals alle, die fortschrittlich dachten, mit besonderer Aufmerksamkeit nach England blickten. Dort hatte die Bourgeoisie die Macht bereits erobert und nicht nur die Gesellschaft, sondern auch die Kunst nach ihren Vorstellungen umgestaltet. Die Wiederbelebung der Gotik war lediglich das Nebenprodukt einer Entwicklung, deren Ziel darin bestand, die Künsteleien des Barocks durch „Natur" zu ersetzen. Der gesamte Wörlitzer Park ist in so starkem Maße von der in England geborenen Idee der Naturnachahmung geprägt, daß der neue Gartenstil, der hier, in Anhalt-Dessau, zum erstenmal auf dem Kontinent Fuß faßte, den Beinamen „englisch" erhielt. Der Bürger begriff den „englischen" Park als ein Abbild der Welt, wie sie sein sollte: geordnet, aber frei von Zwang. Dies erklärt, warum die geistigen Wortführer des deutschen Bürgertums den Park von Wörlitz mehr feierten als jede andere Gartenschöpfung dieser Zeit. Die naturnahe und dabei doch kunstvolle Gliederung der Parklandschaft versprach, wie Goethe in seiner Selbstbiographie „Dichtung und Wahrheit" schrieb, „Dienern und Untertanen ein Goldenes Zeitalter"*.

Wenn wir nun weiter durch den Park schlendern, hinüber zum Venustempel (1794) oder den Elbwall entlang zum Pantheon (1795/96), so sollten wir nicht nur schauen und uns an der Schönheit des Gewachsenen erfreuen, sondern auch ein wenig nachdenken. Die Gartenkunst nimmt unter den Künsten eine Sonderstellung ein, weil sie im Gegensatz zur Architektur oder zur Malerei mit lebendigem Material arbeitet. Wer vor dem Wörlitzer Schloß steht, sieht auf den ersten Blick, daß es sich um ein Kunstwerk handelt. Der Park von Wörlitz gibt sein Geheimnis nicht so leicht preis. Die

* Goethe, Berliner Ausgabe, Bd. 13, Berlin 1960, S. 356

Ordnung, der wir hier begegnen, wirkt so natürlich, daß wir darüber leicht vergessen, mit wieviel Kunst das Lebendige gruppiert und zueinander in Beziehung gesetzt worden ist. Es macht zum Beispiel einen großen Unterschied, ob der Gartenarchitekt in einem bestimmten Teil des Parks Laub- oder Nadelbäumen den Vorzug gibt: Der dunkle Ton einer Tanne bringt eine ganz andere Wirkung hervor als das helle Grün der Birken. Aber nicht nur die Bäume, sondern auch die vielen hundert Sträucher, die Blumen, die Gräser haben ihre Besonderheiten, die der Künstler bei der Gestaltung des Ensembles berücksichtigen muß. Die Wege schmiegen sich dem Gelände an und leiten den Besucher scheinbar zufällig von einem Ausblick zum anderen: Es gehört Genialität dazu, sie so zu führen, daß die Absicht verborgen bleibt.

Erst wenn wir dies alles erkannt haben, können wir den Wörlitzer Park so würdigen, wie er es verdient. Der Schöpfer des Gartenplans, Johann Friedrich Eyserbeck (1734–1818), beherrschte den Rohstoff Natur ebenso souverän wie Erdmannsdorff die Mittel der Baukunst. Sein Hauptverdienst besteht darin, daß er dem Garten Weiträumigkeit gab. Es war ein genialer Gedanke, die verschiedenen Anlagen um einen toten Elbarm, den Wörlitzer See, anzuordnen und die beiden Altwasser am Rande, das Große und das Kleine Walloch, ebenfalls in die Gestaltung einzubeziehen. Eyserbeck erreichte damit, daß das im Park auch vorhandene Kleine nicht kleinlich und das Rührende nicht rührselig wirkt. Die drei Seen sind durch Kanäle miteinander verbunden. Wer Lust hat, kann eine Gondel besteigen und den Garten auf eine beschaulichere Weise erleben als der Fußgänger. Wörlitz läßt dem Besucher die Freiheit, sich zu entscheiden – im Gegensatz zu den Gärten des Barocks, deren von hohen Heckenwänden eingefaßte schnurgerade Alleen ein Abweichen vom Wege unmöglich machten.

Aber der Park von Wörlitz besitzt noch eine weitere künstlerische Eigenart – und auch sie beweist, daß Johann Friedrich Eyserbeck die in England entwickelten Gestaltungsgrundsätze der neuen Gartenkunst besser begriffen hatte als jeder andere deutsche Gartenschöpfer des späten 18. Jahrhunderts. Rund 1500 Meter trennen das Große Walloch vom Westende des Wörlitzer Sees, 800 Meter das Schloß vom Venustempel. Wie konnte vermieden werden, daß der Besucher in diesem weiträumigen Park die Orientierung verlor? Der Dichter Jean Paul (1763—1825) war der erste, der Eyserbeck sozusagen auf die Schliche kam: Er erkannte, daß ein System von „hineingehauenen Licht-Straßen" den Park zusammenhält. Diese „Licht-Straßen", mit einem Fachausdruck „Achsen" genannt, verknüpfen das Nahe mit dem Fernen, indem sie Blickverbindungen herstellen. Ob wir nun auf dem Elbwall spazierengehen oder uns in der Nähe des Gotischen Hauses aufhalten — die „Licht-Straßen" zeigen uns, welche Richtung wir einschlagen müssen, um zurück zum Schloß, zum Floratempel (1796) oder zur Louisenklippe (1797) zu gelangen. Erst das von Eyserbeck entworfene Achsennetz vereinigt, was wegen seiner Größe auseinanderstrebt.

Einige dieser Achsen greifen weit in die Feldmark hinaus und verbinden so den Park mit der Landschaft. Aber die Verklammerung des kunstvoll Geordneten mit dem Gewachsenen vollzieht sich auch in umgekehrter Richtung: Die Feldmark dringt in den Park ein, zum Beispiel in der Partie zwischen dem Weidenheger und dem Georgskanal, der den Wörlitzer See mit dem Großen Walloch verbindet. Die Grenze ist also bis zur Unkenntlichkeit verwischt. Eyserbeck hat bewußt auf alles verzichtet, was den Besucher gegen seinen Willen im Park festhält. Es gibt in Wörlitz weder Mauer noch Zaun; es gibt nicht einmal jene verdeckten Gräben, welche in der Fachsprache der Gartenkunst „Aha" heißen. Wer will, kann den Park an jeder beliebigen Stelle verlassen und den Weg nach Riesigk oder nach Vockerode nehmen. Wenn er mit offenen Augen durch die Landschaft wandert, erfährt er dabei, warum das Liliputfürstentum Anhalt-Dessau einst „das Gartenreich" genannt wurde.

Pantheon

Leopold Friedrich Franz war nicht der einzige deutsche Fürst, der den Ehrgeiz hatte, als Gartenschöpfer in die Geschichte einzugehen. Zahllose hochadlige Gartenliebhaber machten sich damals ein Vergnügen daraus, ihre noch aus der Zeit des Barocks stammenden kleinen Schloß- und

Gutsgärten in „englische" Parks umzuwandeln. Sogar die stockreaktionären märkischen Junker wollten auf dem Gebiet der Gartenkunst nicht hinter ihren Vettern in Sachsen oder Thüringen zurückstehen. Aber ob es sich nun um den Arnimschen Park in Boitzenburg oder um den Schmettauschen in Garzau bei Strausberg handelte – die Arbeit des Gartenkünstlers endete dort, wo die Feldmark begann. Der Garten glich einer schönen Lüge. Er lag wie eine „Insel der Seligen" inmitten einer Landschaft, deren Bewohner im tiefsten Elend lebten. Park und Landschaft hatten so wenig miteinander gemein wie Schloß und Kate.

In Anhalt-Dessau nahm die Entwicklung einen anderen Verlauf, und ihre Ergebnisse nötigten sogar jenen bürgerlichen Intellektuellen Achtung ab, welche sonst dafür eintraten, mit den deutschen Kleinstaaten und ihren Herrschern auf revolutionäre Weise zu verfahren. So schrieb Georg Friedrich Rebmann (1768–1824), einer der wenigen deutschen Publizisten, die es wagten, sich ohne jedes Wenn und Aber zur Französischen Revolution zu bekennen, in seinen „Wanderungen und Kreuzzügen durch einen Teil Deutschlands" (1795): „Sobald man das Dessauer Ländchen betritt, glaubt man in einen Garten zu kommen. Die Natur hat sehr wenig getan, aber die Kunst desto geschmackvoller nachgeholfen. Gute Wege, Dämme, mit Obstbäumen besetzt, Gebäude, welche in schönen Formen aufgeführt sind, fröhliche Landleute – dies alles trägt dazu bei, einen guten Begriff von der Regierung des Landes zu erwecken ... Es kann nicht in Abrede gestellt sein, daß der Fürst und sein Baumeister, Herr von Erdmannsdorff, alles getan haben, was bei einer von der Natur wirklich verwahrlosten Gegend zu tun möglich war"*.

Wenn wir nun von Wörlitz über den Fliederwall nach Vockerode und von dort weiter zum Sieglitzer Berg und zum Luisium wandern, begreifen wir rasch, warum der „deutsche

* Zitiert nach: Der Dessau-Wörlitzer Kulturkreis, Wörlitzer Beiträge zur Geschichte, Wörlitz 1965, S. 127

Erzjakobiner" Georg Friedrich Rebmann von der Dessauer Landschaft so tief beeindruckt war: Alles, was wir sehen, ist das Resultat eines Versuchs, die natürliche Umwelt des Menschen so zu ordnen, daß auch das Nützliche schön wirkte. Ursprünglich breitete sich hier ein großes Überschwemmungsgebiet aus, dessen Bewohner mehr schlecht als recht von den Erträgen sumpfiger Wiesen und verschlammter Felder lebten. Im Unheilsjahr 1771 drangen die Fluten der Elbe bis in die Nähe von Oranienbaum vor, vernichtend, was ihnen im Weg stand. Diese Katastrophe gab den letzten Anstoß zu einer völligen Umgestaltung der Landschaft. Der Wörlitzer Amtskammerrat Georg Friedrich von Raumer (1755–1822) entwarf ein neues Deichsystem, das die Hochwassergefahr weitgehend beseitigte. Wiesen und Felder wurden trockengelegt, die urwüchsigen Auenwälder allmählich zurückgedrängt, bis sie nur noch jene Flächen bedeckten, welche sich nicht für eine landwirtschaftliche Nutzung eigneten.

Der Landstrich entlang der Elbe war nicht das einzige Sumpfgebiet, das im 18. Jahrhundert kultiviert wurde. Der Unterschied zu anderen Projekten besteht darin, daß Ökonomen und Künstler bei der Neuordnung der Landschaft zusammenwirkten. Der Gärtner ging beim Landwirt und der Landwirt beim Gärtner in die Lehre. Beide mußten lernen, auf die Bedürfnisse des anderen Rücksicht zu nehmen, beide begreifen, daß der eine zum Vorteil des anderen arbeitete. Das Ergebnis ihres gemeinsamen Handelns überzeugte selbst jene Zweifler, welche geglaubt hatten, daß sich Nutzen und Schönheit nur auf Kosten des Nutzens verknüpfen ließen. Nahezu allen Reisenden fiel die hohe landwirtschaftliche Kultur des Ländchens auf. „Die Ökonomie ist hier überall sehr gut beschaffen, man sieht nichts als reiche Felder und Wiesen, viel Roggen und besonders Rübsen und eine Menge Obst"*, schrieb der Dichter Novalis (1772–1801), einer der bedeutendsten Vertreter der deutschen Frühromantik. Das

* ebenda, S. 70

von Raumer geleitete Wörlitzer Mustergut produzierte etwa fünfmal mehr als die preußischen Feudalgüter jenseits der Elbe.

Trotzdem wäre der große Aufwand vertan gewesen, wenn nicht die Bauern das neugewonnene Land in ihre Obhut genommen hätten. Der junge Fürst von Anhalt-Dessau wollte seinen Untertanen ein „guter Vater" sein – und zum Erstaunen aller, die sich in den Redensarten der herrschenden Klasse auskannten, nahm er die Phrase ernst. Kurz nach dem Siebenjährigen Krieg (1756–1763) schaffte er den Fronpfennig ab und verminderte die Verbrauchssteuern, die den Armen viel stärker belasteten als den Reichen. Der Bauer erhielt das Recht, seine Frondienste abzulösen – und die Ablösungssumme war so niedrig bemessen, daß fast alle Bauernfamilien des Landes von dieser Möglichkeit Gebrauch machten. Die Verringerung des Steuerdrucks und die Beseitigung der Dienste änderten nichts an den feudalen Eigentumsverhältnissen, aber sie erleichterten den Menschen das Leben ein wenig. Die Bauern wußten nun, daß sich der Staat mit einem kleinen Teil ihres Einkommens zufriedengab. Sie schreckten nicht länger davor zurück, die Ertragsfähigkeit ihrer Höfe zu steigern, indem sie sich die Erfahrungen der Mustergüter zunutze machten. In dem benachbarten Preußen wurden Grund und Boden bei weitem nicht so pfleglich behandelt wie in dem Kleinstaat am linken Ufer der Elbe. Warum sollten die preußischen Bauern neue Methoden erproben, wenn ihnen die Junker vier Fünftel ihres Arbeitsertrages wegnahmen?

Die gartenähnliche Feldmark von Vockerode ist durch das System der Elbdeiche mit der „geordneten Natur" rings um den Sieglitzer Berg verbunden. Auf der Höhe des Berges stand einst das von Erdmannsdorff entworfene Lusthaus Solitude (1777). Von hier aus wandern wir weiter auf den Kronen der Deiche hinab zum Luisium nördlich von Waldersee. Das Luisium setzt fort, was in Wörlitz begonnen wurde. Wieder sehen wir die beiden großen Dessauer Meister Erdmanns-

Schloß Luisium

dorff und Eyserbeck am Werk. Sie waren im Laufe der Jahre reifer geworden und bewiesen nun, daß sie auch im Kleinen groß sein konnten. Das 1778 vollendete Schloß, das diesen Namen noch viel weniger verdient als „das Haus" in Wörlitz, ist ein über rechteckigem Grundriß errichteter zweigeschossiger Backsteinputzbau mit Pyramidendach. Seine Besitzerin, die Fürstin Luise, wollte hier in stiller Zurückgezogenheit das Elend ihrer Zwangsehe vergessen. Erdmannsdorff erfüllte ihr diesen Wunsch, indem er alles tilgte, was an Geburt, Rang und Stand erinnerte. Wenn der Fürst in Wörlitz wie ein bürgerlicher Millionär lebte, so die Fürstin im Luisium wie eine Bürgersfrau, die 100 000 Taler geerbt hat.

Vor der Südseite des Hauses liegt ein Teich, über dessen einen Arm sich eine „chinesische" Holzbrücke schwingt. Dieser Teich erfüllt im Grunde die gleiche Aufgabe wie der See in den Anlagen von Wörlitz: Er verhindert, daß das Kleine kleinlich wirkt. Auch in anderer Beziehung stimmen die beiden Gartenschöpfungen überein, zum Beispiel in dem Nebeneinander von Neugotik und Klassizismus, verkörpert in dem sogenannten Schlangenhäuschen (1794/95) und der Ruine eines römischen Triumphbogens (1782).

Die Aufgabe, die Johann Friedrich Eyserbeck hier in den Jahren von 1780 bis 1792 zu lösen hatte, war voller Widersprüche. Im Unterschied zu Wörlitz stand ihm nur ein sehr begrenzter Raum zur Verfügung: Der Park bedeckt eine Fläche von etwa 300 Metern im Quadrat. Die in diesem Winkel des Dessauer Landes besonders große Hochwassergefahr machte es notwendig, die Anlage im Süden und Westen mit Wällen zu umgeben – und die Wälle trennten den Garten von der freien Landschaft, das heißt, sie verhinderten, daß Kunst und Natur eng zusammenrückten. Eyserbeck löste dieses Problem, indem er seine „Licht-Straßen" weit in das Land hinausgreifen ließ. Statt die Bauten im Park miteinander zu verbinden, fügen sie den Park mit seiner natürlichen Umgebung zusammen. Eine dieser Blickbahnen zielt auf den klassizistischen Kirchturm von Jonitz, eine andere auf das in der Muldeniederung gelegene neugotische Gestüt. Auch der Auenwald nördlich des Luisiums war einst durch ein solches System von „Licht-Straßen" mit dem Garten verknüpft.

Wir sehen hier noch einmal, wie sich Gartenkunst und Landschaftsgestaltung gegenseitig beeinflußt haben. Die planvoll geordnete Natur bereitet auf das Erlebnis des Gartens vor, und der Garten faßt die Grundsätze, nach denen die Landschaft gestaltet worden ist, in einem Modell zusammen. Der Park verliert dadurch den Charakter einer von der Außenwelt abgeschirmten feudalen Schutzzone. Statt der Landschaft zu widersprechen, setzt er sie fort. Wer ihn verläßt und weiterwandert, nimmt die Erkenntnis mit, daß hier wie dort die gleichen Gesetze gelten.

Natürlich blieb nicht alles so, wie es einst war. Die im 19. Jahrhundert regierenden Fürsten von Anhalt-Dessau kümmerten sich wenig darum, was mit dem Gartenreich geschah. Sie hielten Leopold Friedrich Franz für einen Sonderling mit höchst verdächtigen bürgerlichen Neigungen, und sie brachten ihre Mißachtung des Erbes dadurch zum Ausdruck, daß sie die Anlagen rings um die Gärten verwildern ließen.

Früher wäre uns etwas entgangen, wenn wir die 3 Kilometer vom Luisium bis zur Dessauer Muldebrücke nicht zu Fuß, sondern in einem Fahrzeug zurückgelegt hätten. Heute lohnt sich die Anstrengung nicht mehr. Ein Autobus bringt uns in die Nähe des Hauptbahnhofs, und von dort gehen wir hinüber zum Georgium, so genannt nach dem Prinzen Johann Georg, einem jüngeren Bruder des Schloßherrn von Wörlitz. Auch hier waren Erdmannsdorff und Eyserbeck am Werk, aber die Nachfahren haben ihre Schöpfungen nicht gerade respektvoll behandelt. Das Schlößchen (nach 1780), das in Grundriß und Gliederung dem Luisium ähnelte, wurde im späten 19. Jahrhundert durch seitliche Anbauten entstellt, der Park von der sich ausdehnenden Stadt und der Eisenbahn sozusagen in die Zange genommen. Von den „Licht-Straßen", den „langen sonnentrunknen Perspektiven", die den Georgengarten einst mit dem Ufer der Elbe und der Feldmark von Großkühnau verbanden, blieb nicht viel mehr als eine Erinnerung . . .

Im Unterschied zum Park von Wörlitz mit seinem Nebeneinander von Klassizismus und Neugotik ist der Georgengar-

Schloß Georgium

ten allein vom Klassizismus geprägt worden. Prinz Johann Georg hatte seinen Bruder nach Italien begleitet, und er brachte von dort die Ansicht mit nach Hause, daß jede Stilvermengung von Übel sei. Alle im Park verstreuten Kleinarchitekturen – der Rundtempel, das Blumengartenhaus, die Sieben Säulen, der Rote und der Weiße Bogen, um nur die wichtigsten zu nennen – gehen auf Entwürfe von Erdmannsdorff zurück. Erst in dem von Eyserbeck geordneten Auenwald nördlich des Parks, dem sogenannten Bekkerbruch, erlischt die Herrschaft des Klassizismus. Das Wegenetz des Beckerbruchs führt uns an das Ufer der Elbe. Von hier aus wandern wir auf der Krone des Deichs an Wiesen und Gehölzen vorüber weiter nach Großkühnau.

Der Park von Großkühnau, am Südufer des Kühnauer Sees gelegen, ist nach 1814 umgestaltet und erweitert worden. Im späten 18. Jahrhundert besaß er wohl nur den Charakter einer von der Hand des Menschen „gelüfteten" Waldlandschaft. Da die Nachfolger des Fürsten Leopold Friedrich Franz mehr Geld für ihre Garde als für ihre Gärten ausgaben, begann er schon im 19. Jahrhundert zu verwildern und glich sich so allmählich wieder dem ursprünglichen Zustand an. Das von einem Erdmannsdorff-Nachfolger entworfene Teeschlößchen auf der Höhe des ehemaligen Weinbergs brannte im März 1945 aus.

In Großkühnau endet das Dessauer Gartenreich. Rund 30 Kilometer trennen uns nun von Wörlitz, eine große Entfernung, wenn wir bedenken, wieviel Arbeit in jedem Kilometer dieser Landschaft steckt, eine kleine, wenn wir uns daran erinnern, daß es damals jenseits der Grenzen von Anhalt-Dessau noch unzählige Quadratmeilen gab, die nie von der Idee der Humanität berührt worden waren. Es scheint, daß der junge Fürst seinen mächtigen Nachbarn ein Beispiel geben wollte, aber der König von Preußen und der Kurfürst von Sachsen nahmen von seinen Bemühungen, die Welt menschlicher zu gestalten, kaum Notiz.

Allein die Wortführer des aufstrebenden Bürgertums, vor allem die Schriftsteller, erkannten die Bedeutung des Dessauer Versuchs: Hier kam endlich einmal jemand zum Zug, der nicht mit feudalen Scheuklappen durch die Welt ging, sondern sich von den Geboten der Vernunft leiten ließ und den Besitzstand der Macht mit Güte paaren wollte. „Es liegt wirklich recht viel Menschlichkeit und Schönheit in der Idee, die da ausgeführt ist"*, schrieb der Dichter Friedrich Hölderlin (1770—1843) im April 1795.

Das Dessauer Gartenreich war das Ergebnis eines kühnen Experiments. Seine Schöpfer stießen bis zu den äußersten Grenzen des damals Möglichen vor. Sie glaubten, daß die Menschheit nur noch einen Schritt zu tun brauchte, um ins Reich der Freiheit zu gelangen. Aber die zur Macht gekommene Bourgeoisie hielt nicht, was die bürgerlichen Ideologen im 18. Jahrhundert versprochen hatten. Von der geforderten allgemeinen Freiheit blieb nur die Freiheit übrig, sich zu bereichern. Schönheit warf keinen Profit ab: Der Bourgeois buchte sie aus. Die Landschaft wurde so gründlich verwüstet, daß die Bereiche des Geordneten immer mehr zusammenschrumpften. Die Arbeiterklasse trat ein schweres Erbe an. Sie mußte nicht nur die Spuren des kapitalistischen Raubbaus beseitigen, sondern darüber hinaus die natürliche Umgebung des Menschen neu gestalten.

In der Präambel zum Landeskulturgesetz der Deutschen Demokratischen Republik vom 14. Mai 1970 finden wir den Satz: „In der sozialistischen Gesellschaft sind die Voraussetzungen gegeben, die Produktivkräfte planmäßig so zu entwickeln, daß sie zu einer Steigerung der Nutzbarkeit und Produktivität der Naturressourcen führen und die Erhaltung und Verschönerung der natürlichen Umwelt des Menschen gewährleisten."** Die Arbeiter-und-Bauern-Macht verwirklicht in großem Maßstab, was die Schöpfer des Gartenreichs in den Grenzen eines Kleinstaats zu erreichen versucht hatten: die Verschmelzung von Nutzen und Schönheit. Das Gartenreich versprach den Menschen eine Welt, in der sich menschlich leben ließ. Der Sozialismus löst dieses Versprechen ein.

* ebenda, S. 56

** Landeskulturgesetz, Kommentar zum Gesetz über die planmäßige Gestaltung der sozialistischen Landeskultur in der Deutschen Demokratischen Republik vom 14. Mai 1970, Berlin 1973, S. 33

Inhalt

ISBN 3-355-00613-0

Verlag Neues Leben Berlin
6. Auflage, 1990
Lizenz Nr. 303 (305/307/90)
LSV 8103
Einband: Achim Kollwitz
Einbandfotos: Rössing-Winkler, Leipzig
Fotos: ADN-ZB/Günther: 62/Krueger: 54; Beyer, Weimar: 20, 33, 39, 52, 71, 83, 85, 92, 93, 96, 98, 106, 115, 151, 155, 156, 161, 163, 164, 170, 171, 177, 191, 192, 194, 201, 215, 228, 235, 240; Birnbaum, Halle: 24, 26, 27, 31, 34, 41, 44, 59, 68, 291, 304, 307; Danz, Halle: 56, 67; Deutsche Fotothek Dresden: 73, 77, 130, 220, 258, 262, 277; Erzgebirgisches Spielzeugmuseum Seiffen: 243; Grimm, Rohr: 187, 199, 203; Institut für Denkmalpflege, Meßbildarchiv: 140, 142, 143, 146; Nickel, Halle: 134; Photo Eschenburg, Warnemünde: 109; Piltz, Berlin: 112, 121, 124, 184, 210, 223, 250, 285, 300; Rössing-Winkler, Leipzig: 128, 138, 226, 231, 238, 255, 260, 264, 267, 270, 272, 275; Scholz, Wasungen: 196, 197; Thomas, Jena: 286, 295
Typografie: Achim Kollwitz
Schrift: 10 p Sabon
Lichtsatzherstellung: (140) Druckerei Neues Deutschland, Berlin
Druck und buchbinderische Weiterverarbeitung:
Karl-Marx-Werk Pößneck V 15/30
Bestell-Nr. 642 955 8
00980